1,000,000 Books

are available to read at

Forgotten Books

---

www.ForgottenBooks.com

Read online
Download PDF
Purchase in print

ISBN 978-0-666-32197-8
PIBN 11040776

1 MONTH OF
FREE
READING

at

www.ForgottenBooks.com

By purchasing this book you are eligible for one month membership to ForgottenBooks.com, giving you unlimited access to our entire collection of over 1,000,000 titles via our web site and mobile apps.

To claim your free month visit:

www.forgottenbooks.com/free1040776

English
Français
Deutsche
Italiano
Español
Português

www.forgottenbooks.com

Mythology Photography **Fiction**
Fishing Christianity **Art** Cooking
Essays Buddhism Freemasonry
Medicine **Biology** Music **Ancient**
Egypt Evolution Carpentry Physics
Dance Geology **Mathematics** Fitness
Shakespeare **Folklore** Yoga Marketing
Confidence Immortality Biographies
Poetry **Psychology** Witchcraft
Electronics Chemistry History **Law**
Accounting **Philosophy** Anthropology
Alchemy Drama Quantum Mechanics
Atheism Sexual Health **Ancient History**
Entrepreneurship Languages Sport
Paleontology Needlework Islam
Metaphysics Investment Archaeology
Parenting Statistics Criminology
Motivational

[illegible] 14 days

Die Jobsiade.

Ein

grotesk-komisches Heldengedicht

in drei Theilen

von

Dr. Carl Arnold Kortum.

Achte Auflage.

Leipzig:

F. A. Brockhaus.

1857.

D.C.A.K.

Leben, Meinungen und Thaten

von

Hieronimus Jobs,

dem

Kandidaten,

und wie Er sich weiland viel Ruhm erwarb,

auch enblich

als Nachtwächter zu Schildburg starb.

———————

Vorn, hinten und in der Mitten
Geziert mit schönen Holzschnitten,
Eine Historia lustig und fein
In neumodischen Knittelverselein.

———————

Erster Theil.

Inhalt.

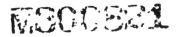

Zwanzigstes Kapitel.

Wie der Autor gar demüthiglich um Vergebung bittet, daß das vorige Kapitel so lang gewesen und wie er verspricht, daß das gegenwärtige Kapitel desto kürzer seyn sollte. Ein Kapitel, wovon die Rubrik länger ist, als das Kapitel selbst, und welches, unbeschadet der Geschichte, wohl hätte wegbleiben können.

Ein und zwanzigstes Kapitel.

Wie Vater Jobs der Senator dem Hieronimo eine Strafpredigt halten thät, und wie er vor Verdruß stirbt.

Zwei und zwanzigstes Kapitel.

Wie Hieronimus beinahe ein Informator eines jungen Barons geworden wäre.

Drei und zwanzigstes Kapitel.

Wie Hieronimus ein Hausschreiber ward bei einem alten Herren, welcher eine Kammerjungfer hatte, mit Namen Amalia; und wie er sich gut aufführte, bis im folgenden Kapitel.

Vier und zwanzigstes Kapitel.

Wie dem Sekretär Hieronimo kuriose Sachen vorkamen, und er weggejaget wurde.

Fünf und zwanzigstes Kapitel.

Wie Hieronimus bei einer frommen Dame in Dienste kam, welche eine Betschwester war, und seiner in Unehren begehrte, und wie er von ihr weglief.

Sechs und zwanzigstes Kapitel.

Wie Hieronimus ein schlimmes und ein gutes Abentheuer hatte, und wie er einmal in seinem Leben eine kluge That verrichtet hat.

Sieben und zwanzigstes Kapitel.

Wie Hieronimus vergnügt zu Ohnewitz ankam, und wie er da Schulmeister ward, in einer Schule von kleinen Mägdlein und Knäblein.

Acht und zwanzigstes Kapitel.

Wie Hieronimus ein Autor ward, und wie er ein neues A B C = Buch heraus gab, und wie er darob von den Bauern bei dem gnädigen Herren hart verklagt ward.

Erstes Kapitel.

Vorrede, und der Autor hebt an, die Mähr von Hieronimus Jobsen seliger zu beschreiben, und er gibt seinem Büchlein den väterlichen Segen.

1. Euch und mir die Zeit zu vertreiben,
   Geneigte Leser! will ich itzt schreiben,
   Eine extrafeine Historiam
   Von Hieronimus Jobs lobesam.

2. Mit welchem sich in seinem Leben
   Viel gar wunderbares hat begeben
   Und welcher sowohl in Glück als Gefahr
   Ein rechter kuriofer Hieronimus war.

3. Zwaren wäre vieles von Ihm zu sagen,
   Der Lefer möchte aber nicht alles können tragen,
   Und Papier und Raum wäre für der Meng
   Seiner Abentheuer zu eng.

4. Zwaren weiß ich von ihm viele Data;
   Ich erzähl aber nur die vornehmften Fata,
   Und was Er von feiner Geburt an
   Merkwürdiges hat gethan.

5. Weil ich nun die preiswürdige Gabe
   Zu dichten vom Sankt Apoll erhalten habe,
   So habe, ftatt daß man fonft in Profa erzählt,
   Dafür einen fehr fchönen Reim erwählt.

6. Wenn ich aber nach rechtem Maaß und Ehle,
   Gleich nicht alles, wies fich ziemt hätte, erzähle,
   So weiß doch der geneigte Lefer fchon,
   Daß man fo was nennt Volkston.

7. Von meinem Aeltervater Hans Sachfen
   Ift mir die Kunft zu reimen angewachfen,
   Drum lieb ich fo fehr die Poefie
   Und erzähl alles in Reimen hie.

8. Man brauchet gar nicht darob zu fpotten,
   Die Verfe meines Vetters,   des Wandsbecker
                      Botten,
   Bleiben gewiß noch weit zurück
   Hinter den Verfen aus meiner Fabrik.

9. Ich habe mich zugleich emſig bemühet,
    Wie der geneigte Leſer mit Augen ſiehet,
    Daß das Büchlein, wie ſichs gebührt,
    Mit ſchönen Figuren würde geziert.

10. Konnte aber nicht neue Kupfer bekommen,
    Hab ſie alſo anderswoher oft genommen,
    Doch paſſen ſelbige von ohngefähr,
    Wie man findet, genau hieher.

11. Sind zwar nicht Chobowieckis Gemächte,
    Können jedoch, wie ich faſt gedächte,
    Noch immer, wie jene gut genug,
    Durch die arge Welt helfen das Buch.

12. Und ob die Bilder gleich nicht ſind die feinſten,
    So ſind die Verſe ja auch nicht die reinſten;
    Und darum iſts ja löblich und gut,
    Daß eins mit dem andern harmoniren thut.

13. Nun, mein Büchlein, ich wills nicht hindern,
    Geh, ohne mich, zu den Menſchenkindern,
    Manches Büchel, nicht beſſer als du,
    Eilt ja jährlich den Meſſen zu!

14. Hiemit will ich förmlich nun legen,
    Kraft meiner Finger und von Autors wegen,
    Als dein zärtlicher Vater gar mildiglich
    Meinen Segen, liebes Büchlein! auf dich.

15. Der Himmel wolle dich fein lange bewahren
    Vor Kritiken, Motten und Fidibus-Gefahren
    Und was etwa noch ſonſt für Noth
    Denen gedruckten Büchelchen droht!

1 *

16. Du müſſeſt in = und außerhalb Schwaben,
 Deinem Vaterlande, viele Leſer haben;
  Damit Schrift, Papier und Druckerei
  Nicht, Gott behüte mich! verloren ſey.

17. Allen und jeden, die leſen und bezahlen,
 Melde meinen Gruß zu tauſend malen,
  Und jedem hochweiſen Herrn Recenſent
  Vermelde inſonders mein Kompliment.

18. Sag ihnen, doch bemüthig, wie ſichs gebühret,
 S' hätten geprieſen und gerecenſiret
  Manches geringe Büchlein hoch,
  Viel elender geſchrieben als du noch.

Zweites Kapitel.

Von den Eltern unsers Helden und wie er geboren
ward, und von einem nachdenklichen Traum, den
seine Mutter hatte.

1. **Eh** ich weiter gehe, muß ich etwas melden
   Von den beiden Eltern unsers Helden,

   Von seinem wahren Geburtsort.

2. Und zwar war es ein Städtlein in Schwaben,
   Wo seine Eltern gewohnet haben,
   Allda sein Vater, Hans Jobs, ohne Gefahr
   Erster ehrwürdiger Rathsherr war.

3. Er war reich, hatte Schafe, Kühe und Rinder,
   Auch außer unserm Helden noch viele Kinder,
      Sowohl von männlich- als weiblichem Geschlecht,
      Und lebte übrigens schlecht und recht.

4. Hatte dabei einen kleinen Weinhandel,
   War aufrichtig im Leben und Wandel,
      Und sowohl im Rathhaus als daheim fromm,
      Dabei auch ein großer Oekonom.

5. Er war von Religion ein ächter Lutheraner,
   In der Philosophie aber nicht Kartesian- noch
                  Wolfianer,
      Weil er überhaupt weder **Kartes**, **Wolf**
              oder **Kant**
      Noch sonst eigentlich Philosophie verstand.

6. Jedoch hatte er ein wenig studiret
   Und ein Jahr lang das Gymnasium frequentiret,
      Wußte folglich in so weit viel mehr
      Als sonst gewöhnlich ein hochweiser Rathsherr.

7. Er lieh gern Dürftigen und Elenden
   Wenn sie etwas hatten zu verpfänden,
      Nahm höchstens zwölf pro Cent davon
      Und war sehr dick und klein von Konstitution.

8. Aß übrigens und trank nach Appetite
   Und bei seinem phlegmatischen Geblüte,
      Rauchte er manche Pfeife Tabak,
      Und fand an Zeitungslesen Geschmack.

9. Doch oft litte er von überlaufender Galle
   An einem starken podagrischen Anfalle,
      Doch hinderte ihn dieses niemals nicht
      Zu verrichten als Rathsherr seine Pflicht.

10. Die Mutter war von ehrsamem Stande,
 Die beredtsamste Frau im ganzen Schwabenlande,
  Groß und hager und tugendsam
  Und so sanftmüthig als ein Lamm.

11. Doch, wie es in den allermeisten Ehen
 Leider! nicht selten pfleget zu geschehen,
  Hatte sie im Hause dann und wann,
  Bei Gelegenheit, die Hosen an.

12. Dies gab nun zwar, wie leicht zu gedenken,
 Zuweilen kleine Händel und Gezänken;
  Im übrigen aber liebte sich
  Dieses theure Paar gar zärtlich.

13. Sie hatten nun seit etlichen Jahren
 Die Geburt mehrerer Kinder schon erfahren.
  Doch geschahe es abermals zur Hand,
  Daß sich Frau Jobs wieder schwanger befand.

14. Als sie nun nach etwa neun Monaten sahe,
 Daß die Zeit ihrer Entbindung sich nahe:
  So machte gedachte Frau Jobs alsbald
  Zur Niederkunft die gehörige Anstalt.

15. Ehe ich aber nun weiter hier dichte,
 Erzähl ich erst eine besondere Geschichte,
  Oder einen Traum dieser Frau vielmehr,
  Welcher allerdings gehört hieher.

16. Die Erfahrung lässet manchesmal sehen,
 Daß die Träume gewiß nicht zu verschmähen,
  Lieber Leser! das glaube mir,
  Du siehst davon ein Exempel hier.

17. Einst nämlich lag Frau Jobsen im Bette,
    Und es kam ihr im Traum vor, als hätte
      Sie ein gewaltiges großes Horn,
      Statt eines kleinen Kindleins, geborn.

18. Dieses Horn nun tönte und krachte
      So mächtig, daß sie darob erwachte,
      Und sie hat, seitdem sie erwacht,
      Oefters darüber nachgedacht.

19. Eine Frau, welche sie über die Deutung gefraget,
      Hat ihr damals zu ihrem Troste gesaget:
      Es zeige deutlich der Traum an,
      Daß ihr Kind werde ein gewaltiger Mann.

20. Und daß seine Stimme ihn würde ernähren,
      Er würde sie als Pfarrer lassen hören;
      Denn das beweise klärlich und schön
      Das große Horn mit seinem Getön.

21. Doch wollen wir uns hieran nicht kehren,
      Die Zukunft wird die Bedeutung wohl lehren,
      Wenn das Kind zu seinen Jahren wächst.
      Ich schreite nun wieder zum Text.

22. Die Mutter legte nun Windel und Hember
      Zurechte, und am dreißigsten September
      Wurde dieselbe zu rechter Zeit
      Durch die Geburt eines Knäbleins erfreut.

23. Welch ein Vergnügen gab dies dem Vater!
      Himmel! wie freute sich der Senater!
      Und wie sprang er nicht, als er da
      Das artige Büblein zur Welt sah.

Drittes Kapitel.

Wie Frau Kindbetterin Jobsen einen Besuch von
ihren Freundinnen bekam, und was Frau Gevatterin
Schnepperle dem Kinde geprophezeit hat.

───◦◦───

1. Frau Jobsen war also, wie eben gesprochen,
   Mit dem jungen Jöbslein in den Wochen,
      Er selbst lag eingewickelt neben ihr da,
      Schlief, und wußt nicht, wie ihm geschah.

2. Wie voll Jubel alles im Hause gewesen,
   Das läßt sich nicht alles genau lesen;
      Verwandten und Nachbarn nahmen am Heil
      Auch, wie leicht zu erachten ist, Theil.

3. Täglich war in der Wochenstube Lärmen,
   Als wenn im Maimonate Bienen schwärmen
      Und es ging immer sum, sum, sum
      Ums Wochenbette lustig herum.

4. Es waren jetzt genau drei Tage,
   Seitdem die Mutter im Wochenbette lage,
      Als zum Kaffe auf den Nachmittag,
      Ein ganzer Schwarm Frauen ihr zusprach.

5. Und zwaren von allen diesen Madamen,
   Die auf den Kaffe zu Frau Jobsen kamen,
   Zeichnete sich bei dem braunen Schmaus
   Frau Schnepperle durch Beredtsamkeit aus.

6. Der Vater des Jöbschens war ihr Vetter;
   Zuerst sprach die Gesellschaft vom Wetter
   Und von dergleichen Sachen mehr,
   Die wichtig sind, in das Kreuz und die Queer.

7. Darauf forschte man, wie sich Frau Kindbetterin
                 befinde?
   Erkundigte sich auch nach dem jungen Kinde:
   Ob's mit Appetit den Futterbrei
   Genöße und fein stille sey?

8. Man that ihm hierauf nach der Reih' die Ehre,
   Hob es auf, rühmte seine Größe und Schwere,
   Und bewunderte einmüthig weit und breit
   Seine mehr als gemeine Artigkeit.

9. „Meine hochgeehrte Frau Base!
„Schnatterte Frau Schnepperle, etwas durch die
Nase,
„Das Kind wird wahrlich ein gelehrter Mann,
„Ich sehs ihm an seinem Gesichte an.

10. „Habe' neulich ein schönes Buch gelesen,
„Als ich auf der Rathsbibliothek gewesen,
„Welches von der Kunst Physionomei
„Handelt, und was davon zu halten sey.

11. „Darin stunden schrecklich viele Gesichter,
„Gelehrte, dumme, fromme Bösewichter,
„Silhouetten von feiner und schlimmer Gestalt.
„Auch Köpfe von Thieren, jung und alt.

12. „Wenn ich etwa nicht unrecht gesehen,
„So glaub ich daraus zu verstehen,
„Daß ein solches verkehrtes Gesicht
„Viel zukünftiges Genie verspricht.

13. „Und wollte schier gewiß versichern:
„Das Kind geht einst um mit Büchern;
„Und ist wohl gar zum Pfarrer bestimmt,
„Wenn es künftig zu Jahren kümmt.

14. „Seine starke Stimme scheint es anzuzeigen,
„Daß es einst werde die Kanzel besteigen."
(Nota bene: Der kleine Jobs schrie hier just,
Gerade als wenn er es hätte gewußt.)

15. Die Frau Schnepperle sprach noch viel Worte,
Sie gehören aber nicht an diesen Orte.
Alle Frauen fielen mit großem Geschrei
Der Rede der klugen Frau Schnepperle bei.

16. Nachdem nun die Visite war zu Ende,
   Reichten sie alle der Frau Jobsen die Hände,
      Dankten für alle genossene Ehr
      Und gingen hin, wo sie gekommen her.

17 Die Wöchnerin bekam zwar vom Lärm Kopf-
                     schmerzen,
   Nahm aber die Rede der Frau Schnepperle zu
                     Herzen;
      Zumal da diese im Ruf stand,
      Als wäre ihr was von der Magie bekannt.

Viertes Kapitel.

Wie das Kindlein getauft ward, und wie es
Hieronimus genannt ward.

———— ◦•◦ ————

1. Als noch einige Tage waren vergangen,
   Schien das Kind die Taufe zu verlangen,
   Indem es immer erbärmlich schrie
   Und seiner Mutter machte viel Müh.

2. Es half davor weder Brust noch Süppchen,
   Noch ein im Munde gestecktes Zuckerpüppchen,
   Sondern es rief in einem fort,
   Daß Niemand hören konnt sein eigen Wort.

3. Man machte drum in Senator Jobsens Hause
   Anstalten zum Kindtaufenschmause
   Und schleppte der Speisen mancherlei
   Zum morgenden Traktamente herbei.

4. Auch wurden Torten, Kuchen und mehr Sachen
   Zum Nachtische bereitet und gebacken,
   Auch an Wein, und Tobak und Bier
   War gewiß kein Mangel hier.

5. Gevattern, Freunde und Verwandten,
   Hebamme, Nachbarn und Bekannten
   Stellten sich darauf artig und fein,
   Zur gehörigen Stunde ein.

6. Auch Küster und Pfarrer mit dem Formulare
Wie leicht zu gedenken ist, da ware;
    Imgleichen ein ganzer hochweiser Senat
    Sich zeitig dabei eingefunden hat.

7. Es waren auch sonst noch viele Gäste
Auf diesem großen und hohen Feste,
    Und ich sag es zu Jobsens Ehr:
    Es ging alles fein ordentlich her.

8. Jedoch that sich ein Dispüt erheben,
Was man dem Kind für einen Namen wollt geben
    Heinz, Kunz, Matz, Peter oder Hans,
    Diez, Jost, Hermann oder Franz.

9. Von diesen sonst schönen Namen allen
Wollte keiner allgemein gefallen,
    Und es würde gewiß noch zuletzt
    Haben nicht geringe Händel gesetzt.

10. Der Pfarrer aber, als ein kluger Herre,
That den Ausspruch, daß es rathsam wäre,
    Bei diesem Zwist im Kalender zu sehen,
    Was am Geburtstag möcht für ein Name stehen.

11. Es ward also, ohne weiter zu fragen,
Vom Küster der Kalender aufgeschlagen,
    Und man fand darauf ohne Müh
    Den Namen des heiligen Hieronimus hie.

12. Solcher kluger Rath hat gleich allen,
Sowohl Gevattern, als Eltern gefallen;
    Und man faßte also in pleno den Schluß,
    Das Kind sollte heißen Hieronimus.

13. Nachdem nun der wichtige Handel geschlichtet,
    Ward der Actus vom Herrn Pfarrer verrichtet,
      Und zwar nach dem gewöhnlichen Fuß,
      Und nun hieß das Kind Hieronimus.

14. Alles übrige ging ruhig und schöne,
    Pfarrer und Küster thaten sich recht bene,
      Und es wurde fast die halbe Nacht
      Gegessen, getrunken, geraucht und gelacht.

Fünftes Kapitel.

Womit sich das kleine Kind Hieronimus beschäf-
tiget hat.

———◦•◦———

1. So lang Hieronimüschen in Windeln geblieben,
   Hat er sich die Zeit damit vertrieben,
   Daß er schlief, aß, sog oder trank,
   Oder zuhörte der Mutter Wiegengesang.

2. Und zwar schlief, aß, sog und trank er nicht minder,
   Als sonst zu thun pflegen zwei oder drei Kinder;
   Wurde dabei recht fleißig gewiegt,
   War aber bei dem allen noch nicht vergnügt.

3. Sondern lärmte schier oft ganze Tage
   Und erhub in der Wiege bittere Klage,
   Als wenn ihn was großes hätte gequält,
   Obgleich dem Schreier gar nichts gefehlt.

4. Einige kluge Leute wollten behaupten,
   Als wenn sie nicht ohne Ursache glaubten,
   Daß etwa eine Hexerei
   (Mit Respekt zu melden) im Spiel sey.

5. Drob ward oft der Arzt herbeigeführet
   Und die Hebamme konsuliret,
   Und manches Rhabarbartränklein
   Auch wohl Mohnsaft gegeben ein.

6. Er war also seiner Mutter fast beschwerlich,
   Indeß befand er sich dabei gar herrlich,
     Wuchs, und ward mit jedem Augenblick
     Fett, groß, mächtig, stark und dick.

7. Vater und Mutter hatten also beide
   An diesem lieben Kinde viele Freude,
     Und gaben manchen herzlichen Kuß
     Ihrem kleinen Hieronimus.

8. Mehr hab ich von den ersten drei oder vier Jahren
   Des kleinen Jöbschen nicht können erfahren.
     Beschließe also dies Kapitel hiemit
     Und thue zum folgenden den Schritt.

Sechstes Kapitel.

Thaten und Meinungen des Hieronimus in seinen Knabenjahren, und wie er in die Schule ging.

———

1. Von den andern Kinderjahren unsers Helden
Kann ich zwar ebenfalls nicht viel melden,
  Sintemal die Laufbahn des Lebens sein
  Bishero gewesen noch eng und klein.

2. Gefolglich ist von seinen Thaten und Werken
Eben nichts sonderliches anzumerken;
  Jedoch blieb immer, so lang er noch jung,
  Essen und trinken seine Hauptbeschäftigung.

3. Er hatte aber sonst noch viele gute Gaben,
Spielte lieber mit Mädchen als mit Knaben,
  Zankte und neckte auch oft beim Spiel
  Und machte der losen Streiche viel.

4. Auch lernte er ohne sonderliche Mühe
Lügen, Fluchen und Schwören frühe,
  Und hat dadurch in der Nachbarschaft
  Bei andern Kindern viel Erbauung geschafft.

5. Er schluckte und naschte ebenfalls gerne,
Aß Obst, Rosinen und Mandelkerne,
  Und kaufte für sein bekommenes Geld
  Die leckersten Sachen von der Welt.

6. Mit seinen Geschwistern konnt er sich nicht ver-
tragen,
Aber sein Vater that ihn nicht schlagen,
Und seine Mutter, die gute Frau,
Nahm auch selten alles so genau.

7. Auch war er viel größer als andre Kinder,
Keiner seines gleichen sprang und lief geschwinder,
Und kein einziger war so stark als er,
Und wer ihn erzürnte, den nahm er her.

8. Da es ihm nun nicht fehlte an Kräfte,
So verrichtete er manche Hausgeschäfte,
Holte zuweilen Futter fürs Vieh
Und unterzog sich der Oekonomie.

9. Oder er ritte die Pferde in die Tränke,

Oder er holte Bier aus der Schenke,
Brachte auch manches frische Ei
Aus dem Hühner- und Gänsestall herbei.

2*

·10. War auch sonst ein guter dummer Junge,
Hatte dabei eine starke kräftige Lunge,
Und predigte oft auf der Bank aus Scherz.
Dies alles ging seinen Eltern ans Herz.

11. Denn sie sahen mit innigstem Vergnügen
Solche Talente im Hieronimus liegen,
Und dachten sehr oft in ihrem Sinn
Da steckt gewiß ein Pfarrer in.

12. Besonders die Mutter, wenn sie daran dachte,
Was ihr vormals Frau Schnepperle sagte,
Den ehmals gehabten Traum,
Wußte sich für Freude zu lassen kaum.

13. Denn alles schien sich zusammen zu schicken
Und die Sache natürlich auszudrücken;
Und wenn sie dieses erwoge, so war
Der künftige Pfarrer hier offenbar.

14. Er wurde also und dergestalten
Fleißig zur Schule angehalten,
Welches doch Hieronimo übel gefiel,
Denn er war viel lieber beim Spiel.

15. Und die Bücher waren ihm zuwider,
Er warf sie oft auf die Erde nieder,
Und bei dem lumpen A, B, C, D,
That ihm immer der Kopf weh.

16. Zwar der Präceptor that sich bemühen
Ihn zu allem Guten zu erziehen,
Und er und die Ruthe in Kompagnie
Arbeiteten fleißig an seinem Genie.

17. Dieser Mann hatte vorzügliche Gaben
    Zu erziehen muthwillige Knaben,
    Und auf ihre Hosen und Rock
    Spielte sehr oft sein mächtiger Stock.

18. Nach vielem Bemühen und sauern Schweiße
    Gelang's des Mannes Herkul'schem Fleiße,
    Und Hieronimus buchstabirte bald,
    Als er ohngefähr war zehn Jahr alt.

19. Wie alt er aber eigentlich gewesen,
    Als er fertig das Deutsche konnt lesen,
    Das weiß ich eigentlich in der That
    Nicht so genau und akkurat.

20. Da er nun zu größern Jahren gekommen,
    Ward er aus der deutschen Schule genommen,
    Und, um zu lernen das Latein,
    Geschickt in die lateinische Schule hinein.

21. Wie es ihm nun daselbst ergangen,
    Und was er gutes sonst angefangen,
    Dieses stell ich dem Leser hier
    In dem folgenden Kapitel für.

Siebentes Kapitel.

Wie der Knabe Hieronimus in die lateinische Schule
kam, und wie er da nicht viel lernte.

1. Hieronimus, um weiter zu stubiren,
   Fing nun an **Mensa** zu bekliniren,
     Trieb auch sonst jedes nöthige Stück
     Aus der lateinischen Grammatik.

2. Lernte danebst manche Vokabel auswendig,
   Indeß ging doch alles sehr elendig;
     Denn das verwünschte Lauselatein
     Wollte nicht in seinen Kopf hinein.

3. Beim Konjugiren und beim Syntaxis,
   Und bei der lateinischen Praxis
     Da war vollends der Henker los,
     Und er bekam manchen Rippenstoß.

4. Denn der Rektor, als ein Hypochondriakus,
Schonte gar nicht den Hieronimus,
    Und prügelte oft als wäre er toll,
    Dem armen Knaben das Leder voll.

5. Bei dieser peinlichen Lehrmethode
Grämte sich der Junge fast zu Tode,
    Und wünschte oftmal in seinem Sinn
    Den märr'schen Rektor zum Henker hin.

6. Zwar spielte er ihm wieder heimlich viel Possen
Für die Schläge, welche er von ihm genossen,
    Und der Mann hatte manchen Verdruß
    Ob dem muthwilligen Hieronimus.

7. Denn seine Papiere und große Perücke
Riß er ihm incognito oft in Stücke,
    Und that auch sonst noch dem braven Mann
    Alles gebrannte Herzeleid an.

8. Auch brachte er seine Schulkameraden
Viel und manchmal in bitteren Schaden,
    Weil er sich mit keinem vertrug
    Und sie öfters zu Boden schlug.

9. Auch weder ihre Kleider, noch ihre Bücher
Waren vor seinem Muthwillen sicher,
    Und er spielte viel Schabernack,
    Meistens von bösem Nachgeschmack.

10. Wenn auch einer etwa sich übel betragen,
Thät er ihn gleich beim Rektor verklagen;
    Dann ging's über die armen Buben her
    Und er freuete sich drob sehr.

11. Der Schule übrigens überdrüßig
    Ging er zu Hause größtentheils müßig,
    Und so verstrich allmählig die Zeit
    In unnützlicher Unthätigkeit.

12. Vom Griechischen will ich gar nichts sagen,
    Denn das wollte ihm nimmer behagen.
    Und beim barbarischen Typto, Typteis,
    Kam Hieronimus über und über in Schweiß.

13. Er dachte also klüglich: das sey ferne,
    Daß ich solch kauderwelsches Zeug lerne:
    Und was nun noch das Hebräische betrifft,
    Dieses floh er vollends als Gift.

14. Er machte also gar wenig Progressen.
    Auffer im Lügen, Schwören, Trinken und Essen,
    Auch etwa in Erfindung eines Fluchs
    Ward der Knabe fein stark und wuchs.

Achtes Kapitel.

Wie die Eltern des Hieronimus mit dem Rektor und
mit andern Freunden zu Rathe gingen, was sie aus
dem Knaben machen sollten.

---

1. Nachdem nun der Knabe achtzehn Jahre
   Und noch etwas darüber alt ware,
      Auch wirklich schon eines halben Kopfs
      Größer war, als der alte Hans Jobs;

2. Fingen die Eltern an nachzusinnen,
   Was nun ferner mit ihm zu beginnen,
      Denn es war jetzt die höchste Zeit
      Und die Sache von äußerster Wichtigkeit.

3. Vor allen that man den Rektor fragen,
   Was derselbe vom Knaben möchte sagen,
      Und wozu er das meiste Geschick
      Haben möchte zum künftigen Glück.

4. Dieser Mann nun wollte nicht heucheln,
   Noch den Eltern mit leerer Hoffnung schmeicheln,
      Drum sagte er ihnen gleich rund heraus:
      "Aus dem Knaben wird nichts rechtes aus.

5. "Das Studiren ist wahrlich nicht seine Sache;
   "Drum ists am klügsten gethan, man mache
      "Einen hiesigen Rathsherrn aus ihm,
      "Oder thu ihn sonst wo zum Handwerke hin.

6. „Ich habe es mannichmal in den Schulstunden
    „Zu meinem höchsten Leidwesen gefunden,
      „Daß in ihm nichts besonders sitzt,
      „Welches einem ehrsamen Publiko nützt.“

7. Diese Rede hat den Eheleuten Jobsen,
    Wie leicht zu schließen ist, heftig verdrossen;
      Drum hörten sie solche mit Verachtung an,
      Und hielten den Rektor für'n dummen Mann.

8. Es wurden nun mehr Freunde zu Rathe gezogen
    Und die Sache vernünftiger pro et contra erwogen,
      Und's ging in der Versammlung grade so her,
      Als wenn der alte Jobs zu Rathhause wär.

9. Nämlich, nach etwa drittehalb Stunden
    Ward ein Mittel zur Vereinigung funden:
      Man stellte weislich auf'n neuen Ter-
        min
      Die Sache zur nähern Erwägung da-
        hin.

Neuntes Kapitel.

Wie die Zigeunerin Urgalindine auch wegen des
Hieronimus um Rath gefraget ward, welche die
Kunst Chiromantia verstand.

━━━━━━━━

1. Die Gesellschaft war nun kaum in Frieden
Aus Rathsherrn Jobsens Hause geschieden,
So führte das Glück von ohngefähr
Eine alte Zigeunerin her.

2. Sie war von einem uralten Stamme,
Urgalindine war ihr Name,
Und Aegypten ihr eigentliches Vaterland,
Und die Mutter ehmals als Hexe verbrannt.

3. Sie konnte der Menschen Thun und Wesen
Deutlich in den Strichen der Händen lesen,
Sagte auch manches so deutlich vorher,
Als wenns wirklich schon geschehen wär.

4. Manches Mädchen hat sie recht sehr erfreuet,
Wenn sie ihm nahe Hochzeit geprophezeiet,
Und den Bräutigam so klärlich genannt,
Als hätte sie ihn schon längstens gekannt.

5. Manchen unmuthsvoll wartenden Erben
Wahrsagte Sie des reichen Onkels Sterben,
Und erfreuete solche oft!
Denn die Onkels starben unverhofft.

6. Manchen faſt verzweifelnden Ehegatten,
   Welche, leider! böſe Weiber hatten
   Und den Tod derſelben gerne ſahn,
   Kündigte ſie nahe Erlöſung an.

7. Manchem Stutzer, der kräftig gerochen
   Nach Jesmin und Pomade, hat ſie verſprochen,
   Trotz aller ſeiner Lächerlichkeit,
   Dennoch dummer Schönen Gewogenheit.

8. Ihre Reden wußte ſie ſtets alſo zu fügen,
   Daß ſie immer gereichten zum Vergnügen;
   Doch half eine kluge Zweideutigkeit
   Ihr manchmal aus der Verlegenheit.

9. Jedem verkündigte ſie eine beſondere gute Mähre,
   Tapfern Soldaten Pulver, Kugeln und Ehre,
   Armen Schluckern einen Haufen Geld
   Alten Matronen das Himmelszelt.

10. Sie verſtund noch viel mehr andere Künſte;
    Aber ihre große und ſeltene Verdienſte
    Machten ſie nicht von Häſchern frei,
    Denn ſie ſtahl ein wenig nebenbei.

11. Kurz! man fand nirgends ihres Gleichen,
    Endors Hexe hätte ihr müſſen weichen,
    Wenigſtens in Lügen und Chiromantie
    War keine Zigeunerin klüger als ſie.

12. Als Frau Jobs ihre Ankunft vernommen,
    Iſt ſie zu ihr hinausgekommen,
    Und hielte wohl an des Hauſes Thür
    Folgende kurze Rede an Ihr:

13. „Meine geliebte Frau Urgalinde,
„Kommen Sie doch einmal zu meinem Kinde,
„Um ihm zu sagen gutes Glück
„Von seinem zukünftigen Geschick.

14. „Sie werden hoffentlich die Güte haben;
„Und mir es sagen, was von dem Knaben
„Hieronimus eigentlich zu machen ist
„Ohne Trug und arge List."

15. Madame! antwortete sie, das soll geschehen,
Lasse sie mich nur seine Hände sehen;
Dann sag ich als eine aufrichtig Frau
Ihm sein künftiges Schicksal genau

16. Man ließ also den Hieronimus holen,
Und Frau Urgalinde hat ihm befohlen,
Seine rechte Hand zu reichen dar,
Welche etwas beschmutzet war.

17. Die Zigeunerin mit forschendem Blicke
Erkundete nun alle und jede Stücke,
Maß die Flächen und Linien auch,
Alles nach Chiromanten Gebrauch.

18. Darauf ward sie einen Augenblick stille,
Endlich gleich einer Delphischen Sybille
Murmelte sie etwas zwischen dem Zahn
Und hub folgende Prophezeihung an:

19. Ich sehe, mein lieber Hieronimus, ich
sehe,
Nach der Kunst, die ich gründlich ver-
stehe,
Dein ganzes künftiges Schicksal.
Mein Sohn!
Deines Halses gewaltiger Ton

20. Wird manchen frechen Bösewicht schre-
cken,
Manchen schlafenden Sünder wirst du
aufwecken,
Dermaßen, daß die ganze Stadt
An deiner Rede Erbauung hat.

21. Fromme und Böse wirst du bewahren,
Sie warnen für Leibes- und Seelen-
Gefahren.
Und über Jung und Alt, Groß und
Klein
Ein munterer getreuer Hüter seyn.

22. Jedermann wird deine weisen Lehren
In dieser Stadt dereinst öffentlich hö-
ren,
Und wenn dann dein geöffneter Mund
spricht,
So antwortet dir keiner nicht.

23. Ich darf es für dieses mal nicht wagen,
Dir ein mehrers von deinem Geschicke
zu sagen,
Es ist auch dieses dermalen genug,
Nun gehe hin, mein Sohn, und sey
klug.

24. Hier endigte sich Urgalindinens Rede;
    Sowohl Mutter als Vater waren beede,
    Ob dem, was jetzo geprophezeit,
    Sehr zufrieden und höchlich erfreut.

25. Denn in ihren Gedanken war er
    Ganz gewiß ein künftiger Pfarrherr,
    Wenn anders die Weissagung träfe ein;
    Denn wie könnte es deutlicher seyn?

26. Urgalindine ist drauf weggegangen,
    Nachdem sie einen stattlichen Lohn empfangen.
    Man saget als sie links um gemacht,
    Habe sie über Eltern und Sohn gelacht.

27. Nunmehr wurde dem Rektor zum Possen
    Sowohl vom Herrn Jobs als Frau Jobs be
                                    schlossen,
    Daß der geliebte Hieronimus
    Werden sollte ein Theologus.

28. Es wird also nach Akademien
    Im folgenden Kapitel Hieronimus ziehen,
    Wenn wir vorhero haben gesehn,
    Was noch bei seinem Abschied geschehn.

Zehntes Kapitel.

Wie Hieronimus von seinen Eltern und Geschwistern
Abschied nahm und nach der Universität verreiste.

1. **E**he man den Hieronimus ließ gehen,
    Wurde er erst in Ueberfluß versehen
        Mit Kleidern, Wäsche, Büchern und Geld
        Und was man sonst zum Studiren nöthig hält.

2. Es ward gefolglich auf diese Weise
    Alles bereitet zur nahen Abreise;
        Aber beim Abschied gings bitter und schwer
        Auf einer und der andern Seite her.

3. Der gute alte Jobs, der dicke Senater,
    Weinte laut, wie im Mai ein Kater,
        Und reichte schluchzend den Abschiedskuß
        Seinem theuern Sohne Hieronimus.

4. Gab ihm auch den väterlichen Segen:
»Fahre wohl auf allen deinen Wegen
»Und studire fleißig, mein Sohn,
»Damit wir haben Freude davon!

5. »Wenn dir etwa künftig was fehlet
»Und vielleicht ein Geldmangel quälet:
»So schreibe nur immer kühnlich mir;
»Was du verlangst, das schicke ich dir!«

6. Hieronimus wurde, wie sich's gebühret,
Ob des Vaters Rede höchlich gerühret,
Und versprach öfters zu schreiben hin,
Wenn ihm der Beutel würde dünn.

7. Mit der Mutter ging es noch schlimmer,
Sie erhob ein jämmerliches Gewimmer,
Und durchdrungen vom herbesten Schmerz
Drückte sie den lieben Sohn lange ans Herz.

8. Endlich trat sie auf einige Augenblicke
Mit Hieronimus ein wenig beiseite zurücke,
Und reichte ihm noch ein Päcklein dar,
Worinnen verschiedenes Geld war.

9. Dieser fromme, mütterliche Segen
That den Hieronimus inniglich sehr bewegen,
Und er steckte, unter lautem Gewein,
Das erhaltene Päcklein ein.

10. Nun kamen seine Geschwister an die Reihe,
Denen er, unter erbärmlichem Geschreie,
Allen nach einander die Hand gab;
Und nunmehr reisete Hieronimus ab.

11. Der lieben Eltern Trauern und Klage
    Währte noch nachher verschiedene Tage
      Und dem guten Vater schmeckte schier
      Weder Wein, Zeitung, Tabak noch Bier.

12. Bei der Mutter war die Betrübniß am größten,
    Und man vermochte fast nicht sie zu trösten,
      Doch bei den Schwestern und Brüdern war,
      Wie ich vernommen, weniger Gefahr.

Eilftes Kapitel.

Wie Hieronimus zu Pferde bis zur Poststation kam,
und wie er im Wirthshause einen vornehmen Herrn
fand, Herr von Hogier genannt, welcher ihm heil=
same Lehren gab, und ein Spitzbube war.

1. Hieronimus also nunmehro wegreitet,
   Seines Vaters Hausknecht ihn begleitet
       Bis zu dem nächsten Städtelein,
       Da steigt er dann i'n Postwagen ein.

2. Ob nun gleich der Abschied nahe gegangen,
   So truge derselbe doch großes Verlangen
       Nach der geliebten Universität,
       Wo es täglich so lustig ergeht.

3 *

3. Kaum hatte er nun Schildburg verlaſſen
   Und er ſich befand auf der Landſtraßen,
      Als er Vater, Mutter, Geſchwiſter vergaß,
      Und ſich höchlich ergötzte, daß

4. Er nunmehr, als ein freier Studente,
   Daß ſich täglich vergnügen könnte,
      Und des mürr'ſchen Rektors Prügel und Lehr',
      Dem Himmel ſey Dank! entloffen wär'.

5. Vorzüglich freuete er ſich nicht wenig
   Und dünkte ſich reicher als ein König,
      Wenn ihm das Geld im Sinne kam,
      Das er von Hauſe mitte nahm.

6. Vor allem vergnügte ihn beſonder
   Das liebe Päcklein, welches er von der
      Hochbetrübten Frau Mutter empfing,
      Als es an's bittere Scheiden ging.

7. Da es ihm nun an Zeitvertreib fehlte,
   Zog er's Päcklein hervor und zählte
      Das Geld, welches drin enthalten war,
      Und fand mit innigſter Freude baar

8. Mehr als dreißig verſchiedene Stücke,
   Alle von Silber, groß, ſchwer und dicke,
      Gulden und Thaler mannichfalt
      Meiſtens von Gepräge rar und alt.

9. Seine Mutter hatte ſie nach und nach erſparet,
   Und zum Nothpfennige aufbewahret,
      Denn ſie war eine weibliche Frau
      Klug und ſparſam, oder vielmehr genau.

10. Zuweilen mußte ihm auch imgleichen
    Der Knecht, sein Begleiter, etwas reichen
    Zum Zeitvertreib von den Viktualien,
    Womit ihn die Eltern zur Reise versehn.

11. Als nun unter diesen Gedanken und Dingen
    Dem reisenden Hieronimus die Stunden ver-
    gingen:
    So gelangte er endlich sehr müde und matt
    Ins Wirthshaus der oben gedachten Stadt.

12. Allhie befand sich nun der Postwagen,
    Der ihn nach der Universität sollte tragen;
    Selbiger war aber zu dieser Zeit
    Noch nicht völlig zur Abfahrt bereit.

13. Hieronimus ließ nun vor allen Dingen
    Seinen getreuen Gaul zu Stalle bringen,
    Welchem sein Knecht das Futter gab,
    Und band den schweren Mantelsack ab.

14. Er hat aber auch nicht vergessen,
    Sich zu erlaben mit Trinken und Essen,
    Und so ward er bald darauf am Tisch
    Wieder gestärket, munter und frisch.

15. Es war auch da ein fremder Herr logiret,
    Mit einer großen Perücke und reich schameriret,
    Welcher aus fernen Ländern kam,
    Herr Baron von Hogier war sein Nam'.

16. Dieser erzeigte unserm Helden viel Ehre
    Und erkundete freundlich, wer er wäre.
    Hieronimus antwortete drauf behend:
    Gnädiger Herr! ich bin ein Student

17. Zu hoch dero Diensten, und ich ziehe
 Gleich itzo nach der Akademie
 Um zu studiren spät und früh
 Die Wissenschaft der Theologie.

18. So! dazu wünsch ich Ihnen viel Glücke!
 Antwortete der Herr mit der großen Perücke,
 Aber nehmen Sie sich wohl in Acht,
 Daß Sie nicht werden in Schaden gebracht!

19. Ich hab' auch hohe Schulen vormals gesehen,
 Weiß wohl, wie's da pflegt zu ergehen,
 Mancher junger Bursche wird da um's Geld,
 Durch das verwünschte Spielen gepreßt.

20. Und viele, anstatt fleißig zu studiren,
 Lassen sich zu Ausschweifungen verführen,
 Und verbringen die kostbare Zeit
 In aller erdenklicher Liederlichkeit.

21. Ich selbst habe öfters in jüngern Jahren
 Die traurige Wahrheit davon, leider! erfahren,
 Nehmen Sie also sich fleißig in Acht,
 Und denken Sie d'ran, ich hab' es gesagt!

22. Hieronimus versetzte: lieber Heere!
 Ich danke viel für die weise Lehre,
 Und werde Ihren trefflichen Unterricht
 In meinem Leben vergessen nicht.

23. Uebrigens muß ich Euer Gnaden sagen,
 Das Spielen thut mir zwar sehr behagen,
 Hab' die Ehre zu versichern doch,
 Wenn ich spiele, spiel' ich nicht hoch.

24. „Niedrige Spiele laß ich paſſiren,
   „Denn ſo kann man eben nicht verlieren,
     „Und man vertreibet ſich doch die Zeit
     „Sehr angenehm und mit Artigkeit.

25. „Wir, zum Exempel, könnten nun beide,
   „Bloß zum Zeitvertreib und zur Freude,
     „Etwa ein kleines Spielchen auch thun.„
     Erwiedert der Herr mit der Perücke nun.

26. Hieronimus, gleich im Augenblicke,
   Fand den Vorſchlag des Herrn mit der Perücke,
     Ein Spielchen zu machen, ſehr angenehm,
     So lange bis der Poſtwagen käm'.

27. Sie brauchten nun gar nicht lange zu warten,
   Der Wirth brachte alsbald neue Karten
     Für ſeine beiden Gäſte heran,
     Und nunmehr fing man zu ſpielen an.

28. Anfangs ward niedrig pointiret,
   Aber Hieronimus, durch Gewinnſucht verführet,
     Finge nun höher zu ſetzen an,
     Weil er die erſten Spiele gewann.

29. Nun aber wendete ſich das Glücke
   Zum Herrn von Hogier mit der großen Perücke,
     Als welchem itzo in jeglichem Spiel
     Immer die Karte günſtiglich fiel.

30. Das Geld, welches Hieronimus zur Reiſe
   Beſtimmt hatte, ging auf dieſe Weiſe
     Bald hin, und da er noch weiter verlor,
     Zog er nun auch das Päcklein hervor.

31. Aber das Glück warf stets noch günstige Blicke
 Auf den Herrn mit der großen Perücke,
  Und mit einem jeglichen neuen Satz,
  Entstand im Päcklein ein leerer Platz.

32. Und in weniger als dreiviertel Stunden
 War der mütterliche Segen ganz verschwunden,
  Und der Herr mit der großen Perück'
  Hatte alles gewonnen, Stück vor Stück.

33. Denn, daß der Herr mit der großen Perücke
 Ihn listiger Weise beim Spiele berücke,
  Das merkte der gute Hieronimus nicht —
  Denn Herr von Hogier hatte ein ehrlich Gesicht.

34. Es wär ihm endlich gar noch eingefallen
 Auch seinen Mantelsack loszuschnallen,
  Und er hätte das drin enthaltene Geld
  Auch noch auf die unglückliche Karte gestellt.

35. Doch, zu des Hieronimus größtem Glücke
 Und zum Leidwesen des Herrn mit der Perücke,
  Blies grade itzo der Postillon
  Und Hieronimus fuhre davon.

36. Beim Abschied warf er viele unwillige Blicke
 Auf den Herrn mit der großen Perücke,
  Und mit einigem Ungestüm
  Nahm er nunmehr Abe von ihm.

Zwölftes Kapitel.

Wie Hieronimus auf dem Postwagen fuhr, und
wie er daselbst eine Schöne fand, welche er lieb-
gewann, und welche ihm die Sackuhr stahl.

· ·———◦◦———

1. Wie's dem Hieronimus im Postwagen
   Ferner erging, will ich nun sagen,
   Denn er kam so noch nicht los,
   Sondern hatte wieder einigen Anstoß.

2. Er dachte hieselbsten öfters zurücke
   An den Herrn mit der großen Perücke,
   Und es fiele ihm itzo erst ein,
   Er müsse ein Spitzbube gewesen seyn.

3. Das mütterliche Päcklein ging ihm sehr zu Herzen
   Und er konnte dessen Verlust nicht verschmerzen,
   Seufzte, und wünschte in seinem Sinn
   Den Herrn mit der Perücke zum Henker hin.

4. Er murmelte sogar unverständliche Töne,
   Jedoch eine neben ihm sitzende Schöne,
   Welche er anfangs bemerkte kaum,
   Riß ihn bald aus dem schwermüthigen Traum.

5. Sie schien alt zu seyn etwa zwanzig Jahre,
   Schön von Gesicht, schwarz von Augen und Haare,
   Und rosenroth von Wangen und Mund,
   Dabei auch von schönem Wuchse, und

6. Kurz zu sagen, in ihrem ganzen Wesen,
Konnte man nichts als lauter Anmuth lesen;
   Sie erkundigte sich in Kurzweil und Scherz
   Alsbald nach des traurigen Hieronimi Schmerz.

7. Wobei sie denselben freundlich anlachte;
Dies Lächeln that gute Wirkung und machte,
   Daß er, da er dichte neben ihr saß,
   Seinen Verlust des Päckleins vergaß.

8. Er gerieth auch wirklich fast in Entzücken,
Weil er in ihrer ganzen Person und Blicken
   So viel treffliche Reize fand
   Gefährlich vor sein bischen Verstand.

9. Es hatte noch keine halbe Stunde gewähret,
Als er schon die Lieb', in bester Form, ihr er-
                 kläret,
   So bündig, als je ein Held im Roman
   Die Brunst seiner Schönen erklären kann.

10. Sie schien nicht ungern ihn anzuhören,
Und that ihn gar nicht im Vortrage stören,
   Hieronimus ward also endlich so frei
   Und rückte näher zu ihr herbei.

11. Ich weiß nicht, ob sonst noch etwas passiret,
Was, laut zu sagen, sich nicht gebühret,
   Genug, sie vertrieben sich beide die Zeit
   In süßer, vertraulicher Zärtlichkeit.

12. Als sie endlich zur Poststation gekommen,
Hat sie freundlich von ihm Ade genommen,
   Wohin sie sich aber nachhero gewandt,
   Das soll uns künftig werden bekannt.

13. Da indeſſen nach einigen Stunden,
　　Seitdem die Schöne vom Wagen verſchwunden,
　　Hieronimus nach der Sackuhr mal ſah,
　　War auch dieſe verſchwunden und nicht mehr da.

14. Dieſer abermalige fatale Poſſen,
　　Hat den guten Hieronimus mächtig verdroſſen,
　　Denn er dachte alsbald daran,
　　Daß die Schöne den Diebſtahl gethan.

15. Indeſſen war nun für den guten Knaben
　　Weiter nichts übrig als Geduld zu haben,
　　Es fiel ihm jedoch nun hintennach ein
　　Hinführo etwas vorſichtiger zu ſeyn.

16. Er hat ſich dabei feſte vorgenommen,
　　Sobald er auf die Univerſität gekommen,
　　Um Geld und um eine neue Uhr
　　Seinen Eltern zu ſchreiben nur.

17. Er iſt endlich, ohne weitere Unfälle,
　　Angelangt glücklich an Ort und Stelle,
　　Folglich war unſer Hieronimus
　　Nunmehro ein Akademikus.

Dreizehntes Kapitel.

Wie Hieronimus auf der Universität gar fleißig
die Theologie studiren thät.

1. Als nun Hieronimus arriviret,
   Ist er, stante Pede, immatrikuliret
   Und ward also sofort allhie
   Ein Studiosus der Theologie.

2. Sintemal sich nun auf Universitäten
   Aus mancherlei Landen, Orten und Städten
   Viele Studenten finden ein,
   Junge und alte, groß und klein.

3. Gleichergestalten und imgleichen fanden
   Sich auch hier solche aus allerlei Landen
   Und jährlich kamen noch viele herbei
   Um zu studiren mancherlei.

4. Zum Exempel: die Theologiam,
   Jura, Medicin und Philosophiam,
   Und was man sonst für gute Künste hält,
   Zum Fortkommen dereinstens in der Welt.

5. Die meisten aber, anstatt zu studiren,
   Thaten nur ihre Gelder verschlemmiren
   Und lebten lustig und guter Ding,
   Indessen die edle Zeit verging.

6. Hieronimus, dem's Studiren zuwider,
   Mengte sich bald unter die lustigen Brüder
   Und betrug sich in kurzer Zeit schon so,
   Als wäre er längstens gewesen do.

7. Denn so gut als der beste Akademikus
   Lebte er täglich in Floribus,
      Und es wurde manche liebe Nacht
   In Sausen und Brausen zugebracht.

8. Wein, Tabak und Bier war sein Leben,
   Er that dabei die Stimme hoch erheben,
      Wenn er mit lautem und starken Klang
   Das Gaudeamus igitur sang.

9. Als ein wahres Muster fideler Studenten
   Verfuhr er bei allen, die ihn kennten,
      Und lebte immer sein burschikos:
   Sein drob erhaltener Ruhm war groß.

10. Jene drei verhaßte Geschwister:
    Häscher, Pedellen und Philister,
       Hat Hieronimus als ein Held
    Oeftermalen jämmerlich gepreßt.

11. Mehrmals hat er sie periiret,
    Oder sie sonst lästerlich vexiret,
       Ansonsten sich noch gezeiget auch,
    Alles nach Renommistengebrauch.

12. Des Sommers ist er fleißig ausgeritten,
    s' Winters beim Schnee gefahren auf Schlitten,
       Und keine Ergötzlichkeit überhaupt
    Hielte Hieronimus für unerlaubt.

13. Mehrmals ist er auch zum Vergnügen
    Nach den benachbarten Dörfern gestiegen,
       Allwo er dann meistens auf dem Land
    Manche gutwillige Schöne fand.

14. Die Fenster hat er oft nächtlich eingeschlagen,
    Jungen Füchsen angethan viele Plagen,
       Spielte Würfel, Karten und Billiard
       Und also nicht sehr gelehrt ward.

15. Im Raufen und Schlagen fand er Vergnügen,
    Täglich that er in der Schenke liegen,
       Ging aber auch, alle zwei Monat einmal
       Zur Abwechselung in den Kollegiensaal.

16. Wenn er muthwillige Schulden gemachet,
    Hat er die Gläubiger ausgelachet,
       Auch ihnen gespielet manchen Betrug,
       Sonst auch gemachet der Streiche genug.

17. Kleider und Bücher that er versetzen
    Und sich dafür mit Schmausen ergötzen,
       Kurz zu sagen zu seiner Zeit
       Uebertraf ihn keiner an Lustigkeit.

18. Zwar mußte er oft in's Karzer gehen,
    Ist ihm auch sonst noch wohl Strafe geschehen,
       Hätt' auch beinahe einmal zum Lohn
       Fast bekommen die Relegation.

19. Drei Jahre lang hat er dies Leben getrieben
    Und seinen Eltern oft um Geld geschrieben,
       Doch waren die Briefe so eingericht't,
       Daß sie seine Aufführung merkten nicht.

20. Zu unsers Hieronimus großem Lobe
    Kommt im folgenden Kapitel eine Probe
       Von dieser kuriosen Korrespondenz;
       Beschließe also das itz'ge eilends.

Vierzehntes Kapitel.

Welches die Kopei enthält von einem Briefe, wel=
chen nebst vielen andern der Student Hieronimus
an seine Eltern schreiben thät.

1. **Sehr geliebte Eltern!**

Ich melde

Hiebei, daß es mir fehlet an Gelde,
Habet also die Gewogenheit
Und schicket mir bald eine Kleinigkeit.

2. Nämlich etwa 20 bis 30 Dukaten,
Denn ich weiß mich kaum mehr zu rathen,
Weil es alles so knapp geht hier,
Drum sendet doch dieses Geld bald mir.

3. Alles ist hier ganz erschrecklich theuer,
Tisch, Stube, Wäsche, Licht und Feuer,
Und was sonst etwa vorfällt noch,
Drum schicket die 30 Dukaten doch.

4. Kaum begreift ihr die starke Ausgabe,
Welche ich auf der Universität habe
Für so viele Bücher und Kollegia,
Ach wären doch die 30 Dukaten schon da!

5. Ich studire täglich recht fleißig.
Sendet mir doch nächstens die dreißig
Dukaten, sobald als möglich ist, her,
Denn mein Beutel ist jämmerlich leer.

6. Wäsche, Schuhe, Strümpfe und Kleider,
Friseur, Nätherin, Schuster und Schneider,
Dinte, Federn, Bleistift, Papier,
Kosten viel, schickt die Dukaten mir!

7. Das Geld, welches ihr hoffentlich bald sendet,
Wird, ich schwör es Euch, gut angewendet.
Ja, liebe Eltern! ich behelfe mich
Sehr genau und höchst kümmerlich.

8. Wenn andre Studenten saufen und schwärmen,
So entziehe ich mich allem wilden Lärmen,
Und schließe mich mit den Büchern allein
Auf meiner Studirkammer weislich ein.

9. Außer den nöthigen Kosten und Speise
Erspar ich, liebe Eltern! auf alle Weise
Und trink vor'n Durst kaum einmal Thee,
Denn Geld ausgeben thut schrecklich mir weh

10. Andre Studenten, die liederlich praſſen,
Thun mich wegen meiner Eingezogenheit haſſen,
Und ſagen: da geht der Knicker einher,
Er ſtudirt, als wenn er ein Pfarrer ſchon wär.

11. Manchen Verdruß ſie drob ſchon mir machten,
Ich thu' aber ihre Spötterei verachten,
Und was man von meiner Frömmigkeit ſpricht.
Vergeßt doch die 30 Dukaten nicht!

12. Täglich hab' ich mich zehn ganze Stunden
In den Kollegiis bisher eingefunden,
Und wann dann dieſe Kollegia aus,
Studir' ich in übrigen Stunden zu Haus.

13. Die Profeſſors ſind trefflich mit mir zufrieden,
Und rathen faſt, mich nicht ſo zu ermüden
In meinen beſtändigen Studiis
Philoſophicis und Theologicis.

14. Es möchte ſich zwar nicht geziemen
Mich gegen Euch, liebe Eltern! ſelber zu rühmen,
Doch ſage und verſichr' ich Euch frei,
Daß ich der fleißigſte von allen ſey.

15. Oft will mir von allen gelehrten Dingen
Faſt der Kopf, ſammt dem Hirn, zerſpringen,
Und manchmal wird mir gar wunderlich.
(A propos! die Dukaten erwarte ich.)

16. Ja, liebe Eltern! ich leſe ſchier beſtändig
Und ſtrap'ziere meine Sinnen ſehr elendig,
Und meiſtentheils wird ſogar die Nacht
Mit tiefem Meditiren zugebracht.

17. Nächstens gedenk ich auf die Kanzel zu steigen,
 Und mich einmal im Predigen zu zeigen;
  Ich disputir' mich auch im Kollegium
  Ueber gelehrte Materien tapfer herum.

18. Vergesset doch nicht die Dukaten zu schicken,
 Damit ich sie schier baldigst möge erblicken.
  Ihr bekommt einst dafür in meiner Person
  Einen hochgelehrten und klugen Sohn.

19. Da ich auch ein Privatissimum gesonnen
 Zu halten und wirklich schon begonnen,
  Welches 20 Reichsthaler kosten thut:
  So erwart' ich auch diese wohlgemuth.

20. Auch thu ich Euch, liebe Eltern! zu wissen,
 Daß ich jüngst meinen Rock sehr zerrissen,
  Also füget zu obigen Geldern doch
  Zwölf Thaler zum neuen Rocke noch.

21. Habe auch neue Stiefel sehr nöthig,
 Es ist auch kein Schlafrock mehr vorräthig,
  Imgleichen sind meine Pantoffeln und Hut
  Auch andre Kleidungsstücke kaput.

22. Da ich nun dies alles nicht kann entbehren,
 Wollt ihr mir noch a part vier Louisd'or ver-
   ehren,
  Welche alsdann zur Nothdurft mein
  Vielleicht möchten hinreichend seyn.

23. Ich bin auch kürzlich todtkrank gewesen,
 Und kaum mit genauer Noth wieder genesen,
  Doch versich're ich Euch mit Hand und Mund,
  Daß ich itzo sey wieder ziemlich gesund.

24. Der Medikus, welcher mich kuriret,
    Hat dafür 18 Gulden aufgeführet,
    Und die aus der Apotheke gebrauchte Arznei,
    Machet, laut Rechnung, zwanzig und drei.

25. Damit nun Arzt und Apotheker kriegen
    Das ihre, werdet Ihr gütigst fügen
    Diese ein und vierzig Gulden dazu.
    Seyd übrigens wegen meiner Gesundheit in
    Ruh.

26. Die Aufwärterin, welche mich that laben
    In der Krankheit, möchte auch wohl was haben,
    Drum sendet noch sieben Gulden dafür
    Und addressirt's mit dem übrigen an mir.

27. Für Citronen, Geleen und Konfituren,
    Zur Stärkung kranker und schwacher Naturen,
    Steht auch noch, als ein kleiner Rest,
    Acht Gulden bei dem Konditor fest.

28. Diese bemeldte Posten allzumalen
    Möchte ich gern nächstens richtig bezahlen,
    Denn ich liebe Ordnung, und hüte mich
    Vor allen Schulden sorgfältiglich.

29. Ich traue also zu Euern milden Händen,
    Daß sie mir alles, nebst den 30 Dukaten, senden,
    Sobald als Euch es möglich wird seyn.
    Noch fällt mir eine Kleinigkeit ein:

30. Vor 15 Tagen hatte ich's Ungelücke,
    Und fiel hoch von der Treppe zurücke,
    Als ich ging ins Kollegium,
    Und stieß mir den rechten Arm fast krumm.

4 *

31. Der Chirurgus verlanget derohalben
    Zwölf Thaler für Balsam, Pflaster und Salben,
      Spiritus und sonstige Schmiererei;
      Drum thut auch diese 12 Thaler noch bei!

32. Doch, damit Ihr Euch nicht alteriret,
    Ich bin, Gottlob! ganz wieder kuriret
      Und geh' mit gesundem Arm und Bein
      Täglich in das Kollegium ein.

33. Nur habe ich einen sehr schwachen Magen,
    Die Aerzte, die ich consulirt habe, sagen,
      Das käme vom vielen Sitzen her,
      Und weil ich so erstaunlich fleißig wär.

34. Sie haben mir dieserhalben angerathen:
    Warmen Burgunderwein, mit Zimmt und Mus-
                                        katen,
      Des Morgens zu trinken statt des Thee,
      Das wäre gut für's Magenweh.

35. Leget also noch bei zwei Pistolen,
    Um dafür Burgunder und Würze zu holen;
      Gewiß, liebe Eltern! ich trinke es nur
      Blos zur verordneten Magenkur.

36. Endlich habe ich noch einige Schulden
    Von etwa 30 bis 40 Gulden,
      Schicket mir also auch, ohne Fehl,
      Liebe Eltern! dies Bagatell.

37. Könnte ich, neben bei, für andere Ausgaben
    Auch etwa noch ein Dutzend Louisd'or haben,
      So käme mir dieses recht bequem,
      Und wäre mir wirklich auch angenehm.

38. Wenn Ihr Euch übrigens gesund befindet
Und nächstens im Briefe mir verkündet,
    So wird mir dieses erfreulich seyn,
    Schließt aber auch ja das Geld mit ein.

39. Hiemit will ich also mein Schreiben beschließen,
Meine Geschwister thu ich freundlich grüßen
    Und verharre hierauf zum Schluß
    Euer gehorsamer Sohn
                Hieronimus.

40. Ich setze noch eilig zum Postscripte:
Meine hochgeehrte und sehr geliebte
    Eltern! ich bitte kindlich,
    Schicket doch bald das Geld für mich.

41. Denn, lieber Vater! ich legte 14 französische
                Kronen
Zurück, sie bis zur äußersten Noth zu schonen,
    Allein zum größten Schmerz und Verdruß
    Stahl mir solche gestern ein Anonymus.

42. Ich weiß, Ihr ersetzt mir, ohne drum zu bitten,
Den Schaden, den ich unschuldig erlitten,
    Denn Ihr, als ein hochvernünftiger Mann,
    Begreift leicht, daß ich solchen nicht tragen
                kann.

43. Ich werde indeß möglichst dafür sorgen,
Daß der Anonymus heute oder morgen
    Zu Eurer Beruhigung und Satisfaktion
    Bekomme den hanfenen Strick zum Lohn.

Fünfzehntes Kapitel.

Folget auch die Kopei der schriftlichen Antwort
des alten Senator Jobs auf vorgemeldten Brief.

———◦◦———

1. **Was** hierauf des Vaters Antwort gewesen,
Das soll man gleichermaßen nun lesen:
Mein herzvielgeliebtester Sohn!
Dein Schreiben hab' ich erhalten schon,

2. Und deine Gesundheit und Wohlergehen
Mit Vergnügen aus demselbigen ersehen,
Jedoch vergnügt es mich eben nicht,
Daß dein Brief wieder von Geld spricht.

3. Es sind noch nicht drei Monate vergangen,
Da du hundert und fünfzig Thaler empfangen,
Fast weiß ich nicht, wo in der Welt
Ich hernehmen soll alle das Geld.

4. Ich höre gern auch, daß du studirest
Und dich fleißig und ordentlich aufführest,
Aber höchst ungern vernehme ich von dir,
Daß du 30 Dukaten forderst von mir.

5. Fast, mein Sohn! sollte ich sagen und glauben,
(Du wirst mir meine Anmerkung erlauben)
Daß, wenn man auf der Universität
Sparsam ist, nicht so viel nöthig hätt'.

6. Zwaren ist es wohl gewiß und sicher,
   Man hat nicht umsonst Kollegia und Bücher,
   Jedoch bekommt man für solche Summ'
   Manches Buch und Kollegium.

7. Tisch, Stube, Wäsche, Licht und Feuer
   Kann auch unmöglich seyn so theuer,
   Auch Federn, Bleistift, Dinte, Papier
   Kaufst du für wenige Groschen g'nug dir.

8. Ich vernehme es zwar auch sehr gerne,
   Daß du dich von böser Gesellschaft ferne
   Hält'st, und auf der Studirstube sitzst
   Und bei den geliebten Büchern schwitzst;

9. Auch daneben nur Thee thust trinken:
   Indessen will's mir wahrscheinlich dünken,
   Daß, wenn man über den Büchern ruht
   Und Thee trinkt, nicht 30 Dukaten verthut.

10. Wenn dich andre einen Knicker schelten,
    So mag dir dieses gleich viel gelten;
    Doch, wer so viel Geld verschwendet als du,
    Dem kommt der Name Knicker nicht zu.

11. Weil du übrigens von deinem Fleiße schreibest,
    So rathe ich, daß du fein dabei verbleibest,
    Damit das Geld und die edle Zeit
    Angewandt werde in Nützlichkeit.

12. Doch mußt du dich nicht so sehr angreifen
    Und im Kopf so viel Gelehrsamkeit häufen,
    Denn es trifft, leider! mannichmal ein,
    Daß große Gelehrte meist Narren seyn.

13. Dein Vorsatz, zu predigen, thut mir gefallen,
Drum übe dich fleißig darin vor allem:
   Aber, bei vieler Disputation
   Kommt eben nichts Kluges heraus, mein Sohn!

14. Wozu auch das Privatissimum nützet,
Wenn man schon zehn Stunden im Kollegio sitzet,
   Das begreif' ich um bestoweniger wohl,
   Da es 20 Reichsthaler kosten soll.

15. Doch lasse ich's vor allen andern passiren:
Denn das Geld, welches du zum Stubiren
   Gebrauchest, gebe ich gerne her,
   Und wenns auch noch dreimal so viel wär.

16. Da auch, wie du schreibst, dein Rock zerrissen,
So kannst du freilich einen neuen nicht missen;
   Jedoch das Tuch würde suprafein
   Für die verlangten zwölf Thaler seyn.

17. Wer aber zum Pfarrherrn will stubiren,
Muß nicht mit kostbaren Kleidern stolziren;
   Drum wäre ein etwas gröberes Tuch
   Zum neuen Rocke dir gut genug.

18. Auch für noch sonstige Kleidungsstücke
Willst du, daß ich vier Louisd'or schicke,
   Nämlich für Schlafrock, Pantoffel und Hut,
   Weil sie nicht zum Gebrauche mehr gut.

19. Wenn ich aber solches allzumalen
Posten für Posten sonders soll bezahlen,
   Wozu sollen dann, lieber Hieronimus mein!
   Die verlangte dreißig Dukaten seyn?

20. Ich habe es mit Mitleiden gelesen,
Daß du jüngsthin todtkrank gewesen;
Aber du hast nicht wohl gethan,
Daß du viele Arznei gewendet an.

21. Denn ich habe oft und viel erfahren,
Daß, besonders in den jüngeren Jahren,
Die sich selbst überlaßne Natur
Mehr wirkt, als die beste Mixtur.

22. Dein gebrauchter Arzt und Arzeneien
Sind fast theuer zum Verabscheuen,
Und wie mir dünken sollte, so ist
Weder Apotheker, noch Arzt ein Christ.

23. Da auch eine Wärterin, wie ich gelesen,
In der Krankheit bei dir ist gewesen;
So reichte für diese Aufwärterin,
Statt sieben, ein einziger Gulden hin;

24. Wenn sie nicht etwa sonst, vor diesen,
Liebesdienste andrer Art dir erwiesen,
Denn, lieber Sohn! ich schließe dies
Schier aus den sieben Gulden gewiß.

25. Was auch nun den Konditor anlanget,
Welcher ebenfalls acht Gulden verlanget,
So wäre gewesen ein Thaler genug,
Und du warest gewißlich nicht klug.

26. Denn Citronen, Konfituren und Leckereien
Geben eigentlich dem Kranken kein Gedeihen,
Aber ein Hafer = oder Gerstentrank
Nutzet weit mehr, wenn man ist krank.

27. Es ist nicht gut, daß du bist gefallen
Von der Treppe, drum sorge ja für allen,
Daß du hinführo nicht wieder fällst.,
Denn die Kur beträget viel Gelds.

28. Dein Wundarzt hat dich recht hergenommen,
Denn für 12 Thaler, wie ich vernommen,
Heilt unser berühmte Stadtbalbier
Einen Arm - oder Beinbruch schier.

29. Doch freut's mich, daß dein Arm wieder kuriret
Denn wenn ein Pfarrer auf der Kanzel peroriret,
So muß der Arm geschmeidig und fein
Beim Klopfen und Gestusmachen seyn.

30. Ich muß dich ferner auch herzlich beklagen
Wegen deinem sehr schwachen Magen;
Mein Magen ist, leider! auch nicht viel nütz,
Weil ich sehr öfters zu Rathe sitz.

31. Indeß thut Burgunder mit Gewürzen
Dich nur unnöthig in Kosten stürzen;
Schlucke lieber oft ein Pfefferkorn ein.
Das soll sehr gut für den Magen seyn.

32. Du willst auch noch 30 bis 40 Gulden.
Haben, zur Bezahlung einiger Schulden;
Ich sinne nun hin, die Kreuz und die Queer,
Beim Himmel! wo kommen die Schulden doch
her?

33. Du hast ja schon alles spezificiret
Und Posten für Posten zum höchsten aufgeführet,
Und vierzig Gulden, bei meiner Seel!
Sind nicht, wie du glaubst, ein Bagatell.

34. Endlich soll ich gar noch ein Dutzend Pistolen
 Zu andern Ausgaben für dich herbeiholen;
  Es wäre dir vielleicht zwar angenehm,
  Mir aber kommts höchst unbequem.

35. Denn mit den verlangten 30 Dukaten
 Kannst du dich wegen der Ausgaben schon bera-
  then,
  Dieses letztere Dutzend Louisb'or
  Kommt mir also als Ueberfluß vor.

36. Auch mit dem Ersatz der dir gestohlenen 14 Kro-
  nen
  Hättest du mich billig sollen verschonen,
  Denn, wahrlich! der Ersatz schmerzet mir
  Weit mehr, als der angebliche Verlust dir.

37. Daß du übrigens zu meinem Troste willst ver-
  langen,
  Man solle den Dieb sans façon drum aufhangen,
  Dieses wäre gewiß gar nicht christlich,
  Vielleicht bessert der Anonymus einst noch sich.

38. Ueberhaupt muß ich dir im Vertrauen sagen:
 In unsern heutigen aufgeklärten Tagen
  Ist Gottlob! die heilige Justiz
  Nicht wie ehemals so scharf und spitz.

39. Und um den Raub solcher Kleinigkeiten
 Braucht Keiner mehr die doppelte Leiter zu be-
  schreiten.
  Wenigstens in unserm klugen Schildburg
  Gehen viel größere Diebe frei und frank durch.

40. Wenn du künftig Gelder willst aufsparen,
    So rathe ich, solche vorsicht'ger zu verwahren;
        Denn auf keinem Dinge in der Welt
        Wird so allgemein spekulirt als auf Geld.

41. Ich und deine Mutter verstehn es besser,
    Wir bewahren unsre Baarschaft hinter Riegel
                                und Schlösser
        Und geben sowohl bei Tag als bei Nacht
        Darauf sehr sorgfältig und ängstlich Acht.

42. Doch um deinen Geldmangel zu stillen,
    Will ich noch einmal dein Verlangen erfüllen,
        Und ich sende die Gelder mancherlei
        Im versiegelten leinenen Sacke hiebei.

43. Jedoch muß ich dir hienebst andeuten,
    Es sind heur gar nahrlose Zeiten,
        Und es fällt mir wahrlich gar schwer,
        Alle Gelder zu nehmen woher.

44. Mit dem Handel gibts nur Kleinigkeiten,
    Denn es ist kein Geld unter den Leuten,
        Und die Rathsherrnschaft wirft auch nicht viel ab,
        Drum sind meine Einkünfte so knapp.

45. Ich werde es also sehr gern sehen,
    Wenn du von der Universität thust gehen.
        Zumalen da du, zu dieser Frist,
        Gewißlich schon ausgelernet bist.

46. Denn wenn du noch länger alda bleibest
    Und das kostbare Studiren forttreibest,
        So werde ich noch zum armen Mann
        Und keine Gelder mehr schaffen kann.

47. Wir werden dich hier mit großem Verlangen
Als einen gelehrten Sohn stattlich empfangen,
Besonders freut deine Mutter sich
Auf deine Zuhausekunft inniglich.

48. Ich möchte dir gern etwas Neues schreiben,
Es thut aber alles hier beim Alten bleiben;
Ich bin indessen früh und spat
Nach Gewohnheit gewesen oft im Rath.

49. Da haben wir, in Pleno, thun dichten,
Um verschiedene Aenderungen einzurichten,
Damit in der hiesigen Polizei
Alles fein sauber und ordentlich sey.

50. Deine Mutter hat an Zähnen viel ausgestanden;
Aber ein großer Wundarzt aus fremden Landen
Vor einigen Tagen hier kam
Und die bösen Zähne wegnahm.

51. Deine Schwester Gertrud hat einen Freier,
Es ist der Prokurator Herr Geier,
Die Sache ist schon gekommen sehr weit,
Und die Gertrud ist schon ziemlich breit.

52. Unser Pfarrer ist immer kränklich,
Man hält seinen Zustand für bedenklich.
Stürbe einst dieser rechtschaffene Mann,
So würd'st du vielleicht unser Pfarrer dann.

53. Unsers reichen Nachbars sein Ließchen
Vermeldet dir ein herzliches Grüßchen,
Das Mädchen wird artig und fein
Und könnt einst deine Frau Pfarrerin seyn.

54. Endlich grüßen dich allesamt wieder
    Deine sämmtlichen Schwestern und Brüder,
      Sie freuen sich über dein Wohlergehn
      Und hoffen schier baldigst dich hier zu sehn.

55. Ich beharre übrigens
                  Dein treuer Vater
   Hans Jobs, pro tempore Senater.
      N.S.   Dein Schreiben mir zwar gefällt.
  Aber verschone mich weiter mit Geld.

Sechszehntes Kapitel.

Wie Hieronimus ausstudirt hatte, und wie er nach
seiner Heimath reisete, und wie es mit seiner Ge=
lehrsamkeit bewandt war; sein artig im gegen=
wärtigen Kupfer vorgestellt.

1. Sintemal man nicht ewig auf Universitäten
   Bleiben kann, so wars endlich vonnöthen,
   Daß nach verflossener drei Jahren Zeit,
   Sich Hieronimus machte zur Abfahrt bereit.

2. Um seiner Eltern Verlangen und Willen,
   Die nun seine Heimkunft begehrten, zu erfüllen,
   That er alles zu dieser Frist,
   Was zum Abmarsche nöthig ist.

3. Zwar brauchte er nicht viel einzupacken;
   Denn außer Stiefeln, Degen, Weste und Jacken,
   Und was man an seinem Leibe sonst sah,
   War nicht's mindeste Geräthe da.

4. Nach Büchern brauchte man gar nicht zu fragen,
   Denn diese thaten ihm niemals behagen,
   Und außer einer einzigen Predigt nur
   Besaß er nicht die geringste Scriptur.

5. Ein Freund hatte ihm selbige verehret
   Und sie ihm nach und nach auswendig gelehret,
   Damit er doch einmal ohne Beschwer
   Zu Hause könnt predigen, wenn's nöthig wär.

6. Es that also der Gedanke bei ihm aufsteigen,
   Wie er sich daheim den Eltern könnt' zeigen,
   Damit man nicht auf diese Manier
   Den kahlen Zustand der Sache erführ.

7. Zuletzt fiel es ihm ein zu sagen,
   Wenn man nach Koffer und Mantelsack wollt
                                    fragen,
   Daß ihm alles gestohlen wär
   Auf seiner Reise gen Hause her.

8. Auch thaten einige Seufzer entstehen;
   Armer Hieronime! wie wird's dir gehen,
   Wenn man dich einmal examinirt,
   Denn du hast nichts gelernt noch studirt?

9. Zwar hat's ihm herzlich gereut und verdrossen,
   So daß er fast Thränen darob vergossen,
   Weil er für alle Kosten und Zeit
   Nicht erworben mehrere Gelehrsamkeit.

10. Aber alles sein Trachten, Dichten und Denken,
    Wünschen, Seufzen, Jammern und Kränken
        Brachten ihm itzo keinen Gewinn,
        Denn die Zeit war einmal dahin.

11. Um also seine Grillen zu verlieren,
    Ließ er formaliter invitiren
        Seine Freunde auf der Universität,
        Und gab ihnen den Schmaus zum Valet.

12. Hier wurde dann tapfer nochmal geschmauset,
    Getrunken, gelärmt und gesauset,
        Bis endlich der traurige Morgen kam
        Und Hieronimus Abschied nahm.

13. Dieser ging ihm recht sehr zu Herzen
    Und erregte ihm fast herbe Schmerzen,
        Ja, er hat wirklich laut geweint
        Und im Arm seiner Freunde gegreint.

14. Eh er aber sein Ade genommen,
    Ist er vorher zum Professor gekommen,
        Dieser hat ihm, für baares Geld,
        Ein akademisch Zeugniß zugestellt.

15. Es ist zwar nicht gar löblich gewesen,
    Doch Hieronimus, ohne es zu lesen
        (Denn es war gesetzt in griech'sch und latein)
        Steckte es in den Schubsack hinein.

16. Ich lasse ihn also nach Hause reisen,
    Und vorher will ich noch dem Leser weisen
        Im oben bevorstehenden Kupferblatt,
        Wie's um seine Gelehrsamkeit gestanden hat.

Siebenzehntes Kapitel.

Wie Hieronimus mit Stiefeln und Sporen bei
den lieben Seinigen wieder angelanget ist.

1. Als einst nach eingenommener Mittagsspeise
   Der Senator Jobs (denn es war so seine Weise)
   Mit seinem Pfeifchen im Lehnstuhl saß
   Und die politische Zeitung las;

2. Indeß Frau Jobs einiger Sachen wegen
   In der Küche ein kleines Lärmen that erregen,
   Auch sonst einige Ordnung gemacht,
   Auch keine Seel an was Böses gedacht;

3. Kam ein stolzer Reuter mit starken Schritten
Auf der Straße eilig daher geritten,
 Und gleich hörten sie, Knall und Fall,
 Vor der Hausthür einen Karbatschenschall.

4. Ob diesem fast fürchterlichen Knallen
Ließ Jobs die Zeitung aus der Hand fallen,
 Und die Pfeife selbst war in Gefahr;
 Frau Jobs aber verstummte gar.

5. Aber aus diesem recht panischen Schrecken
That sie der Reuter bald aufwecken;
 Weil er, im völligen Reiseftaat,
 Zu ihnen in die Stube trat.

6. Die Alten schienen beide ihn nicht zu kennen,
Er wollte sich auch vorerstlich nicht nennen,
 Bis endlich der gute Vater da
 In ihm seinen lieben Hieronimus sah.

7. Es fehlt mir schier an allen nöthigen Dingen,
Die gewaltig große Freude zu besingen,
 Welche der fromme Senator empfand,
 Fast entging ihm aller Verstand.

8. Auch die Mutter konnte sich nicht fassen,
Noch vor Freude Händ' und Füße lassen,
 Als sie eben itzt und nunmehr
 Sah, daß es Hieronimus wär.

9. Fast hätten im Uebermaaß der Freude
Klare Thränen geweinet alle beide,
 Und das Willkomm! und dem Himmel sey
    Dank!
 Und so weiter, währete lang.

10. Es waren auch darauf nicht minder
Des Senators Jobsens übrige Kinder
Alle zusammen bei der Hand,
Und kein einziges hat ihn gekannt.

11. Es war recht spaßhaft anzusehen
Wie sich die Kinder thaten begehen:
Eins hielt ihn für'n großen Herrn,
Welcher gekommen wär von fern;

12. Das andere hielt ihn, wegen dem Degen
Und der übrigen gefährlichen Kleidung wegen,
Für einen, der Kinder im Sack steckt,
Besonders wurden die jüngsten erschreckt.

13. Aber sehr lustig ging es mit der Esther,
Unsers Hieronimi allerjüngster Schwester,
Denn sie hielt ihn noch lange hernach
Für'n fremden Oheim von Gengenbach.

14. In den drei Jahren, die er dort verschlendert,
Hatte sich seine Person sehr verändert,
Und er war dick geworden am Bauch,
Sein Bart ziemlich gewachsen auch.

15. Es war also eben kein Wunder zu nennen,
Wenn ihn anfangs niemand mochte kennen,
Besonders, da sein Studentenhabit
Auch nicht, wer er eigentlich war, verrieth.

16. Ein sehr großer Hut mit einer Feder,
Hosen und Weste von gelbem Bocksleder,
Ein kurzes Kollet von grauem Tuch,
Verstellte den Hieronimus genug.

17. Dabei kam ein mächtig großer Degen,
    Welcher, der mehreren Sicherheit wegen,
    Sowohl zum Stich als Hiebe im Streit
    Eingerichtet war spitz und breit.

18. Imgleichen die martialische Miene,
    Welche Tod und Wunden zu drohen schiene;
    Die Haare hingen struppicht am Kopf
    Und den Nacken drückte ein dicker Zopf.

19. Diese und mehr seltsame Kleidungsstücke
    Zogen bald auf sich des Vaters Blicke,
    Denn ein sittsames schwarzes Kleid
    Hätte den Alten weit mehr erfreut.

20. Auch wollte des Hieronimus übriges Betragen
    Dem alten Vater Jobs nicht zum besten behagen,
    Weil bei dem Hieronimus fort und fort
    Flüche erfolgten auf jedes Wort.

21. Er gab ihm also deutlich zu verstehen,
    Daß er nun anders sich möchte begehen,
    Denn ein junger Theologus
    Müsse leben nach geistlichem Fuß.

22. Als er kurz darauf nach dem Koffer gefraget
    Hat Hieronimus alsobald gesaget
    Und dabei kräftig geschworen: daß er
    Vom Postwagen jüngst ihm gestohlen wär'.

23. Diese Nachricht, daß er den Koffer verlohren,
    Klang unangenehm in des Vaters Ohren
    Und er fing zu knurren drob an,
    Hätte es nicht die Mutter gethan.

24. Denn sie hielte den Alten zurücke,
    Sprach, das ist ja ein Ungelücke
        Woran unser lieber Sohn nicht schuld;
        Er ergabe sich also in Geduld.

25. Indessen verbreitete auch das Gerüchte
    Des Hieronimus Wiederkunftsgeschichte
        Ueberall in dem Städtelein aus
        Und wälzete sich von Haus zu Haus.

26. Der ganzen Bürgerschaft schien dran gelegen,
    Und überall that sich Verwunderung erregen,
        Und wo ein Mensch nur den andern sah,
        So hieß es: Hieronimus ist wieder da.

27. Es wurde übrigens angenehm und freudig
    In Senator Jobsens Hause allerseitig
        Der Rest des übrigen Tages verbracht
        Und weiter nicht an den Koffer gedacht.

28. Hieronimus labte sich an Trank und Speise
    Weiblich, denn er war matt von der Reise,
        Rauchte dabei auch ohne Beschwer
        Des Vaters großen Tabacksbeutel leer.

Achtzehntes Kapitel.

Wie Hieronimus nun anfing geistlich zu werden
und wie er ein schwarzes Kleid und eine Perücke
bekam, und wie er auf der Kanzel zum ersten=
mal predigte u. s. w.

———◦◦———

1. Als nun der andere Morgen vorhanden
   Und alles im Hause war aufgestanden,
   Und beim Frühstück und Kaffetisch
   Jeder sich befande munter und frisch,

2. Hub der Vater an zu diskuriren:
   Mein lieber Sohn! es will sich gebühren,
   Daß deine bisherige Kleiderei
   Anders in Zukunft beschaffen sey.

3. Vorab, mußt du den schrecklichen Degen
   Von deiner Seite, von nun an, legen,
   Weil ein Geistlicher niemals nicht
   Anders als mit der Bibel ficht;

4. Auch das graue Kollet und die lederne Weste
   Nebst Hosen, Stiefeln und dem übrigen Reste,
   Wie auch den mächtigen Federhut;
   Denn alles dies steht keinem Geistlichen gut.

5. Denn wenn jemand diesen Anzug sähe,
   Möchte er billig denken: o wehe,
   Das könnte eher ein Küraffier
   Seyn, als ein künftiger Pfarrer hier!

6. Wiſſe auch, daß eine runde Perücke
   Auf den geiſtlichen Kopf ſich beſſer ſchicke;
     Denn dieſe läſſet ehrwürdig und wohl,
     Ein ſtruppichtes Haar und Zopf läßt toll.

7. Ich habe alſo mir vorgenommen,
   Um zu laſſen den Schneider kommen,
     Damit dir dieſer ein ſchwarzes Kleid
     Und einen Mantel noch mache heut.

8. Auch iſt der Perückenmacher beſtellet,
   Damit er, wenn es dir gefället,
     Zu deines Kopfes künftiger Zier
     Eine Perücke bringe dir.

9. Das wird ein ehrbares Anſehen dir geben,
   Es iſt aber auch nöthig daneben,
     Daß du hinführo nicht mehr ſo fluchſt,
     Sondern auch geiſtlich zu leben ſuchſt.

10. Hieronimus hörte zwar etwas ſpröde
   Seines alten Vaters vernünftige Rede,
     Doch ließ er ſich endlich ebenfalls
     Alles gefallen und bereden all's.

11. Man ſah ihn darauf, eh der Tag noch vergangen,
   Im ſchwarzen Kleide und Perücke prangen,
     Es war auch ein weißes Krägelein da,
     Gemacht von der Mutter manu propria.

12. Geiſtlich ſtaffirt von Kopf bis zu'n Füßen,
   That er nun den Eltern kund und zu wiſſen,
     Daß er, zu predigen in dieſer Livrei,
     Am künftigen Sonntag geſonnen ſey.

13. Er hat sich auch treu des Versprechens entlebigt,
Und am folgenden Sonntag geprebigt,
   Und ohne einen sonderlichen Anstoß
   Ward er glücklich der Prebigt los.

14. Denn, wie oben, Kapitel sechszehn, gehöret,
Hatte ein Freund ihm eine Prebigt verehret,
   Diese kam ihm vortrefflich zur Hand,
   Weil er sie ganz auswendig verstand.

15. Sie war gar vortrefflich komponiret,
Mit vielen erbaulichen Sprüchen gezieret,
   Und so voll gelehrten Tand,
   Daß sie Hieronimus selbst nicht verstand.

16. Auch sein äußerer Anstand war prächtig,
Seine Arme und Hände bewegte er mächtig
   Und der Stimme starker Tenor
   Drang den Zuhörern stattlich in's Ohr.

17. Es wurde übrigens von vielen hundert
Zuhörern seine Prebigt bewundert,
   Viele stießen die Köpfe an
   Und sagten: „das gibt ein ganzer Mann!

18. „Wer Henker hätte das denken sollen,
„Daß so was einst hätte werden wollen
   „Aus des Jobsens dummen Hieronimus?
   „Er erregt ja Verwundernuß!"

19. Auch waren alle Verwandten gegenwärtig,
Gafften Hieronimus an, der so fertig,
   Als hätte er längst gestanden im Amt,
   Sie erbauen konnte allesammt.

20. Aber, ich vermag nicht das Entzücken
Der beiden guten Eltern auszudrücken,
   Denn sie hielten nun beiderseits
   Ihn für den größten Redner bereits.

21. Als nun der Gottesdienst verrichtet,
Ward ein groß Freudenmahl angerichtet,
   Und in Senator Jobsens Haus
   Kamen alle Verwandten zum Schmaus.

22. Da hat man, während dem Mittagsessen,
Nichts zu Hieronimi Lobe vergessen,
   Und man trank öfters zu dieser Zeit
   Aus großen Gläsern seine Gesundheit.

23. Es ward auch zu denselbigen Stunden
Von der ganzen Versammlung für gut befunden,
   Daß bei obwaltenden Umständen nunmehr,
   Zu des Hieronimus größerer Ehr,

24. Er es nächstens müsse wagen
Und sich zum Kandidaten lassen schlagen,
   Damit er in optima Forma hie
   Werde Kandidatus Ministerii.

25. Zwar wäre es dieserhalb wohl vonnöthen
Vorerst vor's Examen hinzutreten,
   Doch bei der gezeigten Gelehrsamkeit
   Hätte dieses keine Schwierigkeit.

26. Um so mehr, da der hiesige Pfarrer schwächlich
Wäre, so könnte Hieronimus gemächlich
   Und ohne allen Zank und Geschrei
   Antreten die erledigte Pfarrei;

27. Wenn es nämlich bald glücklich gelünge,
    Daß der Pfarrer den Weg alles Fleisches ginge,
    Denn seine kränkliche Konstitution
    Ließe dieses fest hoffen schon.

28. Hieronimus vermochte so viel Gründen und Flehen
    Nunmehro nicht länger zu widerstehen,
    Er gab also, obgleich ängstlich genung,
    Dazu seine Einwilligung.

29. Er leerete übrigens zwar mit Vergnügen
    Manches großes Glas in starken Zügen,
    Doch wenn er an's künftge Examen gedacht,
    So hat ihm dieses ein Grausen gemacht.

30. Endlich suchte er seine traurigen Grillen
    Durch einen tüchtigen Rausch zu stillen,
    Obgleich sein Mißfallen der alte Jobs
    Bezeigte, durch ernsthaftes Schütteln des Kopfs.

Neunzehntes Kapitel.

Wie Hieronimus zum Kandidaten examinirt ward,
und wie es ihm dabei erging.

———◦◦———

1. Indeß ist es beim Entschlusse geblieben,
Und nach wenigen Wochen hat man verschrieben
Die ganze hochehrwürdige Klerisey
Zu Hieronimus Examen herbei.

2. Jedoch, wie ihm ob solcher Gefahre
Des nahen Examens zu Muthe ware,
Und sein gemachtes ängstliches Gesicht,
Dies alles begreift der Leser nicht.

3. Es wäre also solches zu schildern vergebens.
Die fürchterlichste Stunde seines Lebens,
Nahte nunmehro endlich herzu;
Ach! du armer Hieronimus, du!

4. Nenne mir nun, Jungfer Muse, die Namen
Der geistlichen Herrn, welche zum Examen
Aus jeder Gegend der schwäbischen Welt
Am bestimmten Tage sich eingestellt.

5. Der erste war der Herr Inspektor,
In der Lehre stark wie ein andrer Hektor,
Ein stattlicher, dickgebauchter Mann;
Man sah ihm gleich den Inspektor an.

6. Seine Verdienste schafften ihm diese Würde;
Er trug übrigens seines Amtes Bürde
  Geduldig und mit gar frohem Muth
  Und aß und trank täglich gut.

7. Nach ihm kam der geistliche Assesser,
Ein Mann von Person zwar etwas größer,
  Doch an Körper und Waden dünn
  Und von etwas mürrischem Sinn.

8. Er triebe nebst der geistlichen Sache
Verschiedene Stücke aus dem ökonomischen Fache
  Und trank nur Bier und schlechten Wein,
  Denn seine Einkünfte waren klein.

9. Auch Herr Krager, ein Mann von hohen
            Jahren,
In den Kirchenvätern sehr wohl erfahren,
  Die er, so oft die Gelegenheit kam
  Seinen Satz zu erweisen, hernahm.

10. Auch Herr Krisch, ein Mann von guten Sitten,
Ungemein stark in Postillen beritten;
  Wobei er sich so gut und noch besser befand
  Als der beste Pfarrer im Schwabenland.

11. Auch Herr Beß, ein weiblicher Linguiste,
Und im Leben und Wandel ein ziemlicher Christe,
  Im Vortrag ein ewiges Einerlei,
  Doch niemals gegen Orthodoxei.

12. Auch Herr Schrei, stark in der Rede,
Weder in Gesellschaften, noch auf der Kanzel blöde,
  Lebte übrigers munter und frisch
  Mit seiner Köchin exemplarisch.

13. Auch Herr Ploß, ein Mann wie ein Engel,
Er hatte zwar in der Jugend viele Mängel,
    Nachdem er aber sein Amt trat an,
    Ward er ein gar frommer Mann.

14. Er hielt seine hochgeliebte Gemeine
Von allen Lastern und bösem Wesen reine,
    Und strafte zur Zeit und zur Unzeit
    Alle und jede, doch nach Gelegenheit.

15. Auch Herr Keffer, nie müde in Lehr und
                          Strafen,
Er nahm sich treulich an seiner Schaafen,
    Doch fande sich in der Heerde sein
    Mancher hartnäckiger Bock mit ein.

16. Oft war er, um sie zurecht zu führen,
Er deshalb genöthiget zu prozessiren,
    Denn er verstand die Jura, in der That,
    So gut als der beste Advokat.

17. Außer diesen obgenannten kamen
Noch mehr geistliche Herren zum Examen,
    Die ich nicht alle Mann für Mann
    So gar genau mehr nennen kann.

18. Als nun die ganze geistliche Schaare
Der hochehrwürdigen Herren beisammen ware,
    So setzten, prämissis prämittendis,
    Sich alle um einen großen Tisch.

19. Hieronimus trat mit Zittern und Zagen
Vor die sämmtliche Gesellschaft der weißen Kragen
    Und scharrete ihnen demüthig den Gruß.
    O weh dir! o weh dir! Hieronimus!

20. Zuvorderst erkundigten die Examinatores
    Sich nach seinen bisherigen Sitten und Mores
    Und fragten ihn bald, ob er auch hätt'
    Ein Zeugniß von der Universität?

21. Hieronimus, ohne sonderliche Umstände,
    Gab das Attest in des Inspektors Hände,
    Welcher dasselbe alsbald dann luß;
    O weh dir! o weh dir! Hieronimus!

22. Es war zwar, wie oben schon angeführet,
    In Latein und Griechisch koncipiret,
    Folglich zu lesen ein schweres Stück;
    Doch verstand zu allem Ungelück

23. Der Inspektor etwas von den Sprachen,
    Um hier die nöthigste Dolmetschung zu machen;
    Denn für jeden andern geistlichen Herr
    War die Uebersetzung zu schwer.

24. Damit nun hier nichts möge fehlen,
    Will ich dem geneigten Leser erzählen,
    Was eigentlich in dem Attestat
    Von Wort zu Wort gestanden hat.

25. Zuerst Name und Titel vom Professer
    Und in drei Buchstaben etwas größer
    Wünschte er, L. B. S. dem
    Lectori Benevolo Salutem!

26. Sintemal und immaßen drei Jahre
    Und einige Wochen hieselbst ware
    Herr Hieronimus Jobsius
    Als Theologiä Studiosus;

27. Derselbe aber abzureisen nunmehro
 Ernstlich ist gesonnen, und dero-
  halben um ein schriftlich Attestat
  Mich geziemendermaßen bat:

28. So habe ich nicht unterlassen können,
 Ihme solches schriftliches Zeugniß zu
  gönnen:
  Daß derselbe alle viertel Jahr
  Bei mir einmal im Kollegio war.

29. Ob er sich sonst des Studirens pri-
  vatim beflissen,
  Wird ihm wohl sagen sein eigen Ge-
   wissen,
  Dann in diesem schriftlichen Bericht
  Behaupte und zeuge ich solches nicht.

30. Und von seinem sonstigen Betragen
 Wäre zwar nicht viel Gutes zu sagen,
 Allein die christliche Liebe will,
 Daß ich davon schweige still.

31. Uebrigens wünsch ich ihm auf alle
  Weise
  Hiedurch eine glückliche Abreise,
  Und der gütige Himmel leite ihn
  Künftig zu allem Guten hin!

32. Was man für große Augen gemachet,
 Und daß Herr Hieronimus nicht gelachet,
 Als man den Inhalt fand dergestalt,
 Ein solches begreifet der Leser alsbald.

33. Indeß ist es für diesmal geschehen,
    Daß man die Sache hat übersehen,
    Und man redete von dem Attest
    Aus christlicher Erbarmung und Liebe das Best'.

34. Denn die Herren dachten weislich zurücke,
    Daß sie auch wohl viele lustige Stücke
    Auf Akademien getrieben vor dem;
    Man schritte also weiter ad rem.

35. Der Herr Inspektor machte den Anfang,
    Hustete viermal mit starkem Klang,
    Schnäuzte und räusperte auch viermal sich
    Und fragte, indem er den Bauch strich:

36. Ich, als zeitlicher pro tempore In-
                              spektor,
    Und der hiesigen Geistlichkeit Direk-
                              tor,
    Frage Sie: Quid sit Episcopus?
    Alsbald antwortete Hieronimus:

37. Ein Bischof ist, wie ich denke,
    Ein sehr angenehmes Getränke
    Aus rothem Wein, Zucker und Pomeranzen-
                              saft
    Und wärmet und stärket mit großer Kraft.

38. Ueber diese Antwort des Kandidaten Jobses
    Geschah allgemeines Schütteln des Kopfes!
    Der Inspektor sprach zuerst, hem! hem!
    Drauf die andern secundum ordinem.

39. Nun hub der Assessor an zu fragen:
   Herr Hieronimus! thun Sie mir sa-
      gen,
      Wer die Apostel gewesen sind?
      Hieronimus antwortete geschwind:

40. Apostel nennet man große Krüge,
   Darin gehet Wein und Bier zur G'nüge,
      Auf den Dörfern und sonst beim Schmaus
      Trinken die durstigen Bursche daraus.

41. Ueber diese Antwort des Kandidaten Jobses
   Geschah allgemeines Schütteln des Kopfes,
      Der Inspektor sprach zuerst, hem! hem!
      Drauf die andern secundum ordinem.

42. Nun traf die Reihe den Herrn Krager
   Und er sprach: Herr Kandidat! sag' Er,
      Wer war der heilige Augustin?
      Hieronimus antwortete kühn:

43. Ich habe nie gehört oder gelesen,
   Daß ein andrer Augustin gewesen,
      Als der Universitätspedell Augustin,
      Er citirte mich oft zum Prorektor hin.

44. Ueber diese Antwort des Kandidaten Jobses
   Geschah allgemeines Schütteln des Kopfes,
      Der Inspektor sprach zuerst, hem! hem!
      Drauf die andern secundum ordinem.

45. Nun folgte Herr Krisch ohn' Verweilen
   Und fragte: Aus wie vielen Theilen
      Muß eine gute Predigt bestehn,
      Wenn nach Regeln sie sollte ge-
         schehn?

46. Hieronimus, nachdem er sich eine Weile
    Bedacht, sprach: die Predigt hat zwei Theile,
        Den einen Theil niemand verstehen kann,
        Den andern Theil aber verstehet man.

47. Ueber diese Antwort des Kandidaten Jobses
    Geschah allgemeines Schütteln des Kopfes,
        Der Inspektor sprach zuerst, hem! hem!
        Drauf die andern secundum ordinem.

48. Nun fragte Herr Beff der Linguiste:
        Ob Herr Hieronimus auch wohl wüßte,
        Was das hebräische Kübbuz sey?
        Und Hieronimus antwortete frei:

49. Das Buch, genannt Sophiens Reisen
    Von Memel nach Sachsen, thut es weisen,
        Daß sie den mürrischen Kübbuz bekam,
        Weil sie den reichen Puff früher nicht nahm.

50. Ueber diese Antwort des Kandidaten Jobses
    Geschah allgemeines Schütteln des Kopfes,
        Der Inspektor sprach zuerst, hem! hem!
        Drauf die andern secundum ordinem.

51. Nun kam auch an den Herrn Schreier,
    Den Hieronimus zu fragen die Reihe,
        Er fragte also: Wie mancherlei
        Die Gattung der Engel eigentlich
            sey?

52. Hieronimus that die Antwort geben:
    Er kenne zwar nicht alle Engel eben,
        Doch wär ihm ein blauer Engel bekannt
        Auf dem Schild an der Schenke, zum Engel
            genannt.

6 *

53. Ueber dieſe Antwort des Kandidaten Jobſes
 Geſchah allgemeines Schütteln des Kopfes,
 Der Inſpektor ſprach zuerſt, hem! hem!
 Drauf die andern secundum ordinem.

54. Herr Ploz hat nun fortgefahren
 Zu fragen: Herr Kandidate! wie viel waren
 Concilia oecumenica?
 Und Hieronimus antwortete da:

55. Als ich auf der Univerſität ſtudiret,
 Ward ich oft vor's Concilium citiret,
 Doch betraf ſolches Concilium nie
 Sachen aus der Oeconomie.

56. Ueber dieſe Antwort des Kandidaten Jobſes
 Geſchah allgemeines Schütteln des Kopfes,
 Der Inſpektor ſprach zuerſt, hem! hem!
 Drauf die andern secundum ordinem.

57. Nun folgte Herr Keffer, der geiſtliche Herre,
 Seine Frage ſchien zu beantworten ſehr ſchwere,
 Sie betraf der Manichäer Kezerei,
 Und was ihr Glaube geweſen ſey?

58. Antwort: Ja, dieſe einfältigen Teufel
 Glaubten, ich würde ſie ohne Zweifel
 Vor meiner Abreiſe bezahlen noch,
 Ich habe ſie aber geprellet doch.

59. Ueber dieſe Antwort des Kandidaten Jobſes
 Geſchah allgemeines Schütteln des Kopfes,
 Der Inſpektor ſprach zuerſt, hem! hem
 Drauf die andern secundum ordinem.

60. Die übrigen Fragen, welche man proponiret,
    Laſſe ich hier aus Mangel des Raums unberühret;
        Denn ſonſt machte das Protokoll
        Wohl mehr als ſieben Bogen voll.

61. Sintemal man noch vieles gefraget,
    Worauf Hieronimus die Antwort geſaget
        Auf obige Weiſe Stück vor Stück
        Aus Dogmatik, Polemik und Hermenevtik.

62. Imgleichen ſonſt noch manche Sachen
    Aus der Kirchenhiſtoria und Sprachen,
        Und was man einen geiſtlichen Mann
        Sonſt wo zur Prüfung noch fragen kann.

63. Ueber alle Antworten des Kandidaten Jobſes
    Geſchah allgemeines Schütteln des Kopfes,
        Der Inspektor ſprach zuerſt, hem! hem!
        Drauf die andern secundum ordinem.

64. Als nun die Prüfung zu Ende gekommen,
    Hat Hieronimus einen Abtritt genommen,
        Damit man die Sache nach Kirchenrecht
        In reife Ueberlegung nehmen möcht:

65. Ob es mit gutem Gewiſſen zu rathen,
    Daß man in die Klaſſe der Kandidaten
        Des heiligen Miniſterii den
        Hieronimum aufnehmen könn'.

66. Es ging alſo an ein Votiren,
    Doch ohne vieles Disputiren
        Ward man einig alſobald:
        Es könne zwar dermal und ſolchergeſtalt

67. Herr Hieronimus es gar nicht verlangen
　　Den Kandidaten-Orden zu empfangen,
　　　Jedoch aus besondrer Konsideration
　　Wollte man stille schweigen davon.

68. Es hat auch wirklich in vielen Jahren
　　Kein Fremder davon etwas erfahren,
　　　Sondern jedermann hielt früh und spat
　　Den Hieronimum für einen Kandidat.

Zwanzigstes Kapitel.

Wie der Autor gar demüthiglich um Vergebung bittet, daß das vorige Kapitel so lang gewesen und wie er verspricht, daß das gegenwärtige Kapitel desto kürzer seyn sollte. Ein Kapitel, wovon die Rubrik länger ist, als das Kapitel selbst, und welches, unbeschadet der Geschichte, wohl hätte wegbleiben können.

1. Ich bitte um Verzeihung alle, die mich lesen,
   Daß voriges Kapitel so lang gewesen,
   Dabei soll auch dieses Kapitelein,
   Liebe Leser! desto kürzer seyn.

Ein und zwanzigstes Kapitel.

Wie Vater Jobs der Senator dem Hieronimo
eine Strafpredigt halten thät, und wie er vor
Verdruß stirbt.

1. Nun hätte man sollen das Lärmen sehen
   Was da in Jobsens Hause geschehen,
   Weil es, wie gesagt, nicht allerding
   Mit dem Examen nach Wunsche ging.

2. Aber was that denn des Hieronimi Vater?
   Lieber Leser! du magst wohl fragen: was that er?
   Er gerieth drob in gar großen Grimm,
   Und sagte zu seinem Sohne: "du Lüm-

3. "mel! hab' ich drum so viel angewendet
   "Und ganze Hände voll Geld verschwendet,
   "So daß fast worden zum armen Mann,
   "Und habe itzt nur Verdruß daran?

4. "Hättest du fleißiger studiret
   "Und dich rechtschaffener aufgeführet,
   "So wärst du itzo nunmehro hie
   "Ein Kandidatus Ministerii!

5. "Und bekämest bald eine gute Pfarre;
   "Aber du bist nun ein ungelehrter Narre,
   "Der nichts von der Theologie versteht
   "Und sein Leben lang brodlos geht!

6. „Deine Mutter und ich hofften beide
„An dir zu erleben viele Freude,
    „Und nun haben wir bittern Verdruß
    „Ob dich bösen Hieronimus!

7. „Alles was du vormals mir geschrieben,
„Als hättest du die Studia getrieben,
    „Und wärest von allen der fleißigste,
    „Sind lauter Lügen, wie ich nun seh.

8. „Auch was du vom Privatissimo
„Und zehn Stunden im Kollegio,
    „Von der Professoren Zufriedenheit,
    „Vom Theetrinken in der Einsamkeit;

9. „Item, von den vielen gelehrten Dingen,
„Wovon dir der Kopf wollte zerspringen,
    „Vom Meditiren bis in die Nacht
    „Und sonst noch etwa hast vorgebracht;

10. „Auch daß dein Magen vom vielen Sitzen und
                          Lesen
„Geschwächet und verdorben gewesen,
    „Das alles ist, wie's sich nun befind't,
    „Nichts gewesen, als Lügen und Wind.

11. „Hätte ich doch ehmals unsers frommen
„Rektors guten Rath angenommen,
    „Der es deutlich genug sagte mir:
    „Es würde niemals etwas gutes aus dir!

12. „So wäre das viele Geld ersparet
„Und manches Kapital rund bewahret,
    „Das du, böser, unnützer Knecht!
    „Auf der Universität verzecht."

13. So war ungefähr die Predigt beschaffen,
Die der Alte hielte, den Sohn zu bestrafen,
Und er hätte im ersten Affekt
Fast den Hieronimus mit Prügeln bedeckt.

14. Weil indessen Zürnen und Schelten
zuträglich ist selten,
So fiel auch den guten alten Mann
Gleich eine heftige Krankheit an.

15. Denn er litte oft in gesunden Tagen
Vom schmerzlichen Podagra viel Plagen;
Sein Rathsherrnstand, guter Appetit und Ruh

16. Nun aber verließen ihn plötzlich die Schmerzen
Und das Podagra trat ihm zum Herzen,
Und nach vier und zwanzig Stunden Zeit
Wanderte er aus der Zeitlichkeit.

17. Alles im Hause rang nun die Hände
Und des Klagens und Jammerns war kein Ende,
Daß Hieronimus selbst sogar

18. Der Leser möchte vielleicht gähnen,
Wenn ich diese traurigen Scenen
Näher beschrieb, ich lasse drum nun
Den Senator Jobs in Frieden ruhn.

Zwei und zwanzigstes Kapitel.

Wie Hieronimus beinahe ein Informator eines
jungen Barons geworden wäre.

1. Obgleich nunmehro schon vierzehn Tage
   Der alte Senator Jobs im Grabe lage;
   So dachte doch noch dann und wann
   Die Wittwe Jobsen an den seligen Mann.

2. Hieronimus bekam indessen sein Futter
   Bisher noch zu Hause von der Mutter
   Und hätte in solchem Müssiggang
   Zugebracht gerne sein Leben lang;

3. Wenn ihm nicht wäre der Vorschlag geschehen
   Sich nunmehro anderswo umzusehen,
   Wo er in der Zukunft bequem
   Seinen Unterhalt gebührlich hernähm.

4. Denn die Hoffnung, eine Pfarre zu bekommen,
   War dem armen Schelm gänzlich benommen,
   Nachdem die gelernte Predigt einmal
   Gehalten war auf den Dörfern überall.

5. Sintemal nun manche große Geister
   Ihr Glücke gemacht als Hofmeister,
   So fiel es auch dem Hieronimus ein,
   Irgendwo Hofmeister zu seyn.

6. Das Glück schien ihm nicht ungeneiget,
Denn es hat sich ohngefähr gezeiget
Nach etwa dreier Monate Zeit

7.

Suchte einen Informator ohne Tadel,
Für billige Kost und acht Gulden Lohn,
Bei dem jungen Baron, seinem einzigen Sohn.

8. Religion, Sitten, fünferlei Sprachen,
Schreiben, Rechnen und dergleichen Sachen,
Philosophie, Physik, Geographie,
Mathematik, Historie, Poesie,

9. Zeichnen, Musik, Tanzen, Fechten, Reiten
Et caetera, waren bloß die Kleinigkeiten,
Welche für die acht Gulden Lohn
Lernen sollte der junge Baron.

10. Es ließen also Ihro Gnaden
Den Kandidaten Hieronimus zu sich laden,
Und fragten: ob er für die acht Gulden Lohn
Uebernehmen wollte die Information?

11. Hieronimus antwortete: Gnädiger Herre!
Das Informatoramt ist sauer und schwere
Und es wären acht Gulden schier
Viel zu weniges Lohn dafür;

12. Doch, um Eure Gnaden zu gefallen,
Entschließe ich mich sofort zu allen,
Und nehme den jungen Herrn Baron
Gleich in meine Information.

13. Der Handel war also nun getroffen,
    Bis sich zuletzt wider alles Verhoffen
      Noch eine kleine Schwierigkeit fand,
      Die bloßerdings darin bestand:

14. Ob auch Hieronimus in den verlangten Sachen
    Die erforderliche Probe könne machen,
      Welche für die acht Gulden Lohn
      Lernen sollte der junge Baron?

15. Da hat sich aber balde gewiesen,
    Daß Hieronimus von allen diesen
      Sachen selbst nichts gewußt, die von
      Ihm lernen sollte der junge Baron.

16. Er ward also in Frieden entlassen,
    Und zog wieder heim seine Straßen,
      Und verwünschte die Information
      Zum Henker, mit dem jungen Baron.

17. Ihro Gnaden aber suchten kreuz und queere,
    Ob ein andrer aufzutreiben wäre,
      Welcher für die acht Gulden Lohn
      Uebernähme die Information.

18. Ob er für die acht Gulden bis zu heutigen
                  Stunden
    Einen solchen gelehrten Informator gefunden,
      Ist etwas, das ich nicht sagen kann,
      Es geht mich auch in der That nichts an.

Drei und zwanzigstes Kapitel.

Wie Hieronimus ein Hausschreiber ward bei einem
alten Herrn, welcher eine Kammerjungfer hatte,
mit Namen Amalia: und wie er sich gut aufführte bis im folgenden Kapitel.

———◦◦———

1. Unter allen Ständen, die da werden
   Angetroffen auf unserer Erden,
       Ist, Zweifels ohne, wie bekannt,
       Der Wittwenstand der betrübteste Stand.

2. Wo der Mann, als das Haupt des Weibes,
   Fehlt, da steht es um die Pflege des Leibes
       Und um die ganze Haushaltung schlecht
       Und nicht das Geringste geht zurecht.

3. Die Einkünfte werden nach und nach vermindert,
   Die unentbehrliche Nahrung wird verhindert,
       Und gleich wie in einem Jammerthal
       Ist Angst, Noth, Elend überall.

4. Frau Jobs hat dies auch, leider! erfahren,
   Denn sie merkte, daß gleich in den ersten Jahren
       Alles im Hause den Krebsgang ging,
       Und sie arm an zu werden fing.

5. Hieronimus nun hat dazu freilich
   Das seinige beigetragen getreulich,
     Denn er lebte in müſſiger Ruh,
     Aß gut und trank noch beſſer dazu.

6. Indeſſen ward doch nun auf die Dauer,
   Der guten Wittwe ſolche Wirthſchaft zu ſauer
     Und ihr Hieronimus gereichte faſt
     Der Oekonomie zur größten Laſt.

7. Er hat es auch ſelbſt eingeſehen,
   Daß es nicht länger gut werde gehen,
     Und erkundigte ſich alſo weit und breit
     Um eine andre Gelegenheit.

8. Wie nun gewöhnlich die Dummen und Frommen
   Am allerbeſten in der Welt fortkommen,
     So bot auch bei einem Edelmann
     Sich abermal für ihn eine Stelle an.

9. Dieſer Herr lebte auf dem Lande
   In einem trefflichen ruhigen Stande,
     Und verzehrte als ein bied'rer Kavalier
     Seine großen Einkünfte mit Mäſir.

10. Er that in ſeiner Jugend einige Züge
    Im damaligen ſiebenjährigen Kriege,
      Doch lag er meiſtens in Garniſon
      Und ſchonte ſo viel möglich ſeine Perſon.

11. Indeß ward er bald dieſes Lebens müde,
    Denn er haßte Krieg und liebte Friede,
      Und hielt folglich als ein tapfrer Mann
      Unterthänig um ſeinen Abſchied an.

12. Jedoch fand er noch immer viel Vergnügen,
    Oft zu reden von verschiedenen Siegen,
    Und wie er einmal von ohngefähr
    Auf der Flucht beinahe gefangen wär.

13. Uebrigens war er geneigt zu spaßen,
    Schoß auch wohl auf der Jagd einen Hasen,

    Und lebte ohne Gemahlin allein.

14. Er war also, in soweit, ein Junggeselle,
    Doch war bei ihm, an der Gemahlin Stelle,
    Eine Kammerjungfer, die früh und spat
    Die nöthigen Bedürfnisse besorgen that.

15. Er sparte als Greis den Rest seiner Kräfte
    Und bekümmerte sich um keine Geschäfte,
    Sondern ein treues Bedienten=Paar
    Besorgte, was zu besorgen war.

16. Der eine war ein schlauer, alter,
    Treubefundener Hausverwalter,

17.

    Denn er sorgte klug und weislich
    Wenig für'n Herrn und viel für sich.

18. Der Sekretar war vor einigen Tagen
    Weil er todt war, zu Grabe getragen,

19. Nun war der Verwalter ein alter Bekannter
Von Hieronimi Eltern, und darum wandt er
Als ein treuer dienstfertiger Mann
Alle Müh' für Hieronimus an,

20. Und hat ihn sehr kräftig rekommandiret,
Ihn darauf in Persona präsentiret
Bei der Jungfer und beim alten Herrn
Als einen fähigen Sekretärn.

21. Es hat auch seine Person für allen
Der Kammerjungfer nicht übel gefallen,
Drum versprach sie ihm steif und fest
Bei dem Herrn zu reden das Best.

22. Er schien ihr beim ersten Anblick schon besser
Als der vorige Schreiber, sein Antecesser;
Denn Hieronimus war stark und lang,
Der vorige aber war mager und krank.

23. Alldieweil er nun, wie gesaget,
Der Kammerjungfer, als der Hauptperson,
behaget,
So gab auch der alte Herr sofort
Dazu sein Fiat und abliches Wort.

24. Um ihm desto mehr Gnaden zu erweisen,
Mußte er sogar diesmal mit ihm speisen,
Und der Herr sprach mit freundlicher Stimm
Nach geendigter Mahlzeit zu ihm:

25. "Seine Pflicht soll darin bestehen,
"Daß Er nach Vieh und Gesinde muß sehen,
"Und als der geheime Sekretär
"Schreibe, was etwa zu schreiben wär.

26. „Wird Er nun diese seine Amtspflichten
  „Als ein braver Schreiber ausrichten;
    „So geb ich Ihm dafür, alle Jahr,
  - „Vierzig harte Reichsthaler baar.

27. Gefällt Ihm diese Bedingung, so bleib Er
  „Bei mir, sub titulo als Hausschreiber,
    „Und ich verspreche Ihm, wenn Er treu,
    „Noch manche Accidenzien dabei;

28. „Doch muß Er niemals probiren,
  „Mit der Kammerjungfer zu haseliren;
    „Denn solchen Unfug leide ich durchaus nicht,
    „Das sage ich Ihm trocken ins Gesicht.

29. „Der letztverstorbene Hausschreiber
  „Sah gerne Mädchen und junge Weiber,
    „Und es ward mir sogar kund,
    „Daß er mit meiner Jungfer gut stund.

30. „Ich hätte ihn prostituiret
  „Und ohne viele Umstände kassiret;
    „Weil er aber klein war und schwach,
    „So sah ich ihm noch den Fehler nach.

31. „Das Mädchen ist zwar schlau und witzig;
  „Aber dabei verzweifelt hitzig,
    „Und wie mir gar manchesmal däucht,
    „Zu allerlei schlimmen Sachen geneigt.

32. „Vor fünf Jahren, unvermutheter Weise,
  „Traf ich sie an auf einer Reise;
    „Und ihr lustiges Wesen gefiel mir,
    „Machte also meine Jungfer aus ihr.

33. „Er wird übrigens, ohne zu fragen,
„Leicht schließen, was ich hiemit will sagen;
„Denn einmal vor allemal sage ich nu,
„Halte Er mit Amalien nicht zu!„

34. Hieronimus wäre nicht klug gewesen,
Wenn er nicht, ohne viel Federlesen,
Auf obige Bedingung geworden wär
Sehr gern der geheime Sekretär.

35. Er trat also sein Amt an geschwinde,
Und sah täglich nach Vieh und Gesinde,
Schrieb auch auf öfters und viel,
Was etwa zu notiren vorfiel.

36. Zum Exempel: eingekommene Pachte,
Ausgegebenes Lohn für Mägde und Knechte,
Der geschossenen Hasen und Rebhühner Zahl,
Oder wenn man den Herrn bestahl;

37. Oder was der Hausadvokat bekommen,
Oder der Richter extra genommen,
Oder was auf dem Markte indeß
Man gelöset an Butter und Käs.

38. Oder wenn etwa der Hausschneider
Der frommen Amalia ihre Kleider
Unten und oben weiter gemacht,
Oder die Kuh ein Kalb gebracht.

39. Oder wenn die Jungfer Unpäßlichkeit wegen
Zur Ader gelassen, oder krank gelegen,
Oder ein Huhn gelegt ein Ei;
Ausgaben und Einkünfte mancherlei.

40. Wenn auch etwa Briefe zu schreiben waren,
    So ließ der alte Herr, all's Schreibens unerfahren,
        Dem Sekretär auch diese Müh,
        Und Hieronimus besorgte treulich sie.

41. Mit Hülfe von Talanders Briefsteller
    Ward er in Briefen fertiger und schneller,
        (Und dieses zwar in kurzer Zeit)
        Als je ein Schulmeister in der Christenheit.

42. In den übrigen Stunden ging er müßig,
    Aß, trank und schliefe überflüssig,
        So, daß er dieses Sekretariat
        Sich lebenslänglich gewünschet hat.

Vier und zwanzigstes Kapitel.

Wie dem Sekretär Hieronimo kuriose Sachen
vorkamen, und er weggejaget wurde.

———o·o———

1. Geneigter Leser! unsre alten Vorfahren
   Waren gewiß keine dumme Narren,
     Sie hatten vielmehr oftermal
     Einen klugen und gesunden Einfall.

2. Und sie haben, in ihrem Leben
   Den Nachkommen viel gute Lehren gegeben,
     Mancher stets wahr befundener Spruch
     Zeiget noch ihre Weisheit genug.

3. Es ist auch itzo fast in allen Landen
   Unter andern ein altes Sprüchwort vorhanden,
     Dessen Gewißheit und Wahrheit man
     Noch täglich vor Augen sehen kann.

4. Nämlich: wenn einer soll können tragen
   Eine Last von lauter guten Tagen,
     So muß er mit sehr starkem Gebein
     Von der Natur versehen seyn.

5. Dieses alten Sprüchworts Wahrheit
Zeiget sich auch, mit großer Klarheit,
  Im gegenwärtigen Kapitel, schon früh,
  An dem Exempel Hieronimi.

6. Dieser lebte gleich einem Fürsten,
Brauchte weder zu hungern, noch zu dürsten,
  Schlief früh ein und erhub sich spät
  Nach ruhigem Schlaf vom Federbett.

7. Es mangelte ihm folglich an keinem Stücke.
Doch es war, zu seinem Ungelücke,
  Bewußtermaßen die Jungfer da,
  Welche er täglich verliebt ansah.

8. In ihren Mienen und ganzem Wesen
Schien er deutlich zu können lesen,
  Daß sie in ihn, den Sekretär,
  Ebenfalls sterblich verliebet wär.

9. Oft auch, wenn er sie ganz nahe
Mit Aufmerksamkeit ins Gesicht sahe,
  So that der Gedanke bei ihm entstehn,
  Als hätt' er sie vormals mehr gesehn.

10. Troß dem Verbote des alten Herren
Wagt' er's nun, ihr die Liebe zu erklären,
  Und so wurden sie bald so vertraut,
  Als wären sie Bräutigam und Braut.

11. Doch, in Gegenwart des alten Herren,
Schien er ihrer gar nicht zu begehren,
  Und er nahm sich vor allem Verdacht
  Weislich und, so viel möglich, in Acht.

12. Aber, ohne deſſelben Willen und Wiſſen,
Brachte in allerlei Scherzen und Küſſen
Manches geheimes Stündelein um
Amalia mit dem Hieronimum.

13. Dieſes das Hieronimi gutes Betragen
That dem Mädchen trefflich behagen,
Denn für die leere Schmeichelei
Des Herrn hielt ſie der Schreiber frei.

14. Er bekam auch dafür viel ſchöne Dinge,
Doſen und Hember, Schnallen und Ringe,
Tücher, Manſchetten, Strümpfe, Handſchuh,
Halsbinden, Mützen und mehr dazu.

15. Einſt hatte er bei ihr, von Amtswegen,
Ein Schreibergeſchäfte abzulegen,
Und da reichte ſie ihm ſogar
Eine fürtreffliche Sackuhr dar.

16. Er hat ſie gar dankbarlich angenommen,
Doch gleich, als er ſie in die Hand bekommen,
Rief er: Potz tauſend Element!
Dieſe Sackuhr habe ich gekannt.

17. Amalia ward zwar betroffen,
Doch geſtund ſie ihm ſofort offen-
herzig, ſie habe von einem Student
Sie ehmals erhalten zum Präſent.

18. Wie's doch ſo wunderlich pflegt zu
gehen,
Das kann man itzo deutlich hier ſehen,
Erwiederte Hieronimus; ſicherlich!
Dieſer Studente war ich.

19. Und nunmehr haben sich beide besonnen,
Daß schon vor fünf Jahren ihre Bekanntschaft
begonnen,
Und aus der gestohlnen Sackuhr
Machte die Jungfer itzt Schnack nur.

20. Und sie haben beide herzlich gelachet
Und über den Possen sich lustig gemachet,
Daß nunmehr in die rechte Hand
Sich die vermißte Uhr wieder fand.

21. Uebrigens war es kein sonderlich Wunder,
Daß die Jungfer nicht im Hieronimus jetzunder,
Als Kandidaten und Sekretär,
Den vorigen Studenten kannte mehr.

22. Indessen machte diese lächerliche Affaire,
Daß sich beide von nun an noch desto mehre,
Zum Possen des alten Edelmanns,
Geliebet haben von Herzen ganz.

23. Ihr Umgang ward also auf die Dauer
Täglich vertrauter und genauer,
Und ihr Löffeln und Buhlerei
Trieben sie fast offenbar und frei.

24. War die Jungfer im Keller und Garten,
So that der Herr Schreiber ihr aufwarten,
Und in Küche, Kammer und Stall
Folgte er nach ihr überall.

25. Sogar, wenn sie etwa nicht, von Pflichtwegen,
Den alten Herrn mußte wärmen und pflegen;
So brach sich Hieronimus den Schlaf ab,
Und ihr nächtliche Visiten gab.

26. Auch bei dem Schreiben und Notiren
That Amalia ihm treulich assistiren,
Und befand sich ohne Unterlaß
Bei ihm, wo er stand oder saß.

27. Sie gab ihm auch manch schönen Leckerbissen
Von des Herren Tafel heimlich zu genießen,
Und vom Kälberbraten und Wildpret
Bekam er immer die Nieren und Fett.

28. Sie brachte ihm noch dabei unter=
weilen manche Flasche Burgunder
Heimlich aus dem Kellerhaus,
Und Hieronimus trank sie aus.

29. So verstrichen in lauter Wollust die Tage
Des Hausschreibers Hieronimi, und ich sage,
Daß kein hochwürdiger Herr Prälat
Jemals besser gelebet hat.

30. Es konnte sich aber dergestalten
Dies Leben nicht lange so verhalten,
Denn der alte gnädige Herr
Merkte den Handel mehr und mehr.

31. Und anstatt daß er sonst gelachet,
Hat er nun saure Gesichter gemachet,
Und er gab deutlich genug zu verstehn,
Die Sache müsse nicht länger so gehn.

32. Zum Ueberfluß führte er noch in aller Güte
Dem Herrn Sekretären zu Gemüthe,
Daß, wenn er Amalien nicht künftig vermied,
So ertheilte er ihm den Abschied.

33. Hieronimus verſicherte auf ſeine Ehre!
   Daß nichts Schlimmes vorgegangen wäre,
   Und er wollte lieber hinfort
   Mit Amalia reden kein einziges Wort.

34. Wenn Er das thut, ſo kann Er bleiben,
   So lang Er will, und bei mir ſchreiben
   Lebenslang, als mein Sekretär!
   Erwiederte nun der alte Herr.

35. Obgleich nun, ſeit dieſem Augenblicke,
   Hieronimus die verliebten Tücke
   Mit der Jungfer heimlicher trieb,
   Und deſto fleißiger notirte und ſchrieb:

36. So hat ſich dennoch, nach einigen Tagen,
   Ein ſonderlich Abentheuer zugetragen,
   Als der alte Herr, Abends ſpät,
   Schlaflos ſich herumwülzte im Bett.

37. Und deswegen, wie er wohl zu thun pflegte,
   Einen Beſuch bei Amalien ablegte,
   Damit ſie durch ihre Freundlichkeit
   Ihm vertriebe die Schlafloſigkeit.

38. Da geſchah alsbald ein groß Wunder;
   Denn er fand daſelbſten ißunder,
   Daß ſchon Hieronimus, der Sekretar,
   Bei der Jungfer im Bettlein war.

39. Himmel! tauſend Element! poß Velten!
   Da ging es an ein Fluchen und Schelten,
   Und es wurde noch in derſelbigen Nacht
   Hieronimus aus dem Hauſe gejagt.

40. Es half hier weder Bitten noch Flehen,
    Das Abentheuer war nun einmal geschehen,
    Und selbst die Kammerjungfer sogar
    Gerieth fast drob in große Gefahr.

41. Doch ihre listigen Schmeicheleien
    Thaten sie diesesmal noch befreien,
    Aber dem unglücklichen Kandidat
    Zu helfen, war nun weiter kein Rath.

Fünf und zwanzigstes Kapitel.

Wie Hieronimus bei einer frommen Dame in
Dienste kam, welche eine Betschwester war, und
seiner in Unehren begehrte, und wie
er von ihr weglief.

———

1. Die von Amalien erhaltenen Gaben,
   Hember, Ringe, Schnallen et caetera haben
   Zwar wohl noch eine kurze Zeit
   Den Hieronimus aus der Noth befreit:

2. Nachdem aber alles verkauft und verzehret,
   Was ihm die gute Jungfer hatte verehret,
   So mußte er wieder nolens volens,
   Zur Vermeidung Hungers und Elends,

3. Und um nicht vor Kummer zu sterben,
   Sich um eine neue Versorgung bewerben,
   Und sich desfalls irgendwo nun
   In eine gute Bedienung thun.

4. Nun lebte auf einem einsamen Schlosse
   Eine verwittibte Dame, die eine große
   Also genannte Betschwester war,
   Sie war alt und hatte schon graues Haar.

5. Brachte darum mit Beten und Singen,
   Und lauter andern geistlichen Dingen,
   Als eine sehr große Heiligin,
   Schon einige Jahre des Lebens hin.

6. Sie litte nicht die allerminbeste Sünde
   An und bei ihrem sämmtlichen Gesinde,
   Und versammelte sie täglich zweimal,
   Zum Singen und Gebet, in ihrem Saal.

7 Sie bestrafte bei ihnen auf liebreiche Weise
   Das kleinste Vergehn mit Entziehung der Speise,
   Und hielte viel vom Fasten und Kastei'n
   Und von einem halben Rösel Branntewein.

8. Da nun, ohne Zweifel, zu zweien
   Sich besser läßt trinken und kasteien,
   Auch überhaupt in Gesellschaft
   Man singen kann mit größerer Kraft:

9. So hatte sie schon längst sich umgesehen,
   Einen frommen Menschen auszuspähen,
   Welcher ihr, sowohl spät als früh,
   Möcht' leisten geistliche Compagnie.

10. Es waren nun zwar viele frommen
    Müßiggänger zu ihr gekommen,
    Und hatten, wie sich's ziemt und gebührt,
    Die geistlichen Dienste geofferirt;

11. Aber bisher hatte keiner von allen
    Das Glücke gehabt, ihr zu gefallen,
    Denn bald schien ihr der eine zu alt,
    Bald der andre zu jung noch, und bald

12. War einer zu mager, bald einer zu schwächlich,
    Bald einer ein Krüppel, oder sonsten gebrechlich,
    Bald einer stumm, taub, scheel oder blind,
    Oder ein häßliches Weltkind.

13. Hieronimus that es endlich wagen,
    Seine Dienste ihr anzutragen
      Als geistlicher Assistent, und, siehe da!
      Er gefiel ihr, sobald sie ihn sah.

14. Denn er war weder krank noch schwächlich,
    Weder stumm, taub, blind oder gebrechlich,
      Weder zu jung und weder zu alt,
      Auch eben nicht von magrer Gestalt.

15. Seine halbgeistliche Kleidung und Perücke
    Gefiel auch der Alten im Augenblicke,
      Und er versicherte derselben geschwind,
      Daß er wäre kein Weltkind.

16. Er mußte also bei so gestalten Sachen
    Die erste Probe noch heute machen,
      Und er wohnte mit großem Geschrei
      Der frommen, singenden Versammlung bei.

17. Hat auch, mit einem ernsthaften Wesen,
    Aus der Hauspostill eine Predigt gelesen,
      Und that alles mit besonderm Anstand,
      Daß die Dame Vergnügen drin fand.

18. Durch ihn ward ihr frommer geistlicher Eifer
    Tagtäglich dann immer fester und steifer,
      Und ihr ohnedem geistlicher Sinn
      Mehr und mehr erbauet durch ihn.

19. Sie ließ sich auch von dem frommen Kandidaten
    In allen ihren Handlungen leiten und rathen,
      Und so ward in kurzer Zeit hier
      Hieronimus der Liebling von ihr.

20. Wenn er sich zuweilen auch etwa verginge,
Und sich ungeistlicher Dinge unterfinge:
    So übersah sie doch immer dieß
    Als eine menschliche Schwachheit gewiß.

21. Er brauchte auch, pro **poena**, solchergestalten
Das sonst eingeführte Fasten nicht zu halten,
    Sondern er bekam vielmehr zum Trost
    Lauter leckere und gesunde Kost.

22. Champagner, Kaffe und Chokolade,
Liqueurs, Mandelmilch, Limonade
    Bekam der fromme Hieronimus
    Auch täglich zu trinken im Ueberfluß.

23. Er lebte also, mit einem Worte,
Sehr vergnügt an diesem heiligen Orte,
    Wo er blos nur aß und trank,
    Und zuweilen las und sang.

24. Das Schlimmste war, daß er der frommen Dame
Fast gar nicht aus den Augen kame;
    Denn sie hatte zu bilden im Sinn
    Einen recht frommen Menschen aus ihm.

25. Wenn er bei ihr im Kanape saße
Und aus einem frommen Buch was vorlase:
    So streichelte sie das fromme Schaaf,
    Und rief entzückt aus: das ist brav!

26. Oft schmiegte sie sich an seine dicken Wangen,
Wenn sie mit einander ein Lied sangen,
    Und so lagen sie Arm in Arm,
    Und sangen so rührend, daß Gott erbarm!

27. Bei einem so vertraulichen Wandel,
 Merkte zuletzt Hieronimus den Handel,
  Daß es der alten Dame nun
  Um etwas mehr, als Singen zu thun.

28. Ob dieser so wichtigen Entdeckung
 Ueberfiel ihn eine heftige Schreckung,
  Und ob solcher großen Gefahr
  Saß er da fast sprachlos und starr.

29. Als er sich von der ersten Bewegung
 Erholet, dachte er, mit vieler Regung,
  An das vormals genossene Glück
  Mit der schönen Amalie zurück.

30. Diese war schön, lieblich und ohne Mängel,
 Die Dame hingegen häßlich, wie ein schwarzer
   Engel,
  Gelb, zahnlos, kahl, hager und grau,
  Kurz, eine unerträgliche Frau.

31. Nun hätte er sich sollen drücken
 Und in die Umstände einstweilen schicken,
  Und die Sache mit der alten Frau
  Nicht eben nehmen so genau;

32. Allein dies wollte ihm nicht passen,
 Er hat also freiwillig sie verlassen,
  Und so blieb dann hinfort die Dame allein
  Mit ihrem Gesangbuch und Branntewein.

Sechs und zwanzigstes Kapitel.

Wie Hieronimus ein schlimmes und ein gutes
Abentheuer hatte, und wie er einmal in seinem
Leben eine kluge That verrichtet hat.

―∘∘―

1. Hieronimus, ehe und bevoren
   Er die Abreis' von der alten Wittwe erkoren,
      Hat er mit einem Beutel voll Geld sich schön
      Aus dem Kasten der Dame versehn.

2. Denn dafür, daß er gesungen und gebetet,
   Und von frommen Dingen geredet,
      Und die Caressen gehöret an,
      Mußte er billig ja etwas han.

3. Mit diesem Gelde that er nun wandern
   Von einer schönen Stadt zur andern,
      Und indem er also herumgeirrt,
      Lernte er kennen manchen Wirth.

4. Traf er etwa hin und wieder
   Schöne Quartiere und lustige Brüder,
      Oder eine gute Wirthin im Haus,
      So ruht' er gemeinlich einige Tage aus.

5. Es hat sich aber einsmals begeben,
   Daß er auf seiner Wanderschaft gar eben,
      Als es schon war Nachmittags spat,
      In einer großen Schenke abtrat.

6. Es war das allerbeste Wirthshaus in Schwaben,
   Man konnte viel fordern und wenig haben,
   Und der Wirth war ein redlicher Mann,
   Schrieb gerne mit doppelter Kreide an.

7. Da waren ebenfalls, grade heute,
   Noch angekommen zwei fremde Leute,
   Welche Hieronimus, der Kleidung nach,
   Für reisende Handelsmänner ansach.

8. Zwaren hat gleich einer von ihnen
   Ihm, von Person, etwas bekannt geschienen,
   Wenn nur ein großes Pflaster nicht
   Verstellet hätte das halbe Gesicht.

9. Diese Herren haben gesellschaftlich indessen
   Mit dem Hieronimus getrunken und gegessen,
   Und in kurzem richtete drauf
   Hieronimus mit ihnen Freundschaft auf.

10. Denn der Mann mit dem Pflaster im Gesichte
    Erzählte manche spaßhafte Geschichte,

11.

12.

Und Hieronimus, bei dieser Gelegenheit,
That mit dem eroberten Gelde breit.

13. Nachdem nun lustig und guter Dinge
Der Tag dermaßen zu Ende ginge;
So eilte Hieronimus, Abends spät,
Trunken vom Wein und Lachen, nach Bett.

14. Er war kaum im tiefen Schlaf begraben,
Als sich die beiden Herren zu ihm begaben,
Und sie nahmen, fein säuberlich,
Den Beutel mit dem Gelde zu sich.

15. Als Morgens spät Hieronimus erwachte,
Und gar nun nicht an was Böses gedachte,
So fand er, beim Ankleiden von ohngefähr,
Den Geldbeutel verschwunden, die Tasche leer

16. Zwaren sahe er hier anfänglich,
Die Sache nicht eben für verfänglich,
Sondern als eine Kurzweile an,
Welche die lustigen Kaufleute gethan.

17. Als er aber nach ihnen fragte,
Und der Herr Wirth ihm sagte:
Es wären schon in aller Früh
Diese Herren stille gereiset von hie.

18. Da gehub er an zu lamentiren
Und großen Jammer und Klagen zu führen,
Und für Ungeduld blieb fürwahr
In dem Kopfe kein einzig Haar.

19. Ob seinem ängstlichen Klagen und Harmen
That sich der fromme Wirth bald erbarmen,
Und hat für alles, was er verzehrt,
Weiter nichts, als seinen Rock begehrt.

20. That ihm dabei den Rath ertheilen,
    Sich nun nicht länger mehr zu verweilen,
    Denn ohne baares Geld hätte hier
    Niemals ein fremder Gast Quartier.

21. Dieses Exempel Hieronimi kann uns lehren,
    Wie sich die Sachen in der Welt verkehren,
    Und wie sich manchesmal unverhofft
    Das menschliche Glück verändert oft.

22. Noch gestern besaß er reiche Beute
    Und der Wirth hieß ihn Herr, aber heute
    Jug ihn fort, ohne Rock und Geld,
    Der fromme Wirth in die weite Welt.

23. Er konnte nun, mit Muße, unterwegen
    Seinen kläglichen Zustand überlegen
    Und er wünschte sich fast im Augenblick
    Zu der Betschwester auf dem Schlosse zurück.

24. Doch, wenn er an ihre Caressen gedachte,
    Und ihre Person sich vorstellig machte;
    So überkam ihm ein Grausen schier,
    Und er verlangte nicht wieder zu ihr.

25. Schon einige Tage hatte er mit rohen Rüben
    Auf seiner Reise den Hunger vertrieben,
    Und wie ein irrender Ritter sich
    Beholfen elendig und kümmerlich.

26. Gleichwie nun, wenn die Noth ist am größten,
    Das nahe Glück einen pflegt zu trösten!
    So war auch dem armen Hieronimus da
    Nunmehro bald wieder Hülfe nah.

27. Denn er hörte, am vierten Nachmittage,
    In einem Wäldchen, das am Wege lage,
    Ein erbärmliches lautes Geschrei,
    Und dieses lockte ihn bald herbei.

28. Er ist schnell an die Stelle gekommen,
    Woher er das Jammergeschrei vernommen,
    Und es entdeckte sich ihm alsbald
    Eine Scene von traur'ger Gestalt.

29. Eine stillstehende Kutsche mit vier Pferden,
    Den bärt'gen Kutscher ohnmächtig auf der Erden,
    Eine junge Dame, welche hie
    Ganz erbärmlich heulte und schrie;

30. Auch einen reich gekleideten Herren,
    Bemüht, sich gegen zwei Räuber zu wehren,
    Welche, wie's schiene, waren fest
    Entschlossen, ihme zu geben den Rest.

31. Schon erkannte mein Held, in einiger Weite,
    In ihnen die sogenannten zwei Kaufleute,
    Er eilte also, wie eine Furie,
    Mit aufgehobenem Stocke auf sie.

32. Spitzbuben! wo ist mein Geldbeutel?
    Rief er, und zerschlug den Scheitel
    Des einen Räubers mit starker Hand,
    Und streckt' ihn also todt in den Sand.

33. Mit eben solchen kräftigen Schlägen
    Ging er drauf dem andern Räuber entgegen,
    Welcher aber sogleich versucht,
    Sich zu erretten mit der Flucht.

34. Hieronimus wollte zwar ohn' Verweilen
Auch noch dem fliehenden Buben nacheilen,
Allein der Räuber, schnell wie der Wind,
Floh aus seinen Augen geschwind.

35. Uebrigens ist kaum zu schreiben und zu sagen,
Wie freudig sich der Herr und die Dame betragen
Als die augenscheinliche Lebensgefahr
Nunmehro glücklich vorüber war.

36. Sie haben beide ihn gar freundlich gegrüßet,
Und die schöne Dame hätte ihn fast geküsset;
Wenn sie hätte gescheuet nicht
Sein lange nicht gewasch'nes Gesicht.

37. Es war auch kein Lobspruch zu erdenken,
Welchen sie ihm nicht thaten schenken,
Denn als ihren Erretter sahn
Sie nun den lieben Hieronimus an.

38. Sie nöthigten ihn mit freundlichem Muthe
Mitzureisen nach ihrem ablichen Gute,
Wo man mit Gaben mancherlei
Würde belohnen die erwiesene Treu.

39. In seinen so kümmerlichen Umständen
Ergriff er die Gelegenheit mit beiden Händen,
Und sofort, ohne weitere Bitt',
Entschloß er sich gleich zu reisen mit.

40. Er half den verwundeten Kutscher noch tragen
Und sie legten denselben in den Wagen,
Und in des erschlag'nen Räubers Rock
Bestieg nunmehr Hieronimus den Bock.

41. Ehe er aber noch aufgestiegen,
    Suchte er, und fand mit Vergnügen
        Seinen Geldbeutel beinahe noch voll
        In des erschlagenen Räubers Kamisol.

42. Das sonderbarste von der ganzen Geschichte
    Betraf des Todten sein Angesichte;
        Denn es war kein Pflaster mehr da,
        Und, als ihn Hieronimus genau besah,

43. Erkannte er in ihm, im Augenblicke,
    Den Herrn von Hogier mit der großen Perücke,
        Welcher ihn einsmals um vieles Geld
        Beim Spiel auf seiner Reise geschnellt.

44. So nahm dann dies Abentheuer behende
    Für unsern Helden ein erwünschtes Ende,
        Und gleich dem Ritter von der traur'gen Gestalt,
        Fuhr er mit der Kutsche alsbald.

45. Uebrigens, eh ich dies Kapitel will schließen,
    Thu ich dem Leser kund und zu wissen,
        Dies sey die einzige rühmliche That,
        Die bisher Hieronimus verrichtet hat.

Sieben und zwanzigstes Kapitel.

Wie Hieronimus vergnügt zu Ohnewitz ankam,
und wie er da Schulmeister ward, in einer
Schule von kleinen Knäblein und Mägdlein.

1. Derjenige Herr und die junge Dame,
    Zu deren Rettung Hieronimus herbeikame,
        Waren ein liebes artiges Paar,
        Welches kürzlich erst getrauet war.

2. Der Herr hatte unter sein abliches Gebiete
    Dörfer und Schlösser von mancherlei Güte,
        Aber im Dörflein Ohnewitz
        Ware eigentlich sein Rittersitz.

3. Um seiner Gemahlin den Gefallen zu erweisen,
   That er oft mit ihr kleine Reisen,
       Denn er hielte große Freundschaft
       Mit allen in seiner Nachbarschaft.

Einem benachbarten Edelmann den Besuch gegeben,

kam.

10. Neue Kleider, Essen und Trinken,
    Wein, Toback, Braten und Schinken
        Waren da, alles in Ueberfluß,
        Zum Dienste unsers Hieronimus.

11. Nach einigen so vergnügt verstrichenen Wochen
    Hat auch der Herr dem Hieronimus versprochen,
        Für seinen zukünftigen Unterhalt
        Zu sorgen ferner bester Gestalt.

12. Nun ist auch grade dazumalen
    Ein absonderlicher Umstand vorgefallen,
        Welcher für unsern Hieronimus gar
        Sehr erwünscht und gelegen war.

13. Nämlich die Ohnewitzer Bauern haben
    Eine Schule für kleine Mägdlein und Knaben,
        Und der Herr, als des Dorfes Patron,
        Hatte darüber die Kollation.

14. Das A, B, C, D zu studiren,
    Und zu lernen Lesen und Buchstabiren,
        Waren alleinig die Studia,
        Welche man hieselbst treiben sah.

15. Alle Gelegenheiten, mehrers zu lernen,
    That der Herr Patron weislich entfernen,
        Denn ein Bauer, welcher gelehrt
        Ist, wird hochmüthig und höchst verkehrt.

16. Ja, die Erfahrung lehrt es, wenn der
    Bauer schon versteht seinen Kalender
        Und sein Katechismus-Büchlein,
        So bildet er sich schon was rechtes ein.

17. Hat er sich nun noch höher verstiegen,
    So läßt er gemeiniglich die Arbeit liegen,
    Und dann sieht's höchst elendig und kraus
    Mit den Pächten und Abgaben aus.

18. Außer dreißig Thaler Firum trug dies Dienstchen
    Dem Herrn Schulmeister noch manches Ge-
    winnstchen
    An Eiern, Butter, Hühnern und Gäns'
    Und manchem ähnlichen Accidens.

19. Auch ging er, wenn die Herrschaft zu Hause,
    Am Neujahrstag bei ihr zu Schmause,
    Und bekam dann für die Gratulation
    Noch ein Geschenk, nach Proportion.

20. Nun hat es sich damals just begegnet,
    Daß der Schulmeister dies Zeitliche gesegnet;
    Und also war man weislich bedacht,
    Daß ein neuer würde gemacht.

21. Sobald dies der Herr Patron gehöret,
    Hat er dem Hieronimus den Dienst verehret;
    Und folglich trat Hieronimus dann
    Das Amt des Dorfschulmeisters an.

22. Zwar wollte nun Anfangs das Schulleben
    Ihm kein sonderliches Vergnügen geben,
    Denn er hielte von Müssiggang mehr,
    Als von solcher beschwerlicher Lehr.

23. Doch, da er auf dem herrschaftlichen Schlosse
    Manche Wohlthat und Mahlzeit genosse,
    Und sich nach geendigter Schule erquickt;
    So hat er sich in das Lehramt geschickt.

24. Und sich nunmehr ernstlich vorgenommen,
Seinen Pflichten möglichst nachzukommen,
Damit er nun lebenslang hinfort
Bleiben möchte an diesem Ort.

25. Auch gedachte er, in verschiedenen Sachen
Einige wichtige Aenderungen zu machen,
Weil er im hiesigen Schulstand
Viele eingerissene Fehler fand.

26. Er fing auch, nach langem Deliberiren,
Wirklich an manches zu reformiren,
Jedoch bekam ihm dieses nicht wohl,
Wie der geneigte Leser bald hören soll.

Acht und zwanzigstes Kapitel.

Wie Hieronimus ein Autor ward, und wie er
ein neues A B C=Buch heraus gab, und wie er
darob von den Bauern bei dem gnädigen Herrn
hart verklagt ward.

1. **Gleich** bei dem Antritt der Schulregierung
   Fand Hieronimus, mit äußerster Rührung,
   Daß daß eingeführte a b c=Buch
   Nicht für Kinder sey faßlich genug.

2. Denn da bisher die Mädchen und Knaben
   Gebraucht hatten die Ballhorn'schen Ausgaben,
     So nahm Hieronimus hier und dar
     Darinnen verschiedene Fehler wahr.

3. Nachdem er nun bei sich zu Rath gegangen,
   Hat er zu veranstalten angefangen,
     Unter folgendem Titel, davon
     Eine nagelneue Edition:

4. Neues Abc-Buch, verbessert
   Und mit verschiedenen Zusätzen ver-
          größert
     Von dem Autor Hieronimus
     Jobs, Theologiä Kandidatus.

5. Zu den schon längst bekannten Buchstaben,
   Welche wir im Alphabete haben,
     Setzte er noch das fft,
     Imgleichen das sch, und sp.

6. Die Sporen des Hahns auf der letzten Seiten,
   Und mehr andre solche Kleinigkeiten,
     Lies er hingegen, weislich und klug,
     Aus dem nagelneuen Abc-Buch.

7. Er fügte aber unterdessen nicht minder,
   Zur Ergötzung der lernenden Kinder,
     Ein Nestlein mit einem großen Ey
     Dem ungesporneten Hahne bei.

8. Kaum war dies Buch zu Ohnewitz eingeführet,
   So ward es von den Bauern recensiret,
     Und gab zu einem grimmigen Streit
     Die allererste Gelegenheit.

9. Denn es wollte keinem einzigen von allen
  Recensenten die Einrichtung gefallen,
  Und sie sahen alle, Mann für Mann,
  Die Aenderung als höchst gefährlich an.

10. Selbst den allerklügsten unter ihnen
  Hat's beim neuen Abc=Buch geschienen,
  Als hätte Hieronimus dadurch gezeigt,
  Wie sehr er zur Autorsucht geneigt.

11. Wie wenn im Sommer von schwülen Düften
  Ein Ungewitter entsteht in den Lüften,
  So geht vor dem Donner ordinär
  Erst ein gelindes Murmeln vorher.

12. Gleichermaßen entstund unter den Leuten
  Erst ein leises Gemurmel von allen Seiten
  Und es zoge sich bald darauf
  Ein Gewitter über Hieronimus auf.

13. Er konnte nun zwar in Worten und Werken
  Den Unwillen der Ohnewitzer leicht merken,
  Doch verließ er, den Bauern zum Trutz!
  Sich auf des gnäd'gen Herrn Patron Schutz.

14. Jedoch die Ohnewitzer wollten nun zeigen,
  Daß sie länger nicht gesonnen zu schweigen;
  Denn sie spürten je länger, je mehr,
  An dem Schulmeister neues Beschwer.

15. Sie traten also sämmtlich zusammen,
  Und der Küster verfertigte in ihrem Namen
  Eine Klagschrift in folgendem Ton:
  Hochwohlgeborner, gnädiger Patron!

16. Wir sämmtliche Bauern und Kossathen
In Hochderoselben Ohnewitzer Staaten
Nehmen in aller Unterthänigkeit
Unsern Schulmeister zu verklagen die Freiheit.

17. Sintemal sich derselbe leider vergangen
Und verschiedene Neuerungen angefangen,
Alles unter dem nichtigen Vorwand,
Zu verbessern den hiesigen Schulstand.

18. Sich auch dabei nicht so aufführet,
Wie's einem frommen Schulmeister gebühret,
Sondern vielmehr, ofte und viel,
Uns Bauern gibt ein böses Beispiel.

19. Um von den Punkten, worüber wir queruliren,
Nur die vornehmlichsten anzuführen,
So hat er pro primo und erstens sich
Unterfangen eigenmächtiglich,

20. Ein neues A b c-Buch zu verfassen
Und drin die Sporen des Hahnes auszulassen,
Da doch der Sporen, zu jeder Frist,
Ein wesentlich Stück des Hahnes ist.

21. Dagegen hat er das Lernen selbst beschweret,
Weil er das Alphabet hat vermehret:
Denn fft, sp und sch,
Steht wider alle Gewohnheit da.

22. Auch, obgleich die Hähne niemals pflegen
Hühnereier in Nester hinzulegen;
So liegt doch ein Ei nun bei dem Hahn;
Gleichsam als hätt' es der Hahn gethan.

24.

Jedes muthwillige Kind tragen muß.

25.

26.   t,

Einen Hals, Leib, Beine und Schwanz,
Und so ist es nun ein Esel ganz.

27. Wie jämmerlich indeß die Kindlein klagen,
Wenn sie den ganzen Esel müssen tragen,
Und stehen da gleichsam zum Spektakel so,
Ist kaum zu glauben.   Pro tertio

28. Thut Herr Jobs mit mächtigen Ohrfeigen
Sich gar zu barbarisch in der Schule bezeigen,
Und einige Knaben sind wirklich schon
Taub und gehörlos worden davon.

29. Pro quarto: sind die Kinder der ärmern Bauern
Ob der vielen Prügel, höchlich zu bedauern;
Denn, wegen Ansehen der Person,
Kriegen sie meist doppelte Portion.

30. **Pro quinto**: sucht er in den Taschen
Der Kinder nach, ob sie auch naschen,
Und findet er Aepfel und Nüsse allhie;
So nimmt er sie weg und isset selbst sie.

31. **Pro sexto**: ist von seinem sonstigen Betragen
Noch allerlei besonderes zu sagen,
Denn mit des Schulzens Einliegers Frau
Lebt er, wie es heißt, gar zu genau.

32. Auch besucht er fast täglich die Dorfschenke
Und genießt da allerlei hitziges Getränke,
Hat auch oft, bis um Mitternacht,
Mit dem Schulzen beim Spiel zugebracht.

33. Wir hätten zwar noch mehrere Klagen
Allerunterthänigst vorzutragen;
Denn es sind noch viele Gravamina
Neben den schon erwähnten da.

34. Wollen sie aber diesmal nicht berühren,
Sondern nur unterthäniglich suppliciren:
Daß Sie, lieber gnädiger Herr!
Uns geben einen andern Schulmeister.

35. Beharren übrigens Eure Hochwohlgeborne
Gnaden
Allerunterthänigste Bauern und Kossathen.
Im Dorfe Ohnewitz gegeben.
N. N. N. N. N. N.

Neun und zwanzigstes Kapitel.

Wie die klagenden Bauern zu Ohnewitz von dem
Herrn Patron eine gnädige Resolution bekamen,
und wie sie zur Ruhe verwiesen wurden, und
wie sie mit dem Loche bedrohet wurden. Alles
im Kanzlei = Stil.

---

1. Es war nun durch zwei Deputaten
   Die Klagschrift übergeben an Ihro Gnaden,
      Und vom hochgedachten Herrn Patron
      Erfolgte folgende Resolution:

2. Wir haben mißfällig wahrgenommen
   Aus der Vorstellung, womit ihr eingekommen,
      Wasmaßen ihr gar große Beschwer
      Führt über euern Schulmeister her.

3. Ob Wir nun gleich höchst ungerne sehen,
   Daß solche Streitigkeiten bei euch entstehen;
      So haben Wir doch, nach der Breite und Läng',
      Erwogen eurer Beschwerden Meng'.

4. Können indeß bis dato nicht finden,
   Daß Beklagter Schuld sey großer Sünden,
      Und daß man, mit Recht, über die Sach'
      Ein solches großes Allarm mach'.

9 *

5. Zwaren ist es dermalen nicht ohne,
Herr Jobs hat in seiner Schule schone
Ein neues Abc-Buch eingeführt
Und Uns unterthänigst dedicirt.

6. Auch ist von ihm, wie vor Augen lieget,
Einiges drin weggelassen, einiges beigefüget,
Jedoch leuchtet es gar nicht ein,
Wie dieses so schädlich könne seyn.

7. Denn obgleich hier der Hahn die Sporen
Aus Versehen des Kupferstechers verloren,
So kann man, bei der zweiten Edition,
Den Fehler leichtlich verbessern schon.

8. Auch die wenigsten Recensenten heutiger Zeiten
Merken in den Büchern auf solche Kleinigkeiten,
Sondern die guten lieben Herrn
Uebersehen solche kleine Fehler gern.

9. Was betrifft die zugefügten Buchstaben,
So stehen selbige schon in ältern Ausgaben;
Wenigstens fft, sp und sch
Dienen als Varianten da.

10. Es scheint zwar sich weniger zu schicken,
Bei dem Hahn ein Ei auszudrücken;
Doch braucht drum das Ei vom Hahn
Eben nicht zu werden weggethan.

11. Denn vom Ei gleich auf's Legen zu schließen
Wäre unvernünftig und gegen Gewissen;
Denn es beweiset weiter nichts in der That,
Als bei Menschen der Titel und's Prädikat.

12. Ueberdem weiß man ja auch gar eben,
Daß Hähne sich oft mit Eierbrüten abgeben,
In hoc casu wäre also, traun!
Der Hahn eigentlich ein Kapaun.

13. Wenn ihr pro secundo proponiret:
Daß Herr Jobs einen ganzen Esel eingeführet;
So hat er, Unsers Bedünkens, dran
Als ein vernünftiger Mann gethan.

14. Denn er zeigt damit nichts mehr, nichts minder,
Als daß, sowohl ihr selbst, als eure Kinder,
Alte und junge, groß und klein,
Leibhaftig vollkommene Esel seyn.

15. Pro tertio: wegen der Schläge an die Ohren,
Worüber einige Knaben ihr Gehör verloren;
Halten Wir es gar nicht für gut,
Daß euer Schulmeister solches thut.

16. Auch was ihr pro quarto zu klagen findet,
Halten Wir in so weit für gegründet,
Denn ein Richter und Schulmann
Muß niemals sehn die Person an.

17. Sondern Arme sowohl als Reiche
Verdienen, wenn sie böse sind, gleiche Streiche,
Und man muß zu jeglicher Zeit
Strafen mit Unparteilichkeit.

18. Jedoch, wenn er die Kinder visitiret
Und ihnen das Obst aus der Tasche entführet:
So zeigt er, pro quinto, artig und wohl,
Daß ein Kind in der Schule nicht naschen soll

19. Weil auch die Kinder im zarten Magen
    Nicht zu viel Aepfel und Nüsse können vertragen,
    So ist ja des Schulmeisters Absicht hier gut,
    Wenn er selbst alles verzehren thut.

20. Was ihr da noch, pro sexto, klaget,
    Und von des Schulzens Einliegers Frau saget,
    Item von der Schenke und Kartenspiel,
    So wäre zwar dies von Herrn Jobs zu viel:

21. Indessen ist es Unser gnädiger Wille,
    Daß man von solchen Dingen schweige stille,
    Denn wer davon etwas saget noch,
    Der soll, zur Strafe, zwei Tage ins Loch.

22. Uebrigens sollen sämmtliche Beschwerden
    Künftig genauer untersuchet werden,
    Wenn von der vorhabenden Reise Wir
    Glücklich sind retourniret allhier.

23 Bis dahin befehlen Wir, bei Hals und Kragen!
    Euch ruhig und stille zu betragen.
      Gegeben auf Unserm Rittersitz.
    Resolution für die
      Bauern in Ohnewitz.

Dreißigstes Kapitel.

Wie zu Ohnewitz an einem Mittwochen ein Auf=
ruhr entstand und allerlei Wunderzeichen vorher=
gingen, und wie Herr Hieronimus mit Prügeln
u. s. w. fortgetrieben wurde.

1. Und diese Resolution machte durchgehends
Im ganzen Dorfe viel Aufsehens,
Und es entstand überall herum
Unter den Bauern ein mächtig Gebrumm.

2. Denn sie sahen itzo offenbare,
Daß der Patron Jobsens Gönner ware,
Und daß nichts auszurichten mit Glimpf
Und sie schwuren also zu rächen den Schimpf.

3. Dieser wichtigen Ursache wegen kamen
Sie oftmals in der Schenke zusammen,
Und überlegten bei Toback und Bier,
Wie die Sache anzugreifen allhier.

4. Sie haben auch sämmtlich alsobalden
   Ihre Kindlein alle zu Hause gehalten,
   Und kein's von ihnen, weder groß noch klein,
   Ferner geschickt in die Schule hinein.

5. Aber die Vernünftigsten von den Bauern
   Riethen, auf gute Gelegenheit zu lauern,
   Da alsdenn alle mannichfalt
   Gebrauchen könnten Ernst und Gewalt.

6. Dieser gar kluge Vorschlag hat ihnen
   Sämmtlich gut und thunlich geschienen
   Und man bestimmte dazu nunmehr
   Die Zeit, wenn der Patron verreiset wär.

7. Zwar wurden alle diese Anstalten
   Noch zur Zeit höchst geheim gehalten,
   Bis endlich der erschreckliche Tag kam,
   Da die Unruhe den Anfang nahm.

8. Ehe aber dieses alles geschehen,
   Sind zu Ohnewitz große Zeichen gesehen,
   Wie denn vor wicht'gen Begebenheiten sich
   Vorbedeutungen zeigen gemeiniglich.

9. So hat zum Exempel eine kleine Weile
   Vorhero eine sehr große Eule
   Auf dem Kirchthurm, um Mitternacht
   Ein erschrecklich Geschrei gemacht.

10. Auch hat einer von den Ohnewitzer Leuten,
    Als er aus der Schenke kam, die Glocke hören
                                    läuten,
    Auch fiel der sehr alte Schornstein
    Auf der Schule mit Gepraffel ein.

11. Auch hat des Küsters Kuhe geboren
    Ein Kalb mit ungewöhnlich langen Ohren,
    Auch viel Hunde führten zum Theil
    In dem Dorfe ein gräßlich Geheul.

12. Auch sah man hier und da Irrlichter,
    Und sonst bei Nacht wunderbare Gesichter,
    Auch trugs sich zu, im hellen Mittag,
    Daß des Müllers Esel ein Bein brach,

gen;
Doch merkte man da erst die Gefahr,

14.

15.

16.

Fing zu bellen und zu krähen an.

17. Auf der Heide, die beim Dorfe ware,
Versammlete sich die ganze Schaare,
Und nun gingen sie, in Prozession,
Nach des Schulmeisters Wohnung schon.

18. Ihnen folgten, zu beiden Seiten,
Viele Kinder, welche sich sehr freuten,
Daß sie nunmehro würden heut
Vom bösen Schulmeister befreit.

19. Noch lag Herr Jobs ruhig in seinem Bette,
Als wenn alles sicher gestanden hätte,
Bis da plötzlich der ganze Schwarm
Hereinbrach mit großem Allarm.

20. Aber sobald er vom Schlaf erwecket,
    Hat er sich darob heftig erschrecket,
    Weil er nun erst den Hochverrath
    Wider ihn gespürt und gemerket hat.

21. Ohne ihm viele Zeit zu lassen,
    That man ihn gleich derbe anfassen,
    Und zur genauen Noth erlaubte man,
    Daß er sich vorhero kleidete an.

22. Man that ihm nun sehr ernstlich bedeuten,
    Nie Ohnewitz wieder zu beschreiten,
                              manches Scheltwort,
                                          fort.

23. Also war dieser Handel geschlichtet,
    Und die Expedition glücklich verrichtet,
    Und mit einem lauten ju! hu!
    Eilte man nun der Schenke zu.

24. Jeder behauptete
    Er habe bei der Sache gethan das Beste,
    Und jeder wollt nun beim Branntewein
    Der größeste Held gewesen seyn.

25. Jedoch einige, anstatt sich zu freuen,
    Wollte nun der Handel schier gereuen,
    Und es ahneten sie gleichsam von fern
    Brüchte und Loch, bei der Rückkunft des Herrn.

Ein und dreißigstes Kapitel.

Wie Hieronimus auf seiner Flucht nach dem
Bayerlande ein neues Abentheuer hatte, indem
er seine geliebte Amalia in der Komödie antraf.
Sehr freundlich zu lesen.

1. **Wie** der Fuchs, wenn er den jagenden Hunden
   Endlich aus dem Gesicht ist verschwunden,
      Froh ist, daß nur ein Maul voll Haar,
      Und weiter nichts, diesmal verloren war:

2. So wußte sich auch in seinem größten
   Ungelücke Hieronimus damit zu trösten,
      Und war froh, daß er mit hei=
      ler Haut den Bauern entgangen sey.

3. Zwar hat, seitdem er sich von Ohnewitz entfernet,
   Er mit seinem eigenen Schaden gelernet,
      Wie gar sauer, elend und schwer
      Es im Schulamte gehet her.

4. Er nahm sich auch vor, nie in seinem Leben
   Wieder Bücher im Druck herauszugeben,
      Denn blos und allein von Autorsucht
      Rührte sein Unglück und jetzige Flucht.

5. Indeß, da der Patron nach dem Bayerlande
   Sich jetzt mit der Gemahlin auf Reisen befande,
      So wollte auch Hieronimus dort bei ihm
      Schutz suchen vor der Bauern Grimm.

6. Er hat sich also nicht lange besonnen,
   Sondern auch seine Reise dahin begonnen,
   Jedoch hielte bald seinen Lauf
   Ein neues Abentheuer auf.

7. Denn er hat, wider alles Verhoffen,
   Auf der Reise ein Hinderniß angetroffen,
   Als er just in einer großen Stadt
   Einige Tage ausgeruhet hat.

8. Hier, um seine melancholischen Grillen
   Einigermaßen zu dämpfen und zu stillen,
   Fiel es ihm einmal des Abends ein,
   Zu gehen in die Komödie ein.

9. Er ward bald unter den Schauspielerinnen
   Einer wohlgeputzten Schönen innen,
   Welche an Gesicht, Stimme, Wuchs und Haar
   Seine ehmals geliebte Amalia war.

10. Himmel! wie ward er da entzücket,
    Als er selbige so unvermuthet erblicket!
    Fast wäre das ganze Parterr davon
    Gerathen in schreckliche Konfusion.

11. Sie hatte kaum ihre Rolle geendet,
    Als er sich sofort zu ihr gewendet,
    Und nun gab's manchen Freudenkuß
    Zwischen ihr und dem Hieronimus.

12. Beide waren begierig, zu vernehmen,
    Durch welchen Zufall sie hier zusammen kämen,
    Hieronimus eilte drum bald mit ihr
    Höchst vergnügt ins sich're Quartier.

14.

gedach
man ihm nachh
Geld i

15.

16.

17.
Von ihr alle Begebenheiten zu hören,
Und die Schöne erzählte darauf
Ihm folgendermaßen ihren Lebenslauf.

Zwei und dreißigstes Kapitel.

Wie die Jungfrau Amalia dem Hieronimus ihren Lebenslauf erzählen that. Ein sehr langes Kapitel, weil eine Frauensperson spricht. Accurat hundert Verse.

1. Amalia Ripsraps ist eigentlich mein Name.
  Derjenige Ort, wo ich zur Welt kame
  Und das Tageslicht zuerst gesehn,
  Ist die berühmte Stadt N. N.

2. Mein Vater war dort ein Advokate,
   Welcher viele Prozesse zu führen hatte,
   Sintemal er die Jura aus dem Grund
   Und das Chikaniren verstund.

3. Auch die allerverworrensten Rechtssachen
   Wußte er noch weit verworrener zu machen,
   Und durch manche List und Rank
   Zog er kurze Prozesse lang.

4. Seine Geschicklichkeit that erretten

            ,

5.

6.
            in alle Weg
        geringsten Kleinig
    Zum Prozesse und Rechtsstreit.

7.
  D

Ihren letzten Heller zugesetzt.

8. Uebrigens diente er mit möglichsten Treuen
   Seinen sich ihm anvertrauenden Parteien,
   Jedoch nahm er auch dann und wann
   Von der Gegenpartei Geschenke an.

9. So erwarb er sich ein ziemliches Vermögen;

zum Lohn
des Pachters davon.

12.

13.

,

14.

e
rie,

15.

rt

16. Sie schmeckten zusammen in ihrer Ehe
    Vieles Vergnügen und weniges Wehe,
    Wenigstens im ersten Vierteljahr,
    Da ihnen die Ehe noch neu war.

17. Sie wußten von den prozessirenden Parthicen
    Für die Küche manchen Vortheil zu ziehen,
    Denn die Frau Advokatin bekam,
    Was etwa der Herr Advokate nicht nahm.

18. Auch zog sie noch manche heimliche Gewinnste
    Durch ihr schönes Gesicht und galante Künste,
    Wenn etwa eine verliebte reiche Parthie
    Sich besonderlich bewarbe um sie.

19. Wenn der Herr Gemahl Akten geschrieben,
    So ist sie selten auch müßig geblieben,
    Und sie nahm in der Schlafstube dann
    Gemeiniglich geheime Audienz an.

20. Ob ichs nun gleich eben nicht will wagen,
    Drauf zu schwören und als gewiß zu sagen,
    Daß just gedachter Advokat
    Mein Vater gewesen in der That;

21. So habe ich doch niemals es gehöret,
    Daß sich derselbe hätte beschweret,
    Als mich, nach ohngefähr einem Jahr,
    Meine Mutter zur Welt gebahr.

22. Von meinen ersten Kinderjahren
    Habe ich zwar nichts sonderliches erfahren,
    Doch liebten mein Vater und Mutter mich
    Als ihr einziges Töchterlein zärtelich.

23. Man sparte auch gar keine Bemühung
    An meiner Bildung, Pflege und Erziehung,
    Und schickte mich frühe, da ich noch klein,
    Fleißig zu lernen, in die Schule hinein.

24. Jedoch schonte man an mir in alle Wege
    Vorwürfe, herbe Verweise und Schläge,
    Und richtete in jeder Kleinigkeit sich
    Nach meinem Willen sorgfältiglich.

25. Als ich kaum zehn Jahr alt gewesen,
    Fing ich schon an Romane zu lesen,
    Und ward von der Liebe schon mehr gewahr,
    Als andre Mädchen im achtzehnten Jahr.

26. Mit muntern Jünglingen und artigen Knaben

    Und fing gar manchen prakt'schen Roman
    In meinem dreizehnten Jahre schon an.

27. Vielleicht war es ein Fehler der Erzeugung,
    Daß ich auch sehr frühe eine Neigung,
    Die auch nachher niemals verschwand,
    Eine Neigung zum Stehlen empfand.

28. Meine Eltern, geschlagen mit Blindheit,
    Hielten dieses für Triebe der Kindheit,
    Und haben, wenn ich was böses gemacht,
    Nur über ihr schlaues Töchterchen g'lacht.

29.
    Als sich schon Freier bei mir eingefunden,
        bei meinem nicht häßlichen Gesicht
    Fehlte es mir an Anbetern nicht.

30. Ob nun gleichwohl mancher von ihnen
Meinem Vater nicht verwerflich geschienen,
So fande indessen meine Mutter jedoch
Vieles an ihnen zu tadelen noch.

31. Nur einen Mann von sehr hohem Stande,
Allenfalls aus den Vornehmsten im Lande,
Bestimmte sie einzig und allein
Für mich, ihr artiges Töchterlein.

32. Es kam aber kein Mann von hohem Stande,
Der mich zur Frau zu machen rathsam fande,
Mir wurde indessen dabei recht bang,
Denn die Verzög'rung fiel mir zu lang.

33. Ich suchte also und dergestalten
Mich anderweitig schadenfrei zu halten,
Und ließ zum geheimen Rendezvous
Manchen jungen artigen Herrn zu.

34. Aus Furcht, etwas Schlimmes zu erleben
Und daß es künftig möchte geben
In meiner Heirath ein Hinderniß,
Wenn sie mir zu viel Freiheit ließ,

35. Fing die Mutter an ernstlich drauf zu denken,
Meine Liebesstreiche einzuschränken,
Und gab sowohl bei Tag, als bei Nacht,
Auf meine Schritte und Tritte Acht.

36. Ward nun gleich dadurch meine Neigung gehindert,
So ward sie doch mehr vermehrt als vermindert,
Denn eine stark verbotene Frucht
Wird nur desto emsiger gesucht,

37. Und je größer Hinderniß, je mehr Verlangen.
   So ist es auch mit meiner Neigung gegangen,
   Denn ich suchte jeder Zeit
   Sie zu befriedigen Gelegenheit.

38. Des Nachts ließ ich oft durch mein Fenster
   Manche mit Fleisch und Bein versehene Ge-
   spenster,
   Die dann meistens die halbe Nacht
   Bis am Morgen bei mir zugebracht.

39. Auch konnte ich mir die Zeit vertreiben
   Mit manchem erhaltenen Liebesschreiben
   Von so herzbrechendem Inhalt, als man
   In jedem Romane lesen kann.

40. Ich ging grade im zwanzigsten Jahre,
   Als ich einstens auf einem Balle ware;
   Da ward ich mit einem Herren bekannt,
   Herr Baron von Hogier genannt — —

41. Hier fiel ihr Hieronimus ins Wort plötzlich:
   „Herr von Hogier? — — das ist entsetzlich!
   „Sein Name sowohl, als sein eigentlicher
   Stand
   „Ist mir, mein Seele! nicht unbekannt;

42. „Herr von Hogier war ein Bärenhäuter!"
   Ja, das war er, sprach Amalia weiter,
   Und Sie sollen, lieber Hieronimus! sehn,
   Was zwischen mir und ihm ist geschehn.

43. Herr von Hogier hat mir dazumalen
Von Person und Wesen höchlich gefallen,
Denn sein reiches Kleid und große Perück
Nahm mich schon ein, im Augenblick.

44. Er that mir höchst verliebte Anträge
Und mir gefielen seine Vorschläge,
Um desto mehr, da er hoch und theuer schwur:
Ich sey seine einzige Göttin nur.

45. Auch sprach er viel von seinen Gütern und
Vermögen,
Welche im Lande Sachsen wären gelegen,
Ob er gleich bishero nur so
Reisete durch die Welt inkognito.

46. Er that mir auch deutlich proponiren,
Er wolle mich gerne von Hause entführen,
Ich möchte nur mit vielen Juwelen und
Geld mich versehen auf die bestimmte Stund.

47. Als mich nun Nachts nichts verhindert,
Hab ich zu Hause Kisten und Kasten geplündert;
Steckte, was ich da bekam, zu mir
Und entfloh mit dem Herrn von Hogier.

48. Wir eilten, bis wir uns endlich befanden
Fast an den äußersten Gränzen der schwäbischen
Landen,
Und haben in den ersten vier Tagen fast
Keine zwölf Stunden ausgerast't.

49. Was wohl die Eltern gedacht, als sie gefunden
 Ihre Kasten leer und die Tochter verschwunden,
 Und wie sie geweinet, geflucht und geschmählt,
 Das bleibt an seinen Ort gestellt.

50. Als wir endlich in X. angekommen,
 So haben wir uns einmal vorgenommen,
 Einige Tage da auszuruhn
 Und uns etwas zu Gute zu thun.

51. Wir blieben da also ruhig liegen,
 Lebten in Wonne und Vergnügen,
 Und der Herr Baron von Hogier
 Stellte sich zärtlich gegen mir.

52. Ich hielte mich nun in meinem Sinne
 Glücklicher als eine Prinzessinne,
 Und gedachte an nichts als Freud,
 Lust, Liebe und Ergötzlichkeit.

53. Doch war nunmehro mein Unglück nahe;
 Denn ehe ich es mir versahe,
 Hat sich einst heimlich in der Nacht
 Herr von Hogier, per Post, davon gemacht.

54. Auch mein Geld, lieber Hieronimus! denk Er!
 Nebst meinen Juwelen waren zum Henker,
 Auch alle Kostbarkeiten allzumal,
 Welche ich vorher meinen Eltern stahl.

55. Nun sah ich alsobald offenbare,
 Daß Herr von Hogier ein Spitzbube ware,
 Und daß es nicht allzurichtig stand
 Mit seinen Gütern im Sachsenland.

56. Es ist also leichtlich zu gedenken,
Wie sehr mich diese Sache mußte kränken,
Denn ich hätte von dem Herrn von Hogier
Nie eingebildet den Streich mir.

57. Einsam nunmehr und von allen verlassen,
Konnte ich vor Betrübniß mich kaum fassen,
Und ich wußte nicht, wohin und woher
Für mich eine sichere Zuflucht wär.

58. Wieder nach meinen Eltern zu gehen,
Das durfte unmögelich geschehen;
Denn es wäre da sicherlich
Gar nicht gut gegangen für mich.

59. Indessen waren zu allem Gelücke,
Noch vier und zwanzig Dukaten zurücke,
Welche ich mit aller Vorsichtigkeit
Genäht hatte in mein Unterkleid.

60. Diese übrige vier und zwanzig Dukaten
Kamen mir diesmal recht gut zu Statten,
Denn sie waren nun, um und um,
Mein ganzes Vermögen und Reichthum.

61. Ich wollte nun nicht länger verweilen
Dem Herren von Hogier nachzueilen,
Sondern jug gleich am selbigen Tag
Ihm ebenfalls mit der Post nach.

62. Denn ich hatte im Posthause vernommen,
Daß er da Extrapost bekommen,
Und daß er also im Schwabenland
Sich noch vermuthlich reisend befand.

63. Hätte ich ihn unterweges attrapiret,

64.

65.

66.

67.

68.

„Und meines melancholischen Schlummers,
„Den ich endlich bei Ihnen vergaß,
„Als ich damals auf dem Postwagen saß.

69. „Auch war Herr von Hogier einer der beiden
„Angetroffenen verkleideten Kaufleuten,
„Welche im Wirthshause hernachmal'n,
„Mir den Beutel mit dem Gelde stahl'n

70.
  „Als ich jenen Herrn mit der Dame gerettet,
  „War wahrlich, von Person und Gesicht,

71.
  „Der Spitzbube ist nicht mehr am Leben,
  „Und ich habe uns also mit Recht

72. Amalie versetzte: diese Geschichten,
  Welche Sie, mein Lieber! mir da berichten,
    Sind wahrhaftig recht sehr kurios,
    Und meine Verwunderung drob ist groß!

73. Das Sprüchwort: was auch gar klein ge-
      sponnen,
    Kommt doch endlich an die Sonnen,
      Trifft auch gewiß hier haarklein
      Bei dem Schurken von Hogier ein.

74. Doch, um im Erzählen fortzufahren,
    Als wir damalen getrennet waren,
      Setzte ich wegen der Sackuhr
      Meinen Weg fort, doch zu Fuß nur.

75. Gleich drauf mußte es sich zutragen,
    Daß ein alter Herr mit seinem Wagen
      Grade auch diese Straße kam,
      Und er mich, da gehend, wahrnahm.

76. Er nöthigte mich durch sein freundlich Bezeigen,
    In seinen Wagen bei ihm einzusteigen;
      Und weil ihm meine Person gefiel,
      Gab er mir der guten Worte viel:

77. Immer bei ihm als Kammerjungfer zu bleiben
Und ihm die Zeit angenehm zu vertreiben;
Denn er wäre mit Leib und Seel
Unbeweibt und noch Junggesell.

78. Nun ware es eines Theils gefährlich,
Andern Theils, wie ich itzt dachte, auch thörlich
Gehandelt und gethan von mir,
Ferner zu suchen den Herrn von Hogier.

79. Was mir der alte Herr angetragen,
Wollte ich also nicht ausschlagen,
Obgleich sein Alter und graues Haar
Mir so recht nicht anständig war.

80. Ich bin also bei ihm geblieben,
Habe ihm die Zeit gut vertrieben,
Und ich betrug mich gegen ihn,
Als wäre ich seine Gemahlin.

81. Er hat mich deswegen hochgehalten,
Ließ mich im Hause schalten und walten,
Und über Gesinde, Mägde und Knecht',
Hatte ich zu befehlen ein Recht.

82. Ich durchsah Stuben, Küche und Keller,
Scheunen, Kammern, Boden und Söller,
Besorgte die Wäsche, Tische und Bett
Und was sonst noch vorfallen thät.

83. Von allen Kasten hatte ich die Schlüssel;
Jedes Geschirre bis zur kleinsten Schüssel,
Sogar Silbergeräthe und Leinewand,
Stunde alles unter meiner Hand.

84. Auch von manchem Abend bis zum Morgen
Trug ich für den alten Herrn alle Sorgen
Und beruhigte ihn, wenn er allerhand
Gewisse geheime Bedürfnisse empfand.

85. Denn der gute alte Herre thate
Nicht das mindeste ohne meinen Rathe,
Und nichts geschahe überall
Ohne meinen gegebenen Beifall.

86. Ich bekam, wie leicht zu gedenken,
Von ihm viel ansehnliche Geschenken,
Stahl auch überdieß von Zeit zu Zeit
Noch heimlich manche Kleinigkeit.

87. Obs nun gleich äußerlich an nichts fehlte,
So war doch noch etwas, welches mich quälte,
Und mir fiele deswegen im Anfang
Bei dem alten Herren die Zeit lang.

88. Zwar in der Folge war der Hausschreiber
Zuweilen wohl mein Zeitvertreiber,
Doch weil er sich meist kränklich befand,
So war sein Umgang nicht interessant.

89. Es gereichte mir also zum wahren Vergnügen,
Nach seinem Tode einen neuen Hausschreiber zu
kriegen,
Und Sie, mein Lieber! waren just der
Damals neu angesetzte Sekretär.

90. Sie gefielen mir gleich, da ich Sie gesehen,
Ich muß es Ihnen offenherzig gestehen,
Und dieses war dann die Ursach,
Warum ich für Sie so kräftig sprach.

91. Uebrigens ist Ihnen von den Dingen allen,
    Welche damals unter uns vorgefallen,
     Bis er Sie Nachts einst bei mir fand,
     Lieber Hieronimus! nichts unbekannt.

92. Als er Sie damals dimittiret,
    Hat mich Ihr Abschied sehr gerühret,
     Er fuhr aber noch desto mehr
     Ueber mich mit Verweisen her.

93. Fast hätte ich ebenfalls müssen reisen,
    So zornig that er sich beweisen,
     Und gewiß mit sehr vieler Müh
     Befriedigte ich ihn mit Karessen noch hie.

94. Indessen war doch seit diesen Stunden
    Seine Neigung zu mir sehr verschwunden,
     Weil eine junge neue Küchenmagd
     Ihm besser als meine Person behagt.

95. Um nun meinen Kummer und Melancholeyen
    Wegen Ihrer Abwesenheit zu zerstreuen,
     Lebte ich nachhero etwas frei
     Mit des alten Herren Lakei.

96. Als er aber unsre Vertraulichkeit gesehen,
    Da half mir kein weiter Bitten noch Flehen,
     Sondern ich mußte alsofort,
     Mit Sack und Pack, wandern von dort.

97. Da ich nun mit Geld ziemlich versehen,
    Entschloß ich mich so lange durch die Welt zu
         gehen,
     Bis eine neue Gelegenheit sich
     Zeigte zum künft'gen Unterhalt für mich.

98. Auf meiner Reise durch diese Lande
Stieß ich auf eine Schauspielerbande,
Und auf meine Bitte nahm man
Mich als eine neue Attrice an.

99. Schon hab ich mich bei ihnen solchergestalten
Einige Monate lang aufgehalten,
Und gespielet sehr gut und wohl
Jede mir aufgegebene Roll.

100. Uebrigens ist's mir eine große Freude,
Daß uns das Schicksal nunmehr beide
Wieder hat so gesund und vergnügt
Zum drittenmale beisammengefügt.

Drei und dreißigstes Kapitel.

Wie Hieronimus Luft bekam, ein Schauspieler
zu werden, und wie er dazu von der Jungfrau
Amalia überredet ward.

———————

1. Hieronimus hat die in vorigen hundert
   Versen erzählte Geschichte sehr bewundert,
       Und vergaß, in seinem jetzigen Zustand,
       Den Herrn Patron und das Baierland.

2. Er that vielmehr von nun an den Schluß fassen,
   Amalien niemals wieder zu verlassen,
       Und nahm sich desfalls vor zur Hand,
       Auch zu werden ein Komödiant.

3. Als dieses Amalia gemerket,
   Hat sie ihn in seinem Vorsatze gestärket,
       Und rühmte drauf diesen Stand hoch
       In dem folgenden Apolog:

4. Ich weiß es aus sehr vielen Proben,
   Daß der Schauspielerstand höchlich zu loben
       Vor einem jeglichen andern Stand
       Der da ist in der Welt bekannt.

5. Denn man sieht darin deutlich und eben,
   Wie es in dem ganzen menschlichen Leben
       Bald sehr böse und bald sehr schön,
       Unter einander pflegt herzugehn.

6. Bald gibts gar luftige Komödien,
 Bald aber jammervolle Tragödien,
  Bald lachet man, tanzet und fingt,
  Bald greint man, feufzet und hinkt.

7. Bald fieht man recht komifche Poffen,
 Bald werden Thränen und Blut vergoffen,
  Bald ift man dürftig, bald ift man reich,
  Bald jung und roth, bald todt und bleich.

8. Bald ift man Bauer, bald ift man Kaifer,
 Bald ift man ein Narre, bald ein Weifer,
  Bald ift man vornehm, bald ift man arm,
  Bald ift man kalt und bald wieder warm.

9. Bald General, bald ein Gemeiner,
 Bald ein Kapuziner, bald ein Zigeuner,
  Bald ein Bettler, bald ein Baron,
  Bald ein Büttel, bald ein Herr von.

10. Bald Renomift, bald ein Stutzer,
 Bald Kammerherr, bald Schuhputzer,
  Bald Paffagier, bald ein Wirth,
  Bald ein Abbe, bald ein Kühhirt.

11. Bald ein Pfarrer, bald ein Küfter,
 Bald ein Dummkopf, bald Polyhifter,
  Bald Monarch, bald Unterthan,
  Bald Scharfrichter, bald Amtmann.

12. Bei dergleichen Abwechfelungen
 Hat man immer neue Vergnügungen,
  Und es wird der Lauf der Welt
  Gar artig dadurch fürgeftellt.

13. Wenn wir die aufgetragenen Rollen
   Nur klug und vernünftig spielen wollen,
      So lohnt ein Klatschen der Händ'
      Unsre Aktionen am End'.

14. Hingegen wenn wir irgendwo gefehlet,
   Dann wird die Haut uns voll geschmälet,
      Und alle Zuschauer im Schauspielhaus
      Lachen, zischen und pfeifen uns aus.

15. Der Stand, liebe Amalia! den Sie da zeichnen,
   Ist angenehm, ich kann es nicht läugnen,
      Antwortete darauf mit einem Kuß
      Der neue Schauspieler Hieronimus.

16. Er ward nun dem Direktor präsentiret
   Und ihm von Amalia rekommendiret,
      Der nahm denn des folgenden Tages drauf
      Ihn unter die spielende Gesellschaft auf.

●—●≫●≪●—●

Vier und dreißigstes Kapitel.

Wie Hieronimus ein wirklicher Schauspieler ward
und wie ihm Jungfrau Amalia untreu ward und
mit einem reichen Herren davon ging, und wie er
auch in Desperation von hinnen ging.

———◦◦———

1. Geneigter Leser! jetzt will ich dir sagen,
   Wie sich Hieronimus im Spielen betragen,
   Nachdem ihn der Direktor examinirt
   Und seine Fähigkeit probirt.

2. Tartüffische Schurken, verdorbene Priester,
   Trunkene Studenten, lächerliche Küster,
   Bange Poltrons, verliebte Schreiber
   Und dergleichen ähnliche Rollen mehr

3. Spielte er alle sehr manierlich,
   Denn ihre Rollen waren ihm natürlich,
   Und er bekam darin jedesmal
   Der Zuhörer lauten Beifall.

4. Auch wenn er den Schulmeister hatte,
   Oder als Autor auf die Bühne trate,
   So sah man ihm auch dann und wann
   Den Schulmeister und Autor leibhaftig an.

5. Hingegen war im ernsthaften Philosophen
   Für ihn nicht der mindeste Beifall zu hoffen,
   Auch im zärtlichen Schäferspiel
   Leistete Hieronimus gar nicht viel.

6. Imgleichen spielte er sehr ungeschicklich
Den vornehmen Herrn und war unglücklich,
So oft er etwas Vernünft'ges bekam,
Oder eine sehr lange Rolle nahm.

7. Hieronimi jetzige Tage verflossen
Indessen in Vergnügen und unverdrossen
Im Arm seiner schönen Schauspielerin,
Im Arm seiner lieben Amalie hin.

8. Er hätte, von der Liebe gleichsam berauschet,
Mit keinem Könige nunmehro getauschet,
Und alle sein Trübsal und Elend
Schien nun gekommen zu seyn zum End.

9. Aber leider! ist, wie's Sprichwort heisset,
Nicht alles Gold und Silber, was gleisset,
Und das unbeständige Glück
Zeiget oft unvermuthete Tück.

10. So erfuhr auch Hieronimus in folgenden Zeiten
Bald des Glückes Veränderlichkeiten,
Denn, da er's am wenigsten geglaubt,
Ward ihm sein größtes Vergnügen geraubt.

11 Und es hat sich mit ihm begeben
Der schmerzlichste Vorfall in seinem Leben,
Denn es wurde ihm untreu
Seine geliebteste Amalei.

12. Nämlich: es traf sich von ohngefähre,
Daß ein junger, vornehmer, reicher Herre,
Einstmals in der Komödia
Die schöne Amalia spielen sah.

11 *

13. Gleichwie es nun überall Narren giebet,
    So hat auch er sich in sie verliebet,
     Und Amalia ware so klug,
     Daß sie seinen Antrag nicht ausschlug.

14. In ihrer Geschichte können wir es lesen,
    Daß sie ohnehin sehr geneigt gewesen,
     (Sie war ja eine Frauensperson)
     Zur oftmaligen Variation.

15. Der reiche Herr that sie oft besuchen,
    Hieronimus fing drob an zu fluchen,
     Und hat theils geweint, theils gedroht,
     Und wünschte sich in der Verzweiflung den Tod.

16. Dadurch ward er aber nur täglich
    Bei Amalien mehr verhaßt und unerträglich,
     Und sie sagte ihm bald darauf
     Ihre Liebe formaliter auf.

17. Da er nun ihren Entschluß vernahm, so hat er
    Abschied bald genommen vom Theater,
     Und er ging in äußerster Desperation
     Wenige Tage nachhero davon.

18. Was indessen Amalia thut anlangen,
    So ist selbige mit dem Herren davon gegangen,
     Und soll bei demselbigen zwei Jahre hernach
     Gestorben seyn, als sie im Wochenbette lag.

Fünf und dreißigstes Kapitel.

Wie Hieronimus nach seiner Heimath gen Schild=
burg gereiset ist und wie er da allerlei Verän=
derungen fand.

───●●───

1. Es befande sich nun auf diese Weise
   Hieronimus abermals auf der Reise,
      Doch war er gereist kein einziges mal
      So mißvergnügt als im gegenwärtigen Fall.

2. Amaliens nie vermuthete Untreue
   Ware seinen Gedanken stündlich neue,
      Und er hätte aus Verzweifelung
      Fast gewagt einen gefährlichen Sprung.

3. Zwar wäre in seinem betrübten Zustande
   Für ihn beim Herrn Patron im Baierlande
      Die beste Zuflucht gewesen wohl,
      Wenn ich mein Gutachten sagen soll.

4. Aber einer, der mit Betrübniß besessen,
   Pfleget oftermal sich zu vergessen,
      Und ist gemeinlich zu solcher Zeit
      Mehrmals ein Thor und nicht gescheut.

5. Also statt sich anders hin zu wenden
   In seinen gegenwärtigen Umständen,
      Stellte Hieronimus seinen Sinn
      Nach seinem Geburtsorte Schildburg hin.

6. Weil ihm nun eben keine Hindernissen
Auf der Heimreise sonderlich aufstießen,
So ist er, dem Himmel sey gedankt!
Wohlbehalten endlich da angelangt.

7. Hier hat er bei seiner Ankunft gesehen,
Daß große Veränderungen waren geschehen
In manchen Sachen, während der Zeit
Seiner so langen Abwesenheit.

8. Seine Mutter war zwar noch am Leben,
Aber ihre äußerliche Umstände standen eben
Nicht allzuwohl, sondern jämmerlich
Und sie ernährte sich kümmerlich.

9. Einer seiner Brüder war gegangen
Den Weg alles Fleisches, einer hat angefangen
Einen kleinen Nürnberger Kram,
Wovon er seinen Unterhalt nahm.

10. Der älteste Bruder lebte im Eheftande
Mit dem häßlichsten Weibe im ganzen Lande,
Doch machte das Geld, welches sie besaß,
Daß er ihre Häßlichkeit vergaß.

11. Seine älteste Schwester hatte
Den Küster Loci zum Ehegatte,
Und dieselbe lebte ziem=
lich vergnüget und wohl mit ihm.

12. Die Schwester Gertrud hatte ein Kind vom
Prokrater
Geier, welcher, als er worden war Vater,
Sich davon hatte gemacht geschwind
Und die Braut verlassen sammt dem Kind.

13. Sie suchte sich so gut als möglich zu ernähren,
    Hatte vielen Umgang und Verkehren
      Mit jungen Leuten von reichem Stand,
      Bei welchen sie ihren Unterhalt fand.

14. Eine andere Schwester war bei einem alten

      In Friede und guter Einigkeit.

15.

                                                .

16.

      Weil es sehr lange hatte gewährt,
      Eh sie von ihm gesehn oder gehört:

17. So wollte es sich doch für ihn nicht fügen,
    Als ein Faullenzer müßig da zu liegen,
      Man ware also darauf bedacht,
      Daß er irgend würde untergebracht.

Sechs und dreißigstes Kapitel.

Wie Hieronimus Nachtwächter ward in Schildburg,
und wie seiner Mutter Traum und Frau Urgalindinens Weissagung erfüllet ward.

1. Nun ware gerade in biesen Tagen
   Der Nachtwächter in Schildburg zu Grabe getragen
   Und seine Bedienung ware bisher
   Noch unbesetzet, vakant und leer.

2. Da nun in allen gutgeordneten Staaten
   Man ben Nachtwächter nicht kann entrathen,
   So ward von ben Bürgern deliberirt,
   Damit ein andrer würde ordinirt.

3. Nun fanden sich zwar fähige Subjekte,
Denen der entledigte Dienst wohl schmeckte,
Doch wegen der Stimme starkem Ton
Nahm man auf Hieronimus Reflexion.

4. Zwar machten Anfangs einige Personen
Dagegen Einwürfe und Objektionen,
Als wenn Hieronimus eben nicht sehr
Zu dieser Bedienung geschicklich wär.

5. Denn weil man ihm die Nachrede machte,
Daß er lieber schliefe als wachte;
So wäre infolglich auf diese Art
Das Städtlein nicht gehörig bewahrt.

6. Indessen ward er doch bald einhellig
Von der ganzen Bürgerei, förmlich und völlig,
So daß am Berufe nichts gefehlt,
Zum neuen Nachtwächter erwählt.

7. Jedoch mußte er sich vorhero bequemen
Des vorigen Wächters Wittwe zur Frau zu nehmen,
Denn der verstorbene selige Mann
Nahm sich gar treulich des Städtleins an.

8. Um also seine Treue zu vergelten
An der hochbetrübten Wittwe, so stellten
Die Bürger die Heirath ihrer Person
Als eine Condition sine qua non.

9. Weil sie nun erst war dreißig Jahre
Und ihre Person nicht häßlich ware,
So nahm Hieronimus den Vorschlag an
Und wurde also ihr Ehemann.

10 Es wurden nunmehro Alten und Jungen
  Die Stunden der Nacht wieder vorgesungen,
    Denn der neue Wächter Hieronimus
    Nahme das Horn vor's Maul und bluß.

11. Und so oft er die Glocke hörte schlagen,
  Hub er an folgendes zu sagen:
    „Höret ihr Herren in der Still,
    „Was ich euch singen und sagen will:

12. „Die Kirchglocke hat so eben
  „Eilf, zwölf, ein, zwei, drei Schläge gegeben,
    „Bewahret, wenn ich euch rathen soll,
    „Das Feuer, das Licht und eure Töchter wohl;

13. „Damit sich niemand etwa verbrenne,
  „Oder sonst Schaden entstehen könne,
    „Und seyd sehr wohl auf eurer Hut,
    „Hut, Hut, Hut, Hut, Hut thut gut.„

14. Er hat sich übrigens stets aufgeführet,
  Wie's einem frommen Nachtwächter gebühret,
    Er schlief am Tage desto mehr,
    Damit er des Nachts sein wachsam wär.

15. In aller Zeit, da er gewacht und gesungen,
  Ist es keinmal einem Diebe gelungen,
    Daß in Schildburg eine Räuberei
    Irgendwo nächtlich geschehen sey.

16. Und jeder Bürger, wenn er noch so hart schliefe,
  Erwachte, wenn Hieronimus bließ oder riefe,
    Und seines Horns und Halses Schall
    Hörte man im Städtlein überall.

17. So hat sich denn alles kurios gereimet,
    Mit dem, was Frau Jobs Kapitel zwei geträumet,
    Und alles trafe nun haarklein,
    Bei dem Nachtwächter Hieronimus ein.

18. Auch von dem, was Urgalindine gesaget,
    Als man sie um das Schicksal des Knaben gefraget,
    Nach den Gründen der Chiromantia,
    Ware nunmehro die Erfüllung da.

19. Man konnte, nach nun vollendeten Sachen,
    Von allem diesem die beste Deutung machen,
    ˙ Wie's dann mit Prophezeihungen überhaupt
                                      geht,
    Daß man selbige hernach erst versteht.

20. Was indessen Frau Schnepperle gesprochen,
    Als Frau Jobs war mit dem Kind in den Wochen,
    (Wie Kapitel drei zu ersehn)
    Das ist vor diesesmal nicht geschehn.

21. Aus demjenigen, was wir nunmehro wissen,
    Lässet sich gegen Frau Schnepperle schließen,
    Daß sie in der Kunst der Physionomei
    Nicht genug erfahren gewesen sey.

Sieben und dreißigstes Kapitel.

Wie Hieronimus einen Besuch bekam von Freund
Hein, der ihn zur Ruhe brachte. Ein Kapitel,
so gut als eine Leichenrede.

1. Es ist gewesen schon sehr lange,
   Wie uns Gelehrten bewußt ist, im Gange,
   Ein gar kluges Sprichwort, es hat's
   Der alte Kirchenvater Horaz:

2. Sowohl gegen die Palläste der Großen,
   Als gegen die Hütten der Armen pflegt
   zu stoßen
   Der überall bekannte Freund Hein
   Mit seinem dürren Knochenbein.

3. Das will eigentlich nach dem Grundtext sagen:
Alles, was da lebt, wird zu Grabe getragen,
   Sowohl der Monarch, als der Unterthan,
   Sowohl der reiche als der arme Mann.

4. Sintemal Freund Hein pflegt unter beiden
Nicht das mindeste zu unterscheiden,
   Sondern er nimmt alles, weit und breit,
   Mit der strengsten Unparteilichkeit.

5. Und er pflegt immer schlau zu lauern
Sowohl auf den Kavalier, als auf den Bauern,
   Auf den Bettler und Großsultan,
   Auf den Schneider und Tartarchan.

6. Und er geht mit der scharfen Sensen
Zu Lakaien und Excellenzen,
   Zu der gnädigen Frau und der Viehmagd
   Ohne Distinktion auf die Jagd.

7. Es gilt ihm gar kein Verschonen,
Er achtet weder Knotenperücken noch Kronen,
   Weder Doktorhut noch Hirschgeweih,
   Zierrathen der Köpfe mancherlei.

8. Er hat bei der Hand tausend und mehr Sachen,
Welche ein End mit uns können machen;
   Bald gibt ein Eisen, bald die Pest,
   Bald eine Weinbeere uns den Rest.

9. Bald eine Krankheit, bald plötzlicher Schrecken,
Bald Arzeneien aus den Apotheken,
   Bald Gift, bald Freude, bald Aergerniß,
   Bald Liebe, bald ein toller Hundsbiß.

10. Bald ein Prozeß, bald eine blaue Bohne,
Bald eine böse Frau, bald eine Kanone,
   Bald ein Strick, bald sonstige Gefahr,
   Wofür uns alle der Himmel bewahr.

11. Da helfen, um sich zu befreien,
    Nicht d'Arçons schwimmende Battereien;
        Denn Freund Hein, der hungrige Schelm,
        Fürchtet weder Festung, Schild, Degen noch Helm.

12. Der Kommandant in den sieben Thürnen,
    Der Großvizier zwischen hundert Dirnen,
        So wie Diogenes in seinem Faß
        Waren alle für ihn ein Fraß.

13. So ist es von jeher gehört und gewesen,
    Wie wir in den Geschichtbüchern können lesen:
        Jakob Böhme und Aristoteles,
        Klaus Narre und Demosthenes,

14. Der ungestalte Aesop und die schöne
    Weltberühmte griechische Helene,
        Der arme Job und König Salomon
        Mußten endlich alle davon.

15. Kaiser Max und Jobs der Senater,
    Virgil und Hans Sachs mein Aeltervater,
        Der kleine David und große Goliath
        Starben alle, theils früh, theils spat.

16. Niklas Klimm und Markus Aurelius,
    Kato und Eulenspiegelius,
        Ritter Simson und Don Quixot,
        Sind leider nicht mehr, sondern todt.

17. Auch Kartouche und König Alexander,
    Einer nicht ein Haar besser als der ander',
        Held Bramarbas und Hannibal,
        Sie starben alle Knall und Fall.

18. Auch August, der Held Polens,
    Und Karl der Zwölfte mußten volens nolens,
        So wie der Perser Schach Kulikan,
        Und der große Czaar Peter dran.

19. Item, Xerxes mit seinem ganzen Heere,
Potiphar mit seiner Hausehre,
Und der einäugige Polyphem,
Und der alte Methusalem.

20. Alle, alle mußten in die schwarze Bahre,
Kalvin und der Pater von Sankt Klare,
Auch der Patriarch Abraham,
Und Erasmus von Rotterdam.

21. Auch Müller Arnold und die Advokaten
In den weitläufigen preußischen Staaten,
Tribonian und Notar April,
Der zu Regensburg von der Treppe fiel,

22. Alles, alles sank vor seiner Sichel,
Hippokrates Magnus und Schuppachs Michel,
Galenus und Doktor Menadie
Mit der Salernitan'schen Akademie;

23. Keiner konnte seiner Faust entfliehen,
Nicht Nostradamus und Superintendent Ziehen.
Mit Doktor Faust und Träumer Schwedenburg
Ging er ohne Umstände durch.

24. Orpheus den großen Musikanten,
Molieres den Komödianten,
Und den berühmten Maler Apell,
Nahm Freund Hein sämmtlich beim Fell.

25. Auch den Midas mit den langen Ohren,
Den Dichter Homerus blind geboren,
Den lahmen Tamerlan und Tänzer Vestris;
Kein einz'ger von allen entsprang ihm hie.

26. Ach ja, lieber Leser! dies Furchtgerippe
Fraß die Penelope, Xantippe,
Judith, Dido, Lukretia
Und die Königin aus dem Reiche Arabia.

27. Den lachenden Demokrit und den Murrkopf Timon
 Gaukler Schröpfer und den Zauberer Simon,
  Den Sokrates und jungen Werther, fürwahr
  Jenen als Weisen, diesen als Narr.

28. Selbst Bucephales und Rossinanten,
 Und Abulabas den Elephanten,
  Roß Bayard und Bileams Eselin.
  Nahm Freund Hein zum Morgenbrod hin.

29. Summa Summarum, weder vorn noch hinten
 Ist in den Chroniken ein Exempel zu finden,
  Daß Freund Hein etwa irgendwo leer
  Bei jemand vorübergegangen wär.

30. Und was er übrigens noch nicht gefressen,
 Wird er doch in der Folge nicht vergessen,
  Sogar, leider! lieber Leser, auch dich,
  Und was das schlimmste ist, sogar mich.

31. So ward es nun auch gleichergestalten
 Mit dem Nachtwächter Hieronimus gehalten,
  Denn auch bei ihm stellte Freund Hein
  Sich nach vierzig Jahr und drei Wochen ein.

32. Er bekam nämlich ein hitziges Fieber,
 Das wäre wohl nun bald gegangen über,
  Wenn man's seiner guten Natur
  Hätte wollen überlassen nur;

33. Jedoch ein berühmter Doktor im Kuriren
 Brachte ihn durch seine Lebenselixiren,
  Nach der besten Methode gar schön
  An den Ort, dahin wir alle einst gehn.

34. Als man ihn nun zu Grabe getragen,
 Führten die Schildburger große Klagen,
  Denn seit undenklichen Zeiten her
  War kein so berühmter Nachtwächter als er.

Herr Hieronimus Jobs,

ehemals verstorbener Nachtwächter zu Schildburg,
jetzt wohlverdienter Pfarrer zu Ohnewitz.

Leben, Meinungen und Thaten

von

Hieronimus Jobs,

weiland

Kandidaten,

der zwar als Nachtwächter zu Schildburg starb,

doch enblich

die Ohnwitzer Pfarre erwarb.

―――――――――

Ebenfalls so gut es konnte geschehen,
Durchgehends mit Holzschnitten versehen,
Zum Theil neu und zum Theil alt,
Sauber gemacht und wohlgestalt.

―――――――――

Zweiter Theil.

Inhalt.

———— o o ————

Erstes Kapitel.
Wie der Autor sich und die Leser zum zweiten Theile prä=
parirt mit Komplimenten und et cetera's. Als eine Vor=
rede anzusehen.

Zweites Kapitel.
Wie der zweite Theil des Lebens von Hieronimus Jobs
sich mit seinem Leichenbegängnisse anhebt.

Drittes Kapitel.
Worin die Frau Nachtwächterin Jobs plötzlich stirbt, aber
Hieronimus selbst sich wohlbefindet.

Viertes Kapitel.
Allerlei Bewegungen und Reden, welche nach diesen Be=
gebnissen entstanden, und von der Verordnung, welche der
Magistrat herausgab: Niemanden zu begraben, als wenn
er todt sey, bei 14 Goldgulden Brüchte, zum Behuf der
Kämmerei.

Fünftes Kapitel.
Wie diese Wundergeschichte vom Magistrat protocollirt
ward; item gelehrte Nachricht von der Schildburgischen
Chronik.

Sechstes Kapitel.
Beschreibet die Verdienste des Herrn Schnellers.

Siebentes Kapitel.
Wie Hieronimus Verdrüßlichkeiten bekam, wegen seines
Auflebens, mit dem Todtengräber und seinem Amtssuccessor.

Achtes Kapitel.
Charakter und Porträt der Herren Advokaten Schluck
und Schlauch.

Neuntes Kapitel.

Wie der Jobsische Prozeß geführet ward. Ein Kapitel, welches man überschlagen kann, weil es nur den gewöhnlichen Weg Rechtens enthält.

Zehntes Kapitel.

Enthält finalem Sententiam in Causa des Tobtengräbers zu Schilbburg, qua Klägers eines Theils; contra und gegen den weiland tobtgewesenen und nun wieder lebendigen Nachtwächter Hieronimus Jobs, qua Beklagten andern Theils; worin abseiten des letztern succumbirt wird, cum omnibus Expensis; mit Rationibus dubitandi et decidendi gehörig bekräftigt.

Ellftes Kapitel.

Lobrede auf die verstorbene Frau Jobs; sehr beweglich zu lesen.

Zwölftes Kapitel.

Wie Hieronimus der Wittwer sich sehr vernünftig betrug. Ein rares Kapitel.

Dreizehntes Kapitel.

Pot Blit! da kommt der Herr von Ohnewit.

Vierzehntes Kapitel.

Wie Hieronimus dem Herrn von Ohnewit seine Geschichte treulich erzählet, mit Uebergehung desjenigen, was ihm unerheblich dünkte.

Fünfzehntes Kapitel.

Scharfe Gerechtigkeitspflege in Ohnewit.

Sechzehntes Kapitel.

Bei welcher guten Gelegenheit Herr von Ohnewit nach Schilbburg gekommen, thut der Autor hier aufrichtig erzählen.

Siebenzehntes Kapitel.

Wie Hieronimus mit dem Herrn von Ohnewit reiset und sein Abschied von seinen Freunden in Schilbburg, item von Herrn Juder Squenz.

Achtzehntes Kapitel.

Wie Hieronimus mit dem Herrn von Ohnewitz auf der Reise ist, und was sich da zugetragen hat, weil er vernünftig befunden ward.

Neunzehntes Kapitel.

Wie Hieronimus zu Ohnewitz ankam, und wie er mit dem jungen Herrn als Hofmeister nach der Universität reiset, und so weiter.

Zwanzigstes Kapitel.

Seine diesmalige Studia und glückliche Beendigung derselben.

Ein und zwanzigstes Kapitel.

Ein braves Kapitel; enthaltend Geld und einen Brief des Hieronimi an seine Mutter.

Zwei und zwanzigstes Kapitel.

Worin länglich die Antwort der Frau Wittwe Schnaterin Jobs zu lesen, auf den Brief ihres Sohnes.

Drei und zwanzigstes Kapitel.

Wie der junge Herr mit Hieronimus die Welt besehen soll und der Schulmeister Loci einen unvorgreiflichen Reiseplan überreichen that.

Vier und zwanzigstes Kapitel.

Wie Hieronimo aufgetragen ward, zum Spaß eine Reisekarte nach dem Plan des Schulmeisters anzufertigen; welche hier im saubern Kupferstich mitgetheilt wird.

Fünf und zwanzigstes Kapitel.

Hieronimus soll Pastor werden. Item, Beschreibung seiner Pfarre.

Sechs und zwanzigstes Kapitel.

Wie Hieronimus in dem Examen gut bestund und mehr wußte, als seine Examinaters.

Sieben und zwanzigstes Kapitel.

Wie Hieronimus nun Pastor ward und für künftigen Sonntag auf seine Antrittsprebigt studirte, welche im neun und zwanzigsten Kapitel zu lesen seyn wird.

Acht und zwanzigstes Kapitel.

Unruhe der Ohnewitzer Gemeinde über die Anstellung des neuen Pastors.

Neun und zwanzigstes Kapitel.

Eintrittspredigt des neuen Herrn Pfarrers; sehr erbaulich, aber doch abgebrochen, damit der Leser nicht einschlafe.

Dreißigstes Kapitel.

Was diese Rede für Sensation machte, und die Wirkung, welche sie hervorbrachte.

Ein und dreißigstes Kapitel.

Der neue Pfarrer schreibet mit frohem Sinn seiner Mutter noch einen Brief hin.

Zwei und dreißigstes Kapitel.

Hier werden die seltenen Verdienste eines Herren Dorfpfarrers beschrieben.

Drei und dreißigstes Kapitel.

Wie sich Ehren Jobs im guten Wohlstande bis dato befindet, und wie seine Mutter starb, und wie seine Schwester ihm gut haushält.

Vier und dreißigstes Kapitel.

Zeiget kürzlich, wie sich alles weit besser hier gereimet habe, als im ersten Theil.

Fünf und dreißigstes Kapitel.

Hier folgt zum Beschluß die Moral und das Buch nimmt ein trocknes Ende.

Erstes Kapitel.

Wie der Autor sich und die Leser zum zweiten Theile präparirt mit Komplimenten und et cetera's. Als eine Vorrede anzusehen.

1. Hätte es nie können ahnen noch glauben,
   Daß mir Zeit und Umstände würden erlauben,
   Von Hieronimus Jobs einen zweiten Band
   Einem ehrsamen Publikum zu machen bekannt.

2. Denn die Herren Kritiker und Recensenten
   Machen heuer mit solchen Produkten kein' Kom-
   plimenten,
   Und verfahren überhaupt bunt und kraus,
   Wenn ein Autor gibt ein Büchlein 'raus.

3. Drum war auch mir schon bei dem ersten Gange
Schier nicht gut zu Muth, sondern herzlich bange,
Und ich zoge, so gut es konnte seyn,
Das Aushängeschild der Autorschaft ein.

4. Mochte auch eben niemanden groß flattiren,
Noch gelehrten Journalisten die Hände schmieren;
Denn ich dachte: es falle wie es fällt;
Ich schreibe incognito und behalte mein Geld;

5. Und, posito! mein Büchlein würde tüchtig ge-
peitschet,
Weil es so erbärmlich gereimet und gedeutschet;
So geht es doch, nach löblichem Brauch,
Nicht anders bessern Schriftstellern auch.

6. Indeß ist es meinem Kindlein besser ergangen,
Als ich's jemals hätt' können wünschen und ver-
langen,
Denn selbst große Leute haben oft und viel
Damit gehabt ihre Lust und ihr Spiel.

7. Ein und andrer gab ihm zwar kleine Stöße
Und hier und da etwas vor seine Blöße;
Jedoch für muthwillige Kinder klein
Muß ja billig gute Zucht und Strafe seyn.

8. Ich weiß doch, man ist so artig gewesen,
Hat meinen Hieronimus Jobs weit und breit
gelesen,
Und über den Spaß, den er gemacht,
Das Zwerchfell geschüttelt und oft gelacht.

9. Man sagt sogar, er wirkte besonder
Als ein Specificum gegen das Hypochonder,
Und wäre so gut als das beste Lauban
Bei dem, der für Sorge nicht schlafen kann.*)

10. Das will nun, wahrlich! in unsern Tagen,
Die so aufgeklärt sind, viel sagen;
Denn manches Buch in Prose und Gedicht
Hat bekanntlich so viele Verdienste nicht.

11. Ich bin dergestalt, auf vielfältiges Bitten,
Zur Ausgabe eines zweiten Theiles geschritten,
Und behalte drin die gewohnte Reimerei
Nach Hans Sachsens schöner Manier bei.

12. Es werden zwar in den Reimen manche Strophen
Auf zu wenig Füßen hinkend angetroffen;
Es sind aber auch manche Strophen wieder
dafür
Länger, und mit zu viel Füßen laufend allhier.

13. Darob macht vielleicht mancher Herr Kunstrichter
Zwar Grimassen und saure Amtsgesichter;
Ich kehr mich aber dermal wenig oder gar nicht
An ein solches ernsthaftes Kunstgesicht.

14. Es werden auch die vornehmsten Geschichten und
Dinge,
Welche ich allhier bekannt mache und besinge,
Wie gebräuchlich im saubern Holzschnitt,
Zur Anschaulichkeit getheilet mit.

---

*) Siehe den Reichsanzeiger 1797 Nr. 123 Seite 1331.

15. Ob Herr Unger in Berlin, oder wer sonst,
    sie geschnitten,
Dies zu untersuchen, will ich mich sehr verbitten;
    Ist die Arbeit nur gut, so liegt nichts dran,
    Was für ein Holzschneider sie gethan.

16. Zwar hatte ich diesen Theil schon längst geschrieben,
    Der Druck ist aber versäumet und unterblieben;
        Denn ich litte, leider! auch manchen Verdruß
        Ob des Büchleins, welches ich klagen muß.

17. Nämlich, man hat mir boshafter Weise Schuld
        gegeben,
    Als wenn ich in des Hieronimus Jobs Thaten
        und Leben
        Ueberall hätte satyrisirt,
        Oder gar personalisirt.

18. Nun kann ich aber, bei meiner Treu und Ehren!
    Jedermänniglich laut und offen erklären,
        Daß ich von persönlicher Beleidigung frei,
        Und für niemand das Büchel anstößig sey.

19. Wer sich also in Zukunft etwa würde vergessen
    Und mir absurde Absichten beimessen,
        Den erkläre ich hiemit und rund
        Für einen et cetera und bösen Leumund!!

20. Ich hoffe, der hochgeneigte Leser nimmt diese
    Ganz gehorsamste Protestation und Erküse
        Gütig auf, und so schreite ich dann
        Weiter, und fange die Geschichte an.

Zweites Kapitel.

Wie der zweite Theil des Lebens von Hieroni=
mus Jobs sich mit seinem Leichenbegängnisse
anhebt.

1. Hat man wohl je irgend gehört und gelesen,
   Daß ein Lebensbeschreiber in der Welt gewesen,
   Welcher den zweiten Theil der Lebensgeschichte
       anhebt,
   Da, wo der Held der Geschichte nicht mehr
       lebt?

2. Dennoch soll dieses, wie wir nun werden sehen,
   Von mir ohne alles Bedenken geschehen;
   Ich passire folglich in diesem Fall
   Für ein leibhaftes Schriftstelleroriginal.

3. Alles, was ich in den folgenden Jahren
   Von Hieronimus Jobs ferner gehört und erfahren,
   Das erzähl ich ohne Umstände getreu,
   Und thue davon weder etwas ab, noch bei.

4. Indessen was ich nun von ihm singe und sage,
   Geschiehet freilich nicht immer und alle Tage;
   Doch ist's auch überall nicht so bestellt
   Wie im Lande Schwaben und in der Welt.

5. Es gingen fast alle Bürger, arme und reiche,
   Mit dem wohlseligen Hieronimus in Schildburg
   zur Leiche,
   Und es schallte traurig auf's offne Grab
   Glockengeläute vom Kirchthurm herab.

6. Hinter dem geistlichen Herrn im Trauerornate
   Folgten sämmtliche Glieder vom Magistrate;
   Jeder Mann, und noch mehr jede Frau,
   Beobachtete Rang und Etikette genau.

7. Der Pfarrer schien noch während dem Marschiren
   Seinen wohlgewählten Leichtert zu studiren,
   Und Küster und Schulkinder sangen jämmerlich
   Das bekannte Lied: Herzlich thut mich ꝛc.

8. Die Reihe der Leidträger war ungewöhnlich
   Lang, und der Zug traurig und ansehnlich;
   Fast jeder weinte und manchen Flor
   Sah man flattern vom langen Ohr.

9. Denn kein Nachtwächter, seit undenklichen Zeiten,
   War so beliebt gewesen bei allen Leuten,
   Und jeder, der ihn kannte, behauptete kühn:
   Daß er gestorben, sey mordschade um ihn.

10. Der armen Wittwe ihr Leid schien am größten
Und man vermochte kaum sie zu trösten,
　　Obgleich sie noch war gesund, frisch und jung
　　Und allenfalls zur dritten Ehe gut genung.

11. So kam der Leichenzug im langsamen Trabe,
　Zum Kirchhofe bei dem schaudervollen Grabe,
　　Und man machte feierlich alsobald
　　Zur Einsenkung des Sarges die Anstalt.

12. Da hub der Pfarrer, im Peroriren nicht blöde,
Erst an zu sagen eine stattliche Leichenrede,
　　Worin er, wie Recht ist, mit großem Lob
　　Anfangs die Verdienste des Sel'gen erhob:

13. „Wie daß er in seinem ganzen Wandel und Wesen,
　„Ein getreuer Nachtwächter des Städtleins ge-
wesen
　　„Und daß er dafür im Grabe nun
　　„Nach so langem Wachen, könne friedlich
ruhn."

14. Er hatte aber noch gar nicht lange gesprochen,
Da wurde er durch ein Geräusch unterbrochen,
　　Und ehe er mit dem Exordium
　　Zu Ende kam, ward er plötzlich stumm.

15. Dies große Geräusch, Stöhnen, Pochen und
Prallen,
　That aus dem Sarge des weiland Jobs schallen;
　　Jeder stutzte und spitzte das Ohr
　　Und manches Haar sträubte sich hoch empor.

16. Himmel, was gab dies für ein Spektakel!
Alles schrie laut: Mirakel, Mirakel!
   Alt und jung, Küster und geistlicher Herr,
   Floh'n als ob Feuer hinter sie wär'.

17. Alle und jede erschreckte die Meinung:
         eine Gespenstererscheinung;
   Denn im Schwabenland war man in dem Stück

18. Da flogen im
   Trauermäntel,   ,
      Hauben

19.   seit geraumen Jahren
   In Heilkunde und Physik weidlich erfahren,
      Welcher zum Glücke dem Sarge nah stand,
      Merkte sogleich, wie die Sache bewandt.

20. Er schrie laut zu dem fliehenden Haufen,
   Man möchte nicht so erschrecken, noch weglaufen,
      Denn das Ding wäre nicht so arg.
      Er warf indessen den Deckel vom Sarg.

21. Als dieses von Herrn Schneller geschehen,
   Hat man mit großer Verwunderung gesehen,
      An Bewegung der Hände, des Leibes und
         Kopfs,
      Den wieder auflebenden Nachtwächter Jobs.

22. Dieser Vorfall ist zwar sonderbar zu hören,
   Indeß läßt er sich ganz natürlich erklären,
      Weil der gute Hieronimus zwar
      Todt schien, aber nicht eigentlich todt war

23. Jener Doktor hatte ihm auf Tod und Leben
Ein seynsollendes Lebenselyrir eingegeben,
   Welches aber, als ein starkes Opiat,
   Drei Tage lang seine Wirkung that.

24. Man hatte ihn also und dergestalten
In seinem Schlafe für wirklich todt gehalten.
   Dieses Beispiel lehrt nun jedermann,
   Wie leicht man sich am Tode irren kann.

25. Man sagt, es hätte schon andre Fälle gegeben,
Daß man ohnmächtige Menschen, bei noch leben-
   digem Leibe, aus Irrthum hab
   Zu frühzeitig gebracht in die Erde hinab.

26. In unsern Tagen ist's also 'ne rühmliche Mode,
Daß man vorsichtig ist bei der Menschen Tode,
   Und daß nun niemand mehr in die Erde sinkt,
   Bis er, salva venia, faul ist und stinkt.

27. Beiläufig füh'r ich dies jedem zu Gemüthe,
Damit man überall ein Unglück verhüte;
   Denn ein jeder ehrlicher Biedermann
   Könnte sonst mal erschrecklich laufen an.

28. Auf Herrn Schnellers Veranstaltung faßten
Nun die Träger den Sarg mit dem weiland
                Erblaßten,
   Trugen ihn geschwinde ins nächste Haus,
   Zogen die Todtenkleider ihm aus,

29. Und Herr Schneller, der rüstige Bader,
Schlug ihm darauf tüchtig eine Ader,
   Rieb Stirn und Schläfe mit Salmiak,
   Und setzte ein Klystier von Rauchtabak.

30. Der Leib ward mit warmen Tüchern frottiret,
    Die Nase mit Essig und Spirituffen geschmieret
      Und so kehrte Hieronimus zum Glück
      Bald wieder ganz in's Leben zurück.

31. Er hat sich darauf seit diesen Stunden
    Völlig gut und gesund befunden,
      Und des Herren Schnellers Arzenei
      Truge dazu augenscheinlich bei.

32. Nur behielt er noch lange eine blasse Farbe
    Und am Kopf vom Stoßen im Sarge eine Narbe,
      Wurde jedoch von solcher Zeit an
      Ein sehr vernünftiger und braver
          Mann.

33. Ob etwa die Herren Psychologen
    Die Ursach einer so günstigen Aenderung erwogen,
      Und ob davon mehr Exempel seyn,
      Dieses zu erfahren sollte mich freun.

Drittes Kapitel.

Worin die Frau Nachtwächterin Jobs plötzlich stirbt,
aber Hieronimus selbst sich wohlbefindet.

———o○———

1. Nach dem gemeinen Sprüchwort ist große Freude
Gemeiniglich gemischt oder befolgt mit Leide,
Und vom lustigen Hopsa und Fröhlichkeit
Ist Jammer, Auweh und Trauer nicht weit.

2. Dies Sprichwort hat auch, leider! bald nach diesen
Geschichten, in Hieronimi Hause als wahr sich
gewiesen,
Wo nur ein Schritt, ja nur ein Haar,
Zwischen dem Tode und Leben war.

3. Denn kaum war Hieronimus wieder auferwecket,
So ward seine Frau davon so heftig erschrecket,
Daß alles Blut im Leibe bei ihr erstarrt
Und sie plötzlich eine Leiche ward.

4. Da half weder Aderlassen noch Klystiren;
Sie blieb todt, ohne einmal sich zu rühren,
Und Herrn Schnellers erhabene Kunst
Erschöpfte sich an ihr ganz umsunst.

5. Ob etwa die schnelle Freude sie so verdorben,
Daß sie davon so geschwinde gestorben,
Dieses, sowohl als anders noch mehr,
Genau zu erörtern, gehört nicht hieher.

6. Einige haben wollen behaupten und sagen,
　Als ob Frau Jobs schon in den ersten zwei Tagen
　　Der Wittwenschaft mit einem andern sich
　　Hätte verlobt und eingelaßen ehelich;

7. Des erblaßten Gatten Auferstehung aber wäre
　Nun bei ihr gekommen in die Quere,
　　Und dieser unvermuthet große Schmerz
　　Hätte ihr gebrochen das empfindliche Herz.

8. Allein, es ist Sünde sich so zu übereilen
　Und von armen jungen Wittwen so lieblos zu
　　　　　urtheilen;
　　Das sicherste, was man davon sagen kann,
　　Ist: der Tod will eine Ursache han.

9. Sie ward nach vier Tagen zur Erde bestattet,
　Und Hieronimus, zwar noch etwas ermattet,
　　Gab doch mit aller Zärtlichkeit
　　Ihr zur Ruhestatt das Geleit,

10. Froh, daß er diesmal dem Grabe entnommen
　Und mit dieser Kleinigkeit glücklich davon ge-
　　　　　kommen;
　　Denn er dachte, beßer heißt's: Heute dir
　　Und nach Gelegenheit erst-morgen
　　　　　mir.

Viertes Kapitel.

Allerlei Bewegungen und Reden, welche nach diesen Begebnissen entstanden, und von der Verordnung, welche der Magistrat herausgab, niemand zu begraben, als wenn er todt sey; bei 14 Goldgulden Brüchte zum Behuf der Kämmerei.

———

1. Das Gerücht von dem geschehenen Abentheuer
   Verbreitete sich überall wie ein laufend Feuer,
   Und ward bald durch ganz Schwabenland
   Theils mit, theils ohne Zusatz bekannt.

2. Mancher hielt es für eine ersonnene Mähre,
   Was da in Schildburg neulich geschehen wäre,
   Und jeder nach seiner besondern Manier,
   Disputirte davon, theils w i d e r , theils f ü r.

3. Andre erzählten, daß man letzthin habe
   In Schildburg gebracht einen Mann zu Grabe,
   Welcher nunmehr in Gespenstergestalt
   Herumging und erschreckte Jung und Alt.

4. Andre haben sogar behauptet und gesprochen,
   Er habe, als Geist, seiner Wittwe den Hals
                                   gebrochen,
   Weil sie einen jungen Menschen geküßt;
   Und was des dummen Zeugs mehr ist.

5. Aber vor allen andern betrug sich
   Der Magistrat von Schildburg sehr kluglich;
   Denn sobald der erste Schrecken verschwand
   Nahm man das wichtige Geschäft zur Hand,

6. Und that in Pleno deliberiren,
   Damit nicht künftig was ähnlich's möge passiren,
   Und machte sub dato den 2ten Hornung
   Von Wort zu Wort folgende Verordnung:

7. „Sintemal und alldieweil in diesen Tagen
   „Sich der besondere Caseus zugetragen,
     „Daß man jemand beinahe mit Haut und Haar
     „Begraben hätte, der noch lebendig war;

8. „Also findet ein hochweiser Magistratus
   „Schildburgensis, daß es ein fürchterlicher Status
     „Sey, wenn man jemanden steckt ins Loch,
     „Welcher bei diesem Actu lebet noch.

9. „Dergleichen Excessen nun künftig vorzubeugen,
   „Wollen wir alle obrigkeitliche Mühe bezeigen,
     „Und geben hiemit das ernstliche Gebot:
     „Niemand zu begraben, er sey dann todt.

10. „Wer sich das Gegentheil läßt kommen zu Schulden,
    „Soll gestraft werden um 14 Goldgulden,
      „Und dieses verwirkte Strafgeld sey
      „Dann fürs Aerarium der Kämmerei.

11. „Damit es zu jedermanns Kenntniß mög gelangen,
    „Soll man dies an der Rathhausthür festhangen,
      „Imgleichen noch sonst hier und dort,
      „An den Kirchen und andern öffentlichen Ort.

12. „Auf daß jeder Bürger daſſelbe ſehe
   „Und ſich nach dem Inhalte pünktlich begehe,
   „'S findet folglich bei dieſem Plakat
   „Keine Erküſe der Unwiſſenheit ſtatt.

13. „Datum im völligen plenissimo magistratu,
   „Coram ſämmtlichen gegenwärtigen Senatu.
   „Affigatur et bublicetur
   „Et ad Prutacollum notetur.„

Fünftes Kapitel.

Wie diese Wundergeschichte vom Magistrate pro=
tokolliret ward. Item gelehrte Nachricht von der
Schildburgischen Chronik.

———◦◦———

1. Anfangs vermochte niemand es zu errathen,
   Was die Herren ohnedem noch vorhatten und
   thaten,
   Denn sie hielten nicht lange nachher
   Eine Rathsversammlung extraordinär.

2. Drin wurde der Vorfall protokolliret
   Und von Wort zu Wort geregistriret,
   Damit dereinst Kind und Kindeskind
   Dies Wunder zum ewigen Andenken fünd.

3. Nämlich, zwischen manchem von Mäusen zernag-
   ten Briefe,
   Lag wohlverwahrlich im Stadtsarchive
   Ein besonders ehrwürdiges Stück,
   Genannt Schildburger Chronik.

4. Die Dinte war vor Alter sehr erbleichet,
   Das Papier von Nässe durch und durch erweichet,
   Wobei auch der starke schweinslederne Band
   Sich wurmstichicht und gar zerlumpt befand.

5. Der Titel, welcher noch halb gut geblieben,
Zeigte, wer ehmals den Anfang davon geschrieben,
Nämlich **Meister Lolf Didrich Lax**,
Schildburger Historiograph und Scribax.

6. Von wannen und in welchem Jahr der Autor
gewesen,
Das konnt man auf'm Titel, leider! nicht mehr
lesen,
Auch Jöchers Gelehrten = Lexikon,
Welches ich nachschlug, meldet nichts davon.

7. Darf ich indeß bei dieser dunkeln Sache es wagen,
Meine unmaßgebliche Meinung zu sagen:
So lebte Meister Lolf Didrich Lax, um
S' funfzehnte, sechszehnte oder siebenzehnte
Sekulum.

8. Man wird es mir auch hoffentlich erlauben,
Vor der Hand zu behaupten und fest zu glauben,
Wegen der deutschen Schreiberei,
Daß er ein Deutscher gewesen sey.

9. Wahrscheinlich hat der, der die Chronik geschrieben,
Zugleich das löbliche Schusterhandwerk getrieben;
Denn diese rare Antiquität
War mit Pechdrath geheftet und genäht.

10. Er war übrigens ein Erzspasvogel;
Denn er führte bald vom Pabst, bald vom Groß=
mogel,
König Jan Böckels, Knipperdolling und Lips=
tullian,
Anekdoten bunt durch einander an.

11.

12.
                      eisten Stücken
  El   Chroniken,

13. Aber es war doch brin ausführlich zu
               von Anfang der Welt merk=

14. Und wie die Deutschen von Japhet abstammen,
  Und zum Theil nach dem Städtchen Schildburg
               kamen,
  Als zur babilonischen Thurmzeit

15. Auch von Nimrod, dem gewaltigen Jäger,
  Und Goliath, dem renomirten Philister und
            Schläger;
  Ferner von Abraham, Isaak und Jakob
  Und vom geduldigen Mann Hiob;

16. Die Bauzeit der ägyptischen Pyramiden;
  Nachricht von den Aruden und Druiden;
  Und mehr Dinge bald aus alter, bald neuer
         Zeit,
  Nach der Umstände und des Reims Gelegenheit;

17. Der Kinder Israels Marsch durch das rothe Meer;
Und wie Pharao drin ersoff mit seinem ganzen
Heer,
Da doch einige Zeit hernach der große Christoph
Durch eben dies Meer ging und nicht ersoff;

18. Der Juden in Aegypten erlittenes Bedrängniß;
Ihre nachherige babilonische Gefängniß;
Salomons Tempelbau, und wie nach der Hand
Jerusalem wurde vom Titus verbrannt;

19. Josua's Vertilgung der bösen Canaaniten,
Lojola's Stiftung der kreuzbraven Jesuiten,
Amerika's Entdeckung von Colon und Vesputs,
Aussprüche des weisen Griechen Solon und
Chinesen Confuts.

20. Der Hamelschen Kinder Ausgang nach Sieben-
bürgen,
Die Tödtung des Lindwurms durch Ritter Sankt
Jürgen,
Simsons bekannte lustige Fuchsjagd;
Des deutschen Hermanns große Befreiungs-
schlacht.

21. Auch von Mahomet, dem großen Lügenpropheten,
Anton von Padua dem frommen Anachoreten,
Item von den heiligen drei Königen
So wohl in Mayland als in Kölln noch jetzt
zu sehn.

22. Noch sonst viel Merkwürdiges von den Hebräern
Und von den Wundern unter den Makkabäern,
Und was sonst alles noch unbeschwert
Genau zur Schildburger Chronik gehört.

2 *

23. Daß lange die Türken und Hünen das Land besessen,
    Welche Heiden gewesen und Menschen gefressen,
      Bis der heil'ge Bonifaz rund herum
      Die Schildburger gebracht zum Christenthum;

24.
      Indem er das Land überall verheeret;
      Auch wie sein Vetter, der große Roland,

25. Auch wie zur Zeit der leidigen Kreuzzüge,
    Unter Gottfried von Bouillon, im heil'gen Kriege

      Sich mancher Kämpe beim Heer befand;

26. Wie bald darauf, vor ein paar hundert Jahren,
    Die Kirchen in Schildburg gebauet waren,
      Und wer darin, genau Jahr vor Jahr,
      Küster, Schulmeister und Pfarrer war;

27. Auch was zur Reformazionszeit passiret,
    Wie man sich da geprügelt und disputiret,
      Und wie drauf mancherlei Ketzerei
      Erreget öfters Lärm und Geschrei;

28. Auch wann das Rathhaus zu Schildburg auf-
                                  geführet
    Und man drin zum erstenmal konsultiret,
      Nebst Rechnung der gehabten Kosten bei
      Der damals geschehenen Schmauserei:

29. Wie der Ort selbst nur im Anfange
    Ein Dorf gewesen, und erst lange
      Nach Christi Geburte, erhalten da:
      Vom Fürsten Stadtsprivilegia,

30. Nebst einem Galgen für arme Sünder,
    Zum Behuf ihrer und ihrer Kinder,
       So daß man zu ewigen Zeiten dran
       Nur Schildburger Bürger hängen kann;

31. Auch sonst der lieben Bürgerschaft zum Guten
    Unverbrüchliche besondere Statuten,
       Welche durch die Länge der Zeit
       Gekommen außer Gebräuchlichkeit.

32. Es war ferner in dem Buche beschrieben,
    Was sonst in Schildburg geschehen und betrieben,
       Alles mit Tag und Datum aufgeführt,
       Und durch fremde Hände kontinuirt.

33. Zum Exempel: Blutige Balgereien,
    Bestechungen und andere Teufeleien
       Bei Rathmannswahlen; item Hagelschlag,
       Stadtsprozesse und sonstige Landplag;

34. Die Erscheinung furchtbarer Kometen
    Mit ehlenlangen Schwänzen, welche als Propheten,
       Krieg, Pest, Seuchen und theure Zeit
       Den armen Schildburgern geprophezeit;

35. Viele schreckliche Sonn- und Mondfinsternisse,
    Windstürme, Wasserfluthen und Regengüsse,
       Erdbidem, Mißwachs an Korn und Wein,
       Erzählte die Chronik umständlich und haarklein.

36. Auch waren darin keinesweges vergessen
    Alle Schildburgische Kriminalprozessen;
       Besonders wie viel Unholdinnen und Hexen man
       Nach gehöriger Wasserprobe verbrann;

37. Merkwürdige Todesfälle und Ungelücken,
   Reparirung der Kirchen, Thoren und Brücken;
      Verstorbener Betschwestern fromme Stiftung;
      Der bösen Juden Brunnenvergiftung.

38. Mißgeburten, rathhäusliche Dekreten,
   Kluge Anstalten in allgemeinen Nöthen,
      (Doch letztere eben nicht interessant)
      Machte die Chronik gleichfalls bekannt.

39. Auch Scheibenschießen und feierliche Aufzüge,
   Klagen über erlittenes Drangsal im Kriege;
      Feindliche Durchmärsche und Einquartirung,
      Kontributionen und Fouragirung;

40. Auch Nachrichten von erfolgten Feuersbrünsten,
   Und berühmten Schildburgern, und erfund'nen
         Künsten;
      (Doch von letzten war Verzeichniß und Bericht
      Weder lang, noch von sonderbarem Gewicht.)

41. So ward dann auch, wie ich oben that sagen,
   Das erwähnte Wunder in die Chronik eingetragen,
      Woselbst es jeder neugierige Mann
      Noch jetzt folgendermaßen lesen kann:

42. „Im tausend siebenhundert und drei und achtzig-
         sten Jahre
      „Starb ein Mann hieselbst und war auf der Bahre,
      „Woselbst er bis an den dritten Tag
      „Als eine leibhafte Leiche lag;

43. „Man war schon mit ihm auf dem Gottesacker,
　„Da wurde er wieder lebendig und wacker,
　„Und ward darauf völlig gesund, durch
　„Einen geschickten hiesigen Chirurg.

44. „Die klare Wahrheit dieser Begebnissen
　„Bezeugen unterzeichnete Subscripti auf Pflicht
　　　　　und Gewissen.

　　„Lippel Schnack, erster Burgermeister und
　　　　　Schenkwirth.

　　„Kunz Jack, zweiter Burgermeister und
　　　　　Schweinehirt.

45. „Görgel Peter, erster Rathsherr und Blau-
　　　　　färber.

　　„Michele Krummholz, zweiter dito und
　　　　　Gerber.

　　„Hännsle Damm, Hopfenhändler und
　　　　　Kamerar.

　　„Max Grunz, Lumpensammler und Ar-
　　　　　chivar.“

46. Nota bene! es ware hiebevoren
　　Altissimum Silentium bei allen Autoren,
　　Von dieser höchstschätzbaren Antik,
　　Der noch ungedruckten Schildburger Chronik;

47. Ich habe also bei dieser Gelegenheit geeilet
　　Und der gelehrten Welt Nachricht davon ertheilet;
　　Vielleicht macht nun künftig ein Verleger sein
　　　　　Glück
　　Mit dem Drucke der Schildburger Chronik.

Sechstes Kapitel.

Beschreibet die Verdienste des Herrn Schnellers.

———∘∘———

1. Ehe wir nun weiter zur Geschichte schreiten,
   Ist es nöthig den Leser zu bedeuten,
    Was Herr Schneller gewesen für'n Mann,
    Durch den Hieronimus dem Tode entrann.

2. Er hatte, wie gesagt, viel und große Verdienste,
   War erfahren und kannte alle Heilkünste,
    Uebte sie immer gar fleißig, und
    Machte Gesunde krank und Kranke gesund.

3. Er hatte in Straßburg die Baderkunst studiret,
   Und daselbst, qua talis cum Applausu kursiret;
    Auch manches pergament'ne Testimonium
    Mit Siegeln dran, erhöhte seinen Ruhm.

4. Er war ungemein berühmt im praktisiren,
   Durch vomiren, purgiren, klystiren,
    Skarificirn und kauterisirn,
    Akkuschirn und amputirn,

5. Saliviren, fomentiren, anatomiren,
   Pflasterschmieren, und andere iren,
    Und dieses machte ihn durch ganz Schwabenland
    Als einen Wunderdokter bekannt.

6. Keiner that sich so, wie er, auf den Puls verstehen,
   Keiner konnte, so wie er, das Wasser besehen,
   Und keiner sagte so gewiß, wie er,
   Gesundheit, oder vielmehr den Tod vorher.
7. Keiner war mit der Säge und dem Messer
   Bei chirurgischen Operationen fixer und besser,
   Und er nahm bei jedem schicklichen Umstand
   Sofort die Sektion vor die Hand.
8. Glücklicher als mancher promivirter Doktor,
   Steckte er oft dem Freund Hein den Stock vor,
   Und machte also mit aller Gewalt
   Durch schöne Mittel in der Krankheit Halt.
9. Denn entweder den einen Weg oder den andern
   Mußten die Patienten in weniger Zeit wandern,
   Und sie wurden, wie sich's gebührt,
   Sicher zur Behörde expedirt.

10. Fieber, Schwindsucht, ansteckende Seuchen,
  Wassersucht, Schlag, Lähmung und dergleichen,
    Kräße, Wahnsinn, Stein und Skorbut,
    Kurirte er alle, meist kurz und gut.

11. Eine seiner Pillen that mehr Zeichen
  Als zehn andere Pillen ihres gleichen;
    Und was er gewöhnlich den Kranken gab,
    Das führte nach allen Seiten schnell ab.

12. Kurz! seine Arzneien waren durchgehend kräftig,
  Purgirten wenigstens 40mal heftig
    Und wer sie nahm Morgens nüchtern und frisch,
    Dem ward Magen und Darm so rein wie ein
      Fisch.

13. Seine Arcana pflegte er selbst zu bereiten,
  Und verkaufte sie theuer, doch nur reichen Leuten;
    Von Armen nahm er nur mäß'gen Profit,
    Als ein gewissenhafter Mann, beiläufig mit.

14. Und weil sich auch in benachbarten Landen
  Käufer für seine herrliche Komposita fanden,
    So gab er sie erga 50 pro cent davon,
    Andern zu verhandeln in Kommission.

15. Er ersann schlau für seine Arzneimittel,
  Des mehrern Abgangs wegen, prächtige Titel,
    Obgleich sich meistens es so befand,
    Daß alles aus simpeln Sachen bestand.

16. Eine Unze vom Pulvis aureus Doctoris Schneller
Kostete bei der Anlage nicht mal 'nen Heller;
Denn es war Salz mit Ziegelstein,
Zu einem Pulver gerieben gar fein.

17. Sein Praeservans contra alle Krankheiten,
Bestand aus Honig und einigen Kleinigkeiten;
Und etwas Eichenrinde mit Fliedermuß war
Das Königliche Restaurativ Electuar.

18. Sein Elixir tonicum universale
Bestund aus Weinessig und gefeiltem Stahle,
Und seine Essentia stomachalis pretiosa
Aus Wasser mit abgekochter Menta.

19. Die Pilulae purgantes miraculosae
Bestunden aus Aloe, nebst einer guten Dose
Von Jalappenharz und Gummigutt,
Elaterium und Semen Cataput.

20. Sein berühmter Trank die Lebensgeister
zu wecken,
War der Absud von Haberkörnern und Quecken,
Und das Decoct ad omnes morbos pectoris,
War eine Brühe von Süßholz und Anis.

21. Das Specificum infallibile contra Fieberhitze,
War eine Mixtur von Salpeter und Gerstengrütze,
Und die Tinctura contra Gicht und Stein,
War Terpentinöl mit Branntewein.

22. Das **Extract imperiale** die Ausdünstung zu mehren,
Bestand aus Bier, gekocht mit Wachholderbeeren,
Und sein **Balsam vulnerar** für Leib und
Seel
War etwas Kampfer mit Rüböl.

23. Seine **Species nobiles confortantes**
Waren gleichfalls etwas ganz bekanntes;
Sie bestanden aus Kreide, Salbei,
Und etlichen Körnern von Karwei.

24. Seine **incomparable visceral** Tropfen
Waren ein Extrakt von Wermuth und Hopfen,
Und sein **Unguent nervin** war Theer
Stark vermenget mit Schweineschmeer.

25. Sein **Emplastrum summum** für Hauen und
Stechen,
Beinbrüche und ähnliche Gebrechen,
Bestand, so viel ich mich erinnern kann,
Aus Schuhpech, Bleiglätte und Fischthran.

26. Sein **egregium Linimentum** zum Schmieren
beim Anwachsen,
Und in **Sugillationen** vom Stoßen,
Fallen oder Baxen,
Oder wenn etwa der Unterleib schwall,
War grüne Seife und Ochsengall.

27. Sein **Cataplasma** gegen alte Geschwüre
und Scirrhen
War Mehlkleister mit etwas Asa und Myrrhen,
Und sein Spiritus magnus resolvens war
Bierhefen mit ana Urin gar.

28. Sein **Arcanum arcanorum Supracoeleste**
War, troß des hohen Titels, auch nicht das beste,
Weil es aus geraspelten Knochen und
Gedörretem Hammelsblute bestund.

29. Sein **Lapis excellens et divinus**
Bestund aus etwa zwei Theilen plus minus,
Von Alaun, und von Zucker einem Theil;
Das stopfte jeden Blutsturz in Eil.

30. So war auch weder mehr noch minder
Seine **Emulsio nobilis** für kleine Kinder,
Bei Verstopfung, Würmern und schweren
Noth,
Ziegenmilch mit zerriebenem Mäusekoth.

31. Sein **Antidotum Dominae Principissae**
Waren zerquetschte unreife welsche Nüsse,
Und seine **Orientalis Confectio**
War Syrup mit zermalmtem Bohnenstroh.

32. Es fanden sich **salva venia** in seiner Apotheke
Noch mehr Büchsen mit ähnlichem Drecke,
Von dem ich die Bereitung, nebst dem Preis,
Nicht so genau mehr kenne, noch weiß.

33. Lange hatte er vormals in fremden Landen
    Oeffentlich als ein leibhafter Doktor ausgestanden,

    Wodurch er sich, obgleich mancher Kranker
              starb,
    Doch ein ziemliches Vermögen erwarb.

34. Endlich ließ er sich in Schildburg nieder,
    Legte flott daselbst alle seine Kollegen und
              Brüder,
    Und fand auf Kosten der Kranken alsbald
    Reichlich allda seinen Unterhalt.

35. Denn er war der ganzen Gegend Orakel,
In seinem Hause war immer Gewühl und Spek-
takel,
Reiche und Arme, groß und klein,
Drängten sich beständig aus und ein.

36. Gelückte eine Heilung unter seinen Händen,
So war ein Posaunen hier und an allen Enden,
Und es hieß: da hat der hochberühmte Mann
Abermal eine treffliche Kur gethan;

37. Hingegen, wenn seine Patienten verdarben,
Oder gar bald in seiner Kur starben;
So hieß es: je nun mein lieber Christ!
Für'n Tod kein Kräutlein gewachsen ist.

38. Er pflegte auch wohl zu thun kleine Reisen
Und seine Hülfe bringend anzupreisen,
Und keiner, dem etwas fehlte nur,
War sicher vor seinen Pillen und Kur.

39. Auch junge Weibchen, denen was quälte,
Oder Mädchen, denen es heimlich wo fehlte,
Gingen weit und breit, mit frohem Sinn,
Zu niemand als zu Doktor Schneller hin;

40. Denn sie konnten in jedem weiblichen Anliegen
Immer bei ihm sichre Spezifika kriegen,
Dabei unterhielt er gewöhnlich sich
Als ein artiger Mann mit ihnen vertraulich.

41. Auch für Männer, die ihre eheliche Pflichten,
    Wegen ihrer Jugendsünden, nicht konnten ver-
    richten,
      Hatt' er ein geheimes Aphrodisiak,
      Von herrlicher Wirkung und gutem Geschmack.

42. Das wachsame Collegium medicum des Landes,
    Welches viel von ihm hörte, verstand es
      Unrecht und nannte es Pfuscherei,
      Weil er nicht rite promotus sey,

43. Und ließ ihn oft zur Verantwortung citiren;
    Er blieb aber vor wie nach beim Praktisiren
      Und nannte diese Zudringlichkeit,
      Offenbare Mißgunst und Nahrungsneid.

44. Er wußte übrigens weder Latein noch andre
    Sprachen,
      Und was sollte er auch eigentlich damit machen?
      Denn mit Griechisch und Lateinisch wird
      Doch nie, sondern mit Arzneien kurirt.

45. Er haßte die sogenannten Methoden und Sekten,
    Wünschte gar, daß alle Dogmatiker verreckten,
      Und verließ sich einzig im Kuriren nur
      Auf Erfahrung und des Kranken starke Natur.

46. Von medicinischen Büchern, sowohl neuen als
    alten,
      Pflegte er ebenfalls gar nichts Gescheutes zu
      halten;
      Nur besaß er ein geheimes Manuscript
      Und war in dessen Lektüre geübt.

47. Zwar war's schon alt, ohne Namen und Titel,
   Doch zeigte es lauter schöne Hausmittel,
      Und enthielte für allerlei Weh
      Manch sicheres Geheimniß und Recipe.

48. Es will mir übrigens hier nicht geziemen,
   Diesen Wundermann länger zu preisen und zu
                    rühmen;
      Genug, er war der Retter des Hieronimus,
      Es lebe Herr Schneller, der Me-
                  dikus!

Siebentes Kapitel.

Wie Hieronimus Verdrüßlichkeiten bekam, wegen
seines Auflebens, mit dem Todtengräber und
seinem Amtssuccessor.

———◦●◦———

1. **Als** Hieronimus wieder zu Kräften gekommen,
Hat er sein altes Amt wieder übernommen,
Jedoch bei dieser Gelegenheit
Gerieth er in bittre Verdrüßlichkeit.
2. Denn schon gleich nach seinem vermeinten Ableben
Wurde der Wächterdienst einem Andern übergeben,
Folglich hatte dieser etliche Tage schon
Das Nachtwächterhorn in Possession.

3. Dieses aber bei Hieronimi neuem Leben,
   So mir nichts, dir nichts, ihm wieder abzugeben,
      Ginge freilich in der Güte nicht;
      Drum kam die Sache vor Gericht.

4. Jeder suchte sich also einen Advokaten,
   Um in dieser kritischen Sache ihm zu rathen,
      Und vor der Hand ward rechtlich dekretirt:
      Daß das Wächteramt entweder würd' sus-
                 pendirt,

5. Oder, weil die Unterlassung der Nachtwache
   Eine gar zu bedenkliche Staatssache
      Und bei Feuersbrunst und Dieberei
      Für das Städtlein gefährlich sey:

6. So könnten beide Kompetenten gebührlich
   Des Nachts jeder für sich unpräjudicirlich,
      So daß darin keine Verwirrung sey,
      Anstimmen ihre nächtliche Melodei.

7. Das Gehalt aber könnte pendente Lite,
   Unter ihnen getheilt werden in Güte;
      Allenfalls könnten auch um die andre Nacht
      Sie halten die gewohnte Wacht.

8. Dies war nun zwar schon eine verdrüßliche Ge-
                schichte,
   Doch eben nicht von so gar großem Gewichte;
      Indessen kommt selten ein Uebel allein,
      Und wo Kreuz ist, findet sich Plage leicht ein.

3 *

9. Denn auch der Todtengräber hob wegen seiner
   Gebühren
   Mit Hieronimus Jobs an zu queruliren,
   Und verlangte von ihm, außer Jura und Lohn,
   Noch besondre Abbitte und Satisfaktion.

10. Da ginge es nun von beiden Seiten
    An ein heftiges Processiren und Streiten,
    Weil der Fall so sehr sonderbar,
    Ja gar einzig in seiner Art war.

11. Keine Partei wollte der andern weichen,
    Kein Advokat verlangte auch sie zu vergleichen;
    Denn jedem Künstler, Krämer und Dieb,
    Ist sein Verdienst und seine Nahrung lieb.

Achtes Kapitel.

Charakter und Porträt der Herren Advokaten Schluck und Schlauch.

1. Im Städtchen Schildburg wohnten zwei treff=
liche Männer,
Mit beiden Rechten wohlgerüstete Kenner,
Die besten Advokaten im Schwabenland,
Einer Schluck, der andre Schlauch genannt.

2. Herr Schluck war ein Mann von hohen Jahren,
In allen Künsten der Themis sehr erfahren,
 Und hatte lange mit Haar und Haut
 Das Korpus Juris samt den Pandekten verdaut.

3. Er war kinderlos und unbeweibet,
Und darum wohlbewadet und stark beleibet;
 Denn er aß und trank täglich gut
 Und alles ward bei ihm zu Fett und Blut.

4.

Er suchte durch alle Wege seinen Zweck zu erreichen
d seinen Vortheil meisterlich zu erschleichen,

Er schmiedete manch nützliches Dokument,
Und manches ihm heilsame Testament.

8. Er schonte weder seine Gönner noch Freunde,
Sondern behandelte sie als seine ärgsten Feinde;
 Denn um seinen selbst eigenen Vortheil
 War ihm alles in der Welt feil.

9. Auch wußte er mit manchen Nebensachen
Seinen Schnitt nach Herzenslust zu machen;
Zum Exempel: er half oft schlau
Manch Mädchen zum Mann und manchen Mann
zur Frau.

10. In jedem ihm vorkommenden Rechtshandel
Ging er den gewöhnlichen Kurialwandel,
Weshalb dann auch sein Advokatenstyl
Sprachkennern eben nicht sehr gefiel.

11. Jedoch wußte er seine Gegenparteien
Durch manche Chikane weidlich zu kasteien,
Und wer ihn persönlich griffe an,
Dem wiese er leck die Faust und den Zahn.

12. Er pflog übrigens tüchtig zu sportuliren
Und seine Klienten lang herum zu führen;
Denn mit jeglichem neuen Termin
Gingen ihm leicht etliche Thaler in.

13. War gleich die Sache eine faule oder schlechte,
So verfochte er sie doch für Geld mit dem Rechte,
Denn er verstund die herrliche Kunst,
Zu machen dem Richter 'nen blauen Dunst.

14. Hatte Klient nicht viel einzubrocken,
So ließ er den Rechtshandel meistens stocken,
Und selbst die gerechteste Sache kam
Dadurch in leidige Contumaciam.

15. Er hatte zwar, wie gesagt, keine Leibeserben,
Doch war's auch sein Wille nicht, so bald zu sterben;
Denn er gedachte, in jener Welt
Wär' ihm die Küche vielleicht schlecht bestellt.

16. Auch Herr Schlauch verstund alle Rechtspfiffe,
Was ein Genie und steckte voller Kniffe,
Und feuerte bei jeder Gelegenheit

17.

Lebte gleichfalls im Junggesellenstand
Mit einer Jungfer, wobei er sich wohl befand.

18. Er wußte auch artig durch mancherlei Manieren

Und wenn er den Prozeß auch nicht gewann,
So sprach er doch: ich hab das meinige gethan.

19.

Und mancher Casus sehr krumm und schlecht,
Ward unter seinen Händen grade und recht.

20.

Zoll von einander,

21. Denn er ließ sich von den Parteien jedesmalen
Seine Schriften bogenweise bezahlen,
Und jedes wohl angebrachte Citat
Kostete besonders einen viertels Dukat.

22. Er wußte trefflich seinen Beutel zu spicken
Und durch Sporteln seine Klienten zu zwicken,
Nahm aber, als ein genügsamer Mann,
Nicht nur große, sondern auch kleine Präsente an.

23. Er ließ sich auch zu den meisten Zeiten
Im voraus bezahlen seine Arbeiten;
 Dieses belief sich meistens schon hoch,
 Ohne was er forderte extra noch.

24. So bekam er für außerordentliche Mühe
Kälber, Hämmel, oder gar melke Kühe;
 Auch Korn, Bäume, und so weiter, nahm
     er mit,
 Denn er hatte zu allem App'tit.

25. Andre Kleinigkeiten, zum Exempel: Eier, Butter,
Gänse, Hühner und dergleichen Küchenfutter,
 Nahm noch obendrein die Jungfer Köchin
 Quast ohne sein Vorwissen hin.

26. Von solchem überflüssigen Küchensegen
Konnte sie für ihn manchen Thaler zurücklegen;
 Denn sie trieb damit anderwärts
 Einen vortheilhaften Handel und Kommerz.

27. So begab sich's, daß den Klienten, eh sie kaum
      anfingen,
Schon die Augen für Angst übergingen,
 Und wenn einer auch endlich den Streit gewann,
 So war er doch geworden ein armer Mann.

28. Denn obgleich der Prozeß war gewonnen,
 So war doch das Vermögen schier dabei zer-
      ronnen,
 Und Herr Schlauch nahm das Restchen vom
      Gewinn
 Pro Studio et Labore flugs hin.

29. Gern hätt' mancher sich Anfangs wollen ver-
gleichen,
Herr Schlauch wußt' aber demselben auszuweichen,
Und schwur, die Sache stünde trefflich und gut;
Das machte der Partei dann neuen Muth.

30. Da trank er dann mit seinen Klienten
Schnaps, Punsch, oder was sie ihm sonst gönnten;
Besonders kam ihm beim edlen Wein
Manch schöner Einfall aus'm Korpus Juris ein.

31. Er war stark belesen in allen juristischen isten,
Civilisten, Kriminalisten, Publicisten,
Und so weiter; übrigens hielt sich der Mann
An den gewöhnlichen Rechtsschlendrian

Neuntes Kapitel.

Wie der Jobsische Prozeß geführt ward. Ein
Kapitel, welches man überschlagen kann, weil es
nur den gewöhnlichen Weg Rechtens enthält.

1. Diese waren dann die beiden Advokaten,
   Welche die Jobsischen Prozesse führen thaten.
       Sein Assistent war Herr Schluck, der Dick-
       bauch,
       Und seiner Gegner Assistent war Herr Schlauch.

2. Die Sachen wurden getrieben anfangs sehr hitzig;
   Die Gründe pro et contra waren erbaulich und
       witzig,
       Und vielleicht gibt Herr Schlauch oder Herr
       Schluck
       Einst noch den ganzen Prozeß im Druck.

3. Beide Herren waren im Grunde gute Freunde,
   Nur in ihren Schriften agirten sie als Feinde;
       Fochte dann einer recht mit Chikane und Grimm,
       So dacht der Klient froh: Ha seht, der
       kann's ihm!

4. Es war eine Lust zu sehn in den Akten,
   Wie sich beide Gegner bissen und packten.
       Ich führe nur hier, so gut ich es kann,
       Eines und anderes in der Kürze an.

5. Doch will ich die eigentlichen Chikanen übergehen,
 Denn ich thu mich als juristischer Laye drauf nicht
   verstehen,
  Und halte mich also, so gut als es geht,
  Blos an des Prozesses Realität.

6. Ich erzähle auch nicht in der Advokaten Sprache,
 Weil das nur möchte verwirren die ganze Sache,
  Und vom sogenannten Stilus Curiä
  Thun ohnehin dem Leser leicht die Ohren weh.

7. So sagte klagend, zum Exempel, der Todten-
   gräber:
  „Das Grab und die übrigen Anstalten hab er
  „Für niemand als Hieronimo gemacht, fürwahr
  „Das Faktum sey notorisch und sonnenklar.

8. „Ferner, wie jedem bekannt sey, leb er
  „Blos von seinem Metier als Todtengräber;
  „Ihm competire also, ohn' Contradiction,
  „Für seine Arbeit der verdiente Lohn.

9. „Zudem hab' Beklagter, statt sich zu lassen ver-
   scharren,
  „Ihn, Klägern, öffentlich gehabt für'n Narren;
  „Denn jedermann habe ihn ausgelacht,
  „Weil er das Grab vergeblich gemacht.

10. „Kläger glaub' also, es sey höchst gerecht und billig,
  „Daß Beklagter die Begräbnißkosten willig
  „Auskehre, oder allenfalls jetzt noch
  „Kriech' in das für ihn gemachte Loch.

11. „Daneben ihm öffentlich und förmlich erkläre:
„Wie es ihm höchst verdröße und leid wäre,
„Daß er ihn, Klägern, als 'nen ehrlichen Mann
„So getäuschet und schrecklich geführet an."

12. Diese Klaggründe ließen sich nun zwar gut hören,
Allein Hieronimus ließ in Termino dagegen er-
klären:
„Daß pro Primo alles was geschehn,
„Von ihm weder gebilligt sey, noch gesehn;

13. „Hoffe also, er habe nicht nöthig dermalen
„Die vergebliche Mühe des Todtengräbers zu be-
zahlen.
„Pro Secundo sey es so klar als das Licht,
„Daß er Beklagter sey todt gewesen nicht;

14. „Nun aber streite es wider alle Gebräuche,
„Zu begraben eine noch lebendige Leiche;
„Ex eo ipso gebühre also davon
„Ihm Klägern kein Todtengräberlohn.

15. „Pro Tertio sey noch zu bedenken: es habe
„Kläger ihn ja nicht wirklich gescharret im Grabe;
„Folglich falle das wesentlichste Stück
„Der Klage in Nullität zurück.

16. „Pro Quarto sey Kläger ja schadlos auf alle
Fälle,
„Indem er Beklagtens Frau begraben an seiner
Stelle,
„Und er wolle ihm herzlich gerne dafür
„Doppelt bezahlen die Begrabungsgebühr.

17. „Auch könne man in keinem Gesetzbuche den Fall
    lesen,
    „Daß man Abbitte thun solle, weil man nicht
    todt gewesen.
    „Uebrigens protestire er dagegen hoch,
    „Daß er jetzt gar sollte noch kriechen ins Loch.“

18. Dies sind nun ohngefähr kürzlich die wichtigsten
    Gründe,
    Die ich in Actis hujus Causae, pro et contra,
    finde;
    Es versteht sich aber, daß mancher Punkt dabei,
    Als unerheblich, von mir übergangen sey.

19. Ich habe er post erfahren und gehöret,
    Daß der Prozeß habe lange gewähret;
    Denn erst nach der dritten Rechtsinstanz
    Endigte sich dieser verdrüßliche Tanz.

20. Denn in dieser Sache ein passend Urtheil zu
    sprechen,
    Verursachte dem Richter gewaltiges Kopfbrechen,
    Bis sie doch endlich zu Ende kam
    Durch folgende Final Sententiam.

Zehntes Kapitel.

Enthält finalem Sententiam in Causa des Todtengräbers zu Schildburg, qua Klägers eines Theils; contra und gegen den weiland todtgewesenen und nun wieder lebendigen Nachtwächter Hieronimus Jobs, qua Beklagten andern Theils; worin abseiten des letztern succumbirt wird, cum omnibus Expensis; mit Rationibus dubitandi et decidendi gehörig bekräftigt.

———o o———

1. "In Sachen Klägers und Beklakten,
  "Erkennet man nach durchgesehenen Akten,
    "Mit Vernunft und Billigkeit für Recht:
    "Daß Beklagter Hieronimus schlecht=

2. "erdings dem Kläger satisfacire
  "Und den Begräbnißlohn ohne Verzug abführe;
    "Jedoch bleibt ihm bei diesem Prozeß
    "Vorbehalten an Herrn Schnellern der Regreß.

3. "Auch in alle muthwillig verursachte Kost und
      Gebühren
  "Thut man Beklagten dabei condemniren;
    "Jedoch kann er erga condignum, davon
    "Bei uns nachsuchen erst rechtliche Moderation.

4. „Uebrigens will man aus Schonung und andern
Gründen

„Ihn von Abbitte und Ehr'nerklärung diesmal
entbinden,

„Jedoch gibt man die Warnung für künftig
ihm mit:

„Wenn er wieder stirbt, den Todtengräber zu
foppen nit.

5. „Denn obgleich Beklagter das Begräbniß nicht
gebilliget,

„Und in dem, was Kläger gethan, nicht ein-
gewilliget,

„So hat doch diese Einwendung nicht

„Das erforderliche rechtliche Gegengewicht.

6. „Sintemal alle gesittete Völker haben

„So viel constirt, ihre ehrliche Todten immer
begraben

„Und man braucht, wenn dieser Actus geschicht,

„Dazu den Consens des Verstorbenen nicht.

7. „Auch obgleich er nicht wirklich todt gewesen,

„Sondern aus dem Sarge wieder lebendig genesen,

„So konnte doch der Todtengräber nicht

„Davor, sondern war willig zur Pflicht.

8. „Succumbens hat auch damals als Todter wirklich gehandelt,

„Und war still, als man mit ihm zum Kirchhofe
gewandelt;

„Folglich alterirt es nichts, obschon

„Die Einscharrung nicht gediehn zur Erkution.

9. „Von Abbitte, Ehr'nerklärung u. s. w. ihn zu
dispensiren,
„Will sich aber darum geziemen und gebühren,
„Weil's ihm billig nicht kann werden verdacht,
„Daß man für ihn vergeblich das Grab gemacht.

10. „Zudem war ja Klägers Arbeit nicht gar verdorben,
„Sintemal Beklagtens Frau bald darauf ge-
storben,
„So daß man sie folglich an seiner Statt hab
„Versenkt in das schon fertige Grab herab.

11. „Billig ist auch der Punkt des zu habenden
Regresses
„An Herrn Schneller, wegen aller Kosten des
Prozesses;
„Denn dieser hat ihn wieder zur Gesundheit
gebracht,
„Und also die ganze Unordnung verursacht.

12. „Dieserwegen hat man dann diesmal nicht können
„Anders in dem wichtigen Handel erkennen;
„Bleibet es also bei der Sentenz.
„Von Rechtswegen.
            Juder Peter Squenz.

13. „Pro Abfassung der Sentenz sind judici ohn'
Beschweren
„Vom Succumbenten 20 Thaler auszukehren.
„Auch muß er erlegen noch 4 Thaler von
„Der Sententiae Publikation.

14. „Pro communicatione sententiae an beide Partien
„Muß er noch 3 Thaler hervorziehen.
„Item pro duplo mundo et Kopei
„Noch Gulden 7 und Groschen drei.

15. „Pro decreto ad audiendum publicare
„Bezahlt er noch extra gleich 4 baare
„Gulden, und für die Registratur
„Rechnet man sieben dito nur.

16. „Noch 3 Thaler und 4 Groschen für die Geschäften,
„Die Akten gehörig zu ordnen und zu heften.
„Similiter drittehalb Thaler für
„Dinte, Oblaten und Stempelpapier.

17. „Für schleunige Expedition sind dermalen
„5 Thaler 8 Groschen zu bezahlen,
„Und für dieser Rechnung Specification
„Sind 1 Thaler und 12 Groschen der Lohn.

18. „Dem Gerichtsdiener besonders kompetiren
„22 Groschen für Insinuationsgebühren.
„Nota bene! alle diese benannten Sumtus
„Betreffen nur lediglich den Sentenzschluß;

19. „Denn die eigentlichen Sporteln bei der Pro-
zeßführung
„Werden bestimmt bei besonderer Specificirung,
„Und die Gelder alle deponirt Succumbens
„Bei dem Herren Richter Peter Squenz.

20. „Dem Herrn S c h l u c k, pro Defensione et
Labore,
„Werden vorläufig zuerkannt 8 Louisd'ore,
„Und des Triumphanten Advokaten Herrn
S c h l a u c h
„Passiren 4 Louisd'ore auch."

21. Ob Succumbenten hier Recht oder Unrecht ge=
    schehen,
    Das sind Dinge, welche nur Juristen verstehen;
    Ich finde noch immer ein Sprüchwort bewährt,
    Es heißt: Wer gut schmieret, gut
    fährt.

22. Daß Hieronimus bei der Behörde
    Ueber die Sportelrechnung geführet Beschwerde,
    Und daß man da ein Weniges wegstrich
    Und moderirte, versteht von selbst sich.

23. Mit dem andern Prozeß, wegen dem neuen
    Nachtwächter,
    Wäre es vermuthlich gegangen noch schlechter,
    Wenn nicht durch ein besonderes Ohngefähr
    Die Sache glücklich beendigt wär;

24. Und man würde vielleicht nach sehr langen Jahren
    Erst davon das Ende haben erfahren;
    Oder sogar wäre bei Herrn Juber Squenz
    Noch jetzt, da ich dies erzähle, Lis pendens.

⊷⊛⊶

Eilftes Kapitel.

Lobrede auf die verstorbene Frau Jobs; sehr beweglich zu lesen.

———————

1. Von welcher Art jenes Ohngefähr gewesen,
Das soll man erst im 17ten Kapitel lesen,
Denn ich bringe vorher noch ein und anderlei,
Was zur Nebengeschichte gehöret, herbei.

2. Wir haben im dritten Kapitel schon vernommen,
Wie Hieronimus um seine Frau gekommen,
Und daß ihm solche Freund Hein geraubt,
Welches er sobald nicht gehofft, noch geglaubt.

3. Er empfand ihren Verlust eben nicht schmerzlich,
Denn dies Ehepaar liebte sich nie herzlich;
Die Ursache aber davon zu verstehn,
Wollen wir die selige Frau etwas näher besehn.

4. Sie war von einem wohlehrwürdigen Stande,
Die Tochter eines braven Pfarrherren vom Lande,
Welcher bei seinen Einkünften klein
Doch lehrte und lebte orthodox und rein.

5. Gleichwie nun gemeinlich die Landpfarrer haben
Wenig Bücher und Geld, aber viel Mädchen und
Knaben;
So traf auch dies bei ihren Eltern ein,
Denn sie war das Kind an der Numero neun.

6. Sie lernte frühzeitig beten, lesen und schreiben,
Und allerlei nützliche Hauskünste treiben;
   Sie nähte, strickte, wusch und spann
   Und nahm sich der Küche und des Stalles an.

7. Sie wurde sogar von ihren lieben Alten
Fleißig zu Landarbeiten angehalten,
   So daß sie des Morgens so fix und rasch

8.
  D

10.

         ,

11. Sie war mit Schönheit zierlich ausgerüstet,

   Und darum brauchte ihr Mieder und Gesicht
   Falsche Ausstopfung und Schminke nicht.

12. Bis ins achtzehnte Jahr ist sie Jungfer gewesen,

   Welches aber gleich nach der Geburt starb,
   Folglich nichts sonderliches an ihr verdarb.

13. Sie hätte bei dermaß bewandten Sachen
   Wohl einmal ihr Glück durch Heirathen können
      machen,
      Wenn's ihr nur nicht am Gelde gefehlt,
      Welches man beim Heirathen fürs Nöthigste
      hält.

14. Ihr ist dabei noch das Unglück begegnet,
   Daß ihr Vater bald drauf das Zeitliche gesegnet,
      Und da fand sich beim Inventar,
      Daß wenig oder nichts vorhanden war.

15. Denn außer einigen alten Perücken und Postillen,
   Abgetragenen Röcken, zerbrochnen Stühlen und
      Brillen,
      War beim Nachlaß des Seligen
      Kaum etwas zu finden noch zu sehn.

16. Dabei ergaben sich noch einige Schulden
   Von etwa 120 bis 130 Gulden;
      Drum so hieß es bei Wittwe und Kindern dann:
      Jedes helfe sich, so gut es kann.

17. Die Wittwe blieb bis an ihr Ende im Dorf wohnen,
   Nährte sich redlich von Buttermilch, Pfannkuchen
      und Bohnen,
      Und was sonst die Bauern ihr noch, aus Respekt
      Für den Wohlseligen, kümmerlich dargestreckt.

18. Mit unsrer Katharine ging es etwas besser;
   Denn Schildburgs Nachtwächter, des Hieronimi
      Antecesser,
      Der sie nach seinem Geschmacke befand,
      Knüpfte mit ihr das ehliche Band.

19. Er brauchte gar nicht lange um sie zu freien,
Denn sie that ihn gleich mit ihrer Hand erfreuen,
Und eh er sich ihrer Einwilligung versah,
Sprach sie über Hals und Kopf: Ja!

20. Aber schon in den ersten Ehstandstagen,
Wollte ihm dieß Bündniß so recht nicht mehr
behagen,
Denn des Olim Pfarrers Katharin
Fuhr beim geringsten Anlaß her über ihn,

21. Und die sonst üblichen Flitterwochen
Wurden wider alle Gewöhnheit schnell abge-
brochen,
So daß der arme junge Mann da
Eigentlich nicht wußte, wie ihm geschah.

22. Ueberall that sie den Herrn im Hause spielen,
Und ließ es ihm tagtäglich empfinden und fühlen,
Daß sie die Tochter einer Dorfpfarrei,
Er aber nur ein Holunke von Nachtwächter sey.

23. Indessen mußte er sich in die Umstände fügen,
Und unter ihrem großen Pantoffel geduldig
schmiegen,
Bis ihn endlich von allem Kreuz und Leid
Der so oft gewünschte Tod befreit.

24. Wie nachher Hieronimus Jobs gekommen
Und sie mit dem Nachtwächterdienst zugleich
übernommen,
Dieses wissen wir allerseits
Aus dem 36ten Kapitel des ersten Theils bereits.

25. Ihm ging's mit ihr nicht beſſer als ſeinem Ante-
ceſſer;
Ja ſein Elend war gewiſſermaßen ſchier größer;
Denn es ging faſt kein Tag vorbei
Ohne Haarkollation und Prügelei.

26. Sie verſtund ſich trefflich auf's Beiſſen und Kratzen,
Uebertraf in dieſer Kunſt manche Hunde und
Katzen,
Machte oft die Augen geblaut und blund
Und des armen Mannes Naſe und Haut wund.

27. Auch alle Einkünfte und geringe Gewinnſte
Von ſeinem blutſauern Nachtwächterbienſte,
Verſoff Olim Pfarrers Katharein
Theils in Kaffee, theils in Branntewein.

28. Und wenn er dem nächtlichen Berufe nachginge,
Trieb sie manche sich nicht geziemende Dinge,
Und gleichwie in einem Taubenhaus
Flog einer ein und der andere aus.

29. Da brauchte dann vom Abend bis zum lichten
Morgen
Hieronimus für keine Hörner zu sorgen;
Denn es verstrich keine einzige Nacht,
Oder es wurde ihm ein neues gemacht.

30. Wenn er sich dann durstig und müd gesungen und
gewachet,
Und nunmehro sich wieder nach Hause gemachet,
Fand er zur Erquickung, Gott erbarm's!
Weder Thee, Kaffee, noch sonst was Warm's.

31. Wollte er etwa zuweilen bei hellem Tage
Ein wenig ausruhn von seines Amtes Plage,
So hieß es: Heraus aus dem Schlaf und
der Ruh,
Du infamer fauler Räkel und Schlingel du!

32. Und so war in diesem Hause gewöhnlich
Ein Tag dem andern, wie ein Ei einem Ei ähnlich,
Und des Pantoffels monarchisches Regiment
Hielte weder Maaß, Ziel, noch End.

33. Doch lief auch dem Hieronimus zuweilen die
Galle über
Und dann ging's kraus und bunt, drunter und
drüber,
Und die Frau bekam dann oft ein Bagatell
Von ihrem Ehemann wieder auf's Fell.

34. Denn zuweilen dacht er an des Pfarrers Lehre
Bei der Kopulation: daß der Mann Herr wäre;
Und so übte er das gebührliche Recht im Haus
Nebst dazu gehöriger Exekution aus.

35. Aber niemals konnte es ihm doch gelingen,
Seine theure Ehehälfte ganz zur Raison zu bringen
Und der Handel lief immer so ab,
Daß er wieder die ersten guten Worte gab.

36. Mancher andrer hätte indeß, ohne zu erkalten,
Diese Lebensart so lange nicht ausgehalten,
Denn es weiß, leider! mancher Ehemann,
Wie eine böse Frau einen quälen kann.

37. Es war dem Hieronimo folglich nicht zu
denken,
Daß seiner Frauen Tod ihn nicht thäte kränken,
Er war vielmehr herzlich erfreuet und froh
Und sunge darob: in dulci jubilo.

Zwölftes Kapitel.

Wie Hieronimus der Wittwer sich sehr vernünftig
betrug. Ein rares Kapitel.

---

1. Wittwer Hieronimus lebte nun auf diese Weise,
  Wie in Abrahams Schooße und im Paradeise,
  Suchte anderswo seinen Zeitvertreib,
  Aß, trank und pflegte seinen Leib.

2. That auch seit seinem damaligen Auferstehen,
  In allen Stücken sich sehr vernünftig begehen,
  Und erlangte im ganzen Lande herum
  Wegen seines Abentheuers Bekanntschaft und
  Ruhm.

3. Er blieb auch bei dem eisenfesten Fürnehmen,
  Alle Begierde zur neuen Heirath zu bezähmen;
  Denn er dachte: Wer sich einmal verbrannt,
  Kennet das Feuer und hütet die Hand.

4. Zwar schien es ihm an Gelegenheit nicht zu fehlen,
  Sich eine neue Gattin zu auserwählen,
  Denn er war ledig und kinderlos
  Und dabei rüstig, stark und groß;

5. Auch erst alt etwas über 40 Jahre,
  Jetzt auch gescheuter als er vormals ware,
    Uebrigens befand sich Hals, Kehle und Lung'
    Zum Singen und Blasen noch kräftig und jung;

6. Hatte folglich alle Eigenschaften und Qualitäten,
  Welche **Wittwen** und **Mädchen** beim **Heirathen**
      vonnöthen;
    Allein vergeblich war jeder Versuch,
    Er blieb Wittwer, und dran that er vernünftig
    und klug.

7. Nun verrichtete er auch mit dem andern Wächter,
    seinem Kollegen,
  Sein Amt cum Applausu, mit Frucht und mit
    Segen;
    Zuweilen aber machte der Nahrungsneid
    Eine kleine Kollision und Uneinigkeit.

8. Er sang vor wie nach: **Bewahrt das Feuer,**
    das Licht und eure Töchter;
  Allein sein Kollege, der andre Nachtwächter,
    Stimmte aus Kaprise einen andern Ton,
    Und machte folgende Variation:

9. **Hört ihr Herren, was ich euch hiermit**
    sage,
  Verwahrt des Nachts sowohl als bei
    Tage,
    Das Feuer, das Geld und eure Wei-
    ber wohl,
    Sonst geht es überall schlecht und
    toll,

10. Und es entstehen Feuersbrünste und
Hörner,
Konkurse, Bankerotte und was ferner
Alles daraus für Unheil erwächst —
Das übrige ließ er beim alten Text.

11. Doch um dergleichen geringe Kleinigkeiten
Sich ernstlich zu hassen und mit einander zu
streiten,
Wäre, traun! gewesen ganz überlei,
'S geschah ja doch alles zum Frommen der
Bürgerei.

Dreizehntes Kapitel.

Poß Blitz! da kommt der Herr von Ohnewitz.

———o•o———

1. Es kamen fast täglich viele Damen und Herren
   Gen Schildburg hin, aus der Nähe und von ferren,
   Um den besondern Mann persönlich zu sehn,
   An welchem jenes Wunder geschehn.

2. Da bekam er dann, wie leichtlich zu gedenken,
   Von ihnen manche ansehnliche Geschenken,
   Und dies brachte ihm weit mehr Gewinnst
   Als der karge halbe Nachtwächtersdienst.

3. Er lebte also sehr reputirlich,
   Aß, trank und kleidete sich manierlich,
   So daß er sich dabei so glücklich befand,
   Als ein Bürger im Priester Johannisland.

4. Einsmal ließ sich bei unserm Geschichtshelden
   Ein hochansehnlicher reisender Herr melden,
   Und sobald sie einer den andern sahn,
   Himmel, wie staunten sie beide sich an!

5. Der Herr sah hier vor sich seinen ehemaligen Retter,
   Hieronimus vice versa, seinen alten Wohlthäter;
   Da hieß es: Ist er's, Herr Hieronimus?
   Poß Blitz! —
   Ja ich bin es! Sind Sie's, Herr von
   Ohnewitz? —

6. Ueber 16 Jahre waren schon verstrichen,
   Seitdem Hieronimus von Ohnwitz war entwichen,
   Und es hatte seit dieser Zeitstation
   Sich manches verändert in beider Person.

7. Dennoch erkannte man sich plötzlich jetzunder,
   Und da sahe man recht seinen blauen Wunder;
   Denn wer hätte jemals kaum
   So etwas zu denken gewagt im Traum?

8. Den eigentlichen Willkomm' hab' ich nicht gesehen,
   Will also seine Beschreibung übergehen,
   Und melden im folgenden Kapitel nur
   Wie die Hauptgeschichte ferner fortfuhr.

Vierzehntes Kapitel.

Wie Hieronimus dem Herrn von Ohnewitz seine
Geschichte treulich erzählet, mit Uebergehung desjenigen, was ihm unerheblich dünkte.

1. Erst hub an Hieronimus seine Geschichten
   Dem Herrn Patron ganz unterthänig zu berichten,
   Und machte den ersten Anfang von
   Der Ohnewitzer Rebellion:

2. Wie da sowohl die Alten als die Jungen
   So unsäuberlich mit ihm umgesprungen,
   Und er mit großer Lebensgefahr
   Den wüthigen Bauern entgangen war.

3. Ferner, wie er auf der Reise zum Herrn Patron
                nach Baiern
   Herumgetrieben sey von manchen Abentheuern,
   Und wie er demnächst auf seiner Flucht
   Manchen Unbill erlitten und versucht.

4. Doch die Geschichte mit Amalien überging er
   Als ganz unerheblich; dagegen fing er
   Ferner von seinem Theaterstand an
   Zu erzählen, und was er dann weiter gethan.

5. Wie er nämlich nach seiner Heimath gekommen,
   Den vakanten Nachtwächterdienst übernommen
   Und gewacht und gesungen früh und spat;
   Item von seiner Heirath.

6. Auch von seinem Abschiede von der Erben,
Und wie er habe sollen wirklich begraben werden,
Aber wie ihn aus Freund Heins Klauen noch hätt'
Herrn Schnellers Geschicklichkeit errett't.

HODIE
TIBI
CRAS
MIHI

7. Wie drauf seine Frau vom Schreck erblasset,
Welche Sentenz im Prozeß man abgefasset,
Und dieser traurigen Dinge noch mehr.

8.

Hände,
Und erzählte im folgenden Kapitel drauf

lauf.

Fünfzehntes Kapitel.

Scharfe Gerechtigkeitspflege in Ohnewitz.

———o o———

1. Als er von der Reise damals zurückgekommen,
   Habe er des Breitern mit Unwillen vernommen,
   Was da in seiner Abwesenheit
   Gewesen für Unordnung und Streit;

2. Darauf alle Ohnwitzer lassen förmlich citiren,
   Und durch Fiscum genau inquiriren,
   Welche da alle an dem großen Unheil
   Gehabt hätten Part und Antheil.

3. Habe demnächst über Junge und Alten
   Ein unbarmherziges Gerichte gehalten,
   Und den Ohnewitzer unerhörten Fall
   Durchaus behandelt als kriminal.

4. Man habe ihn durch vielfältiges Suppliciren
   Zwar versucht zu besänftigen und zu rühren;
   Allein er wäre, vor wie nach, die Bahn
   Der strengsten Gerechtigkeit gegahn.

5. Denn bei solchen und derlei Revolutionshändeln
   Lange zu zaudern und ängstlich zu tändeln,
   Halte er gar nicht für dienlich und gut;
   Besser sey Entschlossenheit und ernster Muth.

6. Er hätte gern gesehen, daß man nach aller Strenge
Die allerschlimmsten Bellhämmel aufhänge,
Und nach dem peinlichen Halsgericht
Den Handel mit Strick und Schwert geschlicht't.

7. Aber um die Scharfrichterkosten zu ersparen,
Habe er wollen etwas gelinder verfahren,
Weil doch ohnehin zu dieser Frist
Das Hängen fast aus der Mode ist.

8. Indessen habe er die Auktores Rixä
Tüchtig lassen blasen in die Büchse,
Und mit dieser Uebung der Gerechtigkeit
Zugleich das Interesse Fisci erfreut.

9. Auch weil alle übrigen Socii Rixä
Verdient hätten, daß Fiscus sie brav wixe,
So hätte auch jeder von ihnen den Lohn
Erhalten, nach gehöriger Proportion.

10. Um die nöthigen Exempel zu statuiren,
Habe er die ärmeren Teufel lassen incarceriren,
Und solche zehn Wochen bei Wasser und Brod
Hungern lassen fast bis auf den Tod.

11. Die Schlimmsten wären mit Willkomm und Ab-
schied entlassen,
Und, jedoch salva fama, gejagt auf fremde Straßen,
Und ihr ganzes Gut und Vermögen sey
Kassirt zum Behuf der Kasse der Kanzlei.

12. Denn sie auf die Vestung zu kondemniren,
Habe sich nicht können fügen noch gebühren,
Weil im ganzen Ohnwitzer Land
Sich weder Stadt, geschweige Vestung befand.

5 *

13. Nachdem aber jeder gebührliche Strafe erhalten,
    Habe er wieder seine Gnade laffen walten,
      Und mit landesväterlicher Hulde sie
      Erfreuet durch völlige Amnestie.

14. Einige würden's jedoch lebenslang fühlen
    Und nie wieder so strafbare Rollen spielen;
      Denn manche Familie wäre herab
      Durch Fiscum gebracht an den Bettelstab.

15. Nach einigen publicirten Warnungsmandaten,
    Wäre nun wieder in den Ohnewitzer Staaten
      ·Alles in Ordnung, Friede und Ruh.
      Ich, der Autor, wünsche Glück dazu.

Sechszehntes Kapitel.

Bei welcher guten Gelegenheit Herr von Ohnewitz nach Schildburg gekommen, thut der Autor
hier aufrichtig erzählen.

***

1. **Gleich** darauf ist auf des Herrn Patrons Ver-
langen,
Hieronimus mit ihm in sein Logis gegangen,
Um daselbst bei einem Gläslein Wein
Sich des Wiedersehns desto mehr zu freu'n.

2. Denn gemeinlich läßt sich unterm Trinken und
Zechen
Vernünftiger und vertraulicher mit einander sprechen
Und mancher sonst gar trockne Diskur
Bekommt da gleichsam eine andre Natur.

3. Herr von Ohnewitz sagte, mit der gegenwärtigen
Reise
Verhalte es sich eigentlich auf folgende Weise:
Eine alte Tante im Schwabenland,
Welche sich sehr schwach und kränklich befand,

4. Wollte noch vor ihrem Gott gefälligen Absterben,
Herrn von Ohnewitz, ihren Pathen, einsetzen zum
Erben,
Entbote also schleunig den Herrn Kusin
In dieser Absicht nach Schwabenland hin.

5. Sobald nun die gedachte liebe Tante
Diese Nachricht ihrem lieben Kusin sandte,
So ermangelte derselbe nicht,
Ihr zu entrichten die christanverwandtliche
Pflicht,

6. Um zu erhalten ihren letzten frommen Segen;
Denn sie besaß ein großes Vermögen,
Theils in Natura, theils aufm Papier,
Nebst Möbeln, Juwelen und Silbergeschirr.

7. Nun lauerten zwar lange auf ihr Absterben
Im Schwabenlande andre Kollateralerben;
Jedoch der Herr Pathe von Ohnwitz allein
Sollte nach ihrem letzten Willen der Erbe seyn.

8. Er hatte sie höchst schwach angetroffen,
Sogar daß sie, wider alles Verhoffen,
Drei Tage nach gemachtem Testament,
Heimfuhre aus diesem Elend.

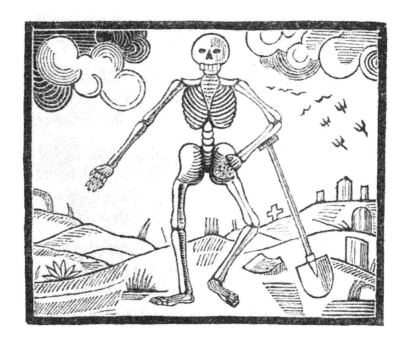

9. Herr von Ohnewitz, den ihr Betragen ſehr rührte,
Beſonders als er ſah, daß ſie agoniſirte,
Drückte ihr perſönlich die Augen zu
Und wünſchte ihr eine angenehme ewige Ruh.

10. Nachdem er drauf im Kurzen alles das Seine
Von dieſer Erbſchaft gebracht hatte ins Reine,
Kehrte hochgedachter Herr von Ohnewitz
Wieder zurück nach ſeinem freiherrlichen Sitz.

11. Und da mußte, zu beiderſeitigem Vergnügen,
Es das Schickſal ſo wunderbar drehen und fügen,
Daß Herr von Ohnwitz in ſeinem Retour
Durch Schildburg bei dieſer Gelegenheit fuhr.

12. Weil nun bekanntlich die Gastwirthe in Schwaben
Besondre Fertigkeit im Schneiden und Erzählen
haben,
So machte auch Herrn von Ohnwitz Wirth
zur Hand
Ihn mit des Hieronimi Geschichte bekannt.

13. Folglich läßt sich nun ohne Lügen und Mühe
Die im breizehnten Kapitel erzählte Entrevüe
Erklären, und daß solche geschehen sey
Ohne Wunderwerk und ohne Hexerei.

14. Daß die selige Tante just jene Betschwester gewesen,
Wovon wir das 25te Kapitel des ersten Theils
gelesen,
Erhellet aus mancher deutlichen Spur
Der nachgelassenen, zur Erbschaft gehörigen
Skriptur.

15. Herr von Ohnwitz pflegte lachend dies oft zu
bemerken,
Doch Jobs mochte ihn darin eben nicht bestärken,
Und so gerieth nach einiger Zeit
Dies Abentheuer allgemach in Vergessenheit.

Siebenzehntes Kapitel.

Wie Hieronimus mit dem Herrn von Ohnewitz
reiset und sein Abschied von seinen Freunden in
Schildburg, item von Herrn Juder Squenz.

———⚬◦⚬———

1. Nachdem nun diese Erzählung war abgebrochen
   Und man noch manches andre gesagt und gesprochen,
   Legte der reiche Herr Patron folgenden Plan
   Zu Hieronimi künftigem Glücke an:

2. Vorab sollte er wieder mit ihm nach Ohnwitz reisen,
   Bei ihm auf dem Schlosse wohnen und speisen,
   Und dann könnte man ferner warten und sehn,
   Was zu seiner Versorgung möchte geschehn.

3. Diese Offerte that Hieronimo gaudiren;
   Denn ohne lange zu komplimentiren,
   Empfahl er sich zur hohen Gewogenheit
   Und war zu allem unterthänigst bereit.

4. Nun war am Reisewagen was zu bessern und zu
   putzen;
   Diesen Aufenthalt suchte Hieronimus zu benutzen,
   Er ging vorerst und nahm mittlerweil
   Abschied von seinen Freunden in der Eil.

5. Um sich aber zur Abfahrt desto besser zu berathen,
Schenkte ihm der Herr Patron einen Beutel voll
Dukaten;
Diesen ließ aber der gute Hieronimus
Halb seiner Mutter und jüngsten Schwester
zum Abschiedsgruß;

6. Gab auch der Mutter noch alle seine Habe zum
Erbe.
Der Abschied war übrigens traurig, bitter und
herbe;
Sie hing lange weinend an seinem Hals
Und seine Schwester Esther ebenfalls.

7. Den Prozeß mit dem Nachtwächter, seinem Kollegen,
Schlug er nieder und wünschte ihm allen Segen,

Und in seinem Beruf Wachsamkeit und Geduld;
Bezahlte auch den größten Theil der Prozeß-
schuld.

8. Auch Herrn Schneller that er freundlich begegnen,
Unterließ nicht, ihn nochmals für seine Rettung
zu segnen,
Und dieser gab ihm auf der Reise noch mit
Eine große Flasche voll Aquavit.

9. So letzte er sich zärtlich mit allen seinen Freunden,
Vergab seinen ehmals nächtlichen Schwägern und
allen Feinden;
Aber dem Herrn Juder Peter Squenz
Wünschte er doch heimlich die Pestilenz.

10. Nunmehr hat er sich höchlich vergnüget
Wieder zum Herrn Patron ins Quartier verfüget.
Alles war fertig, man trank noch ein Glas,
Stieg ein in den Wagen und reisete fürbas.

Achtzehntes Kapitel.

Wie Hieronimus mit dem Herrn von Ohnewitz
auf der Reise ist, und was sich da zugetragen
hat, weil er vernünftig befunden ward.

———○○———

1. Auf der Reise ist ihnen nichts sonderliches pas-
siret,
   Außer was jedem Reisenden durch Deutschland
arriviret,
   Und was zu bemerken die Mühe nicht lohnt,
   Weil's längst so jeder Passagier gewohnt.

2. Nämlich hier und da bei Nacht leuchtende Irr-
geister,
   Und bei Tage viele grobe Postmeister;
   Meist schlechte Wege und langsame Post;
   In den Quartieren mag're, doch theure Kost;

3. Verfallene Nachtherbergen, aber drinnen
   Gutherzige Mägde und freundliche Wirthinnen,
   Wo man um manchen baaren Thaler Geld
   Auf feine und grobe Art wird geprellt;

4. Kalte Stuben; alte Schlafstätten;
   Zur nächtlichen Ruhe unreine Betten,
   Wornach, wenn's sonst nicht schlimmer noch geht,
   Doch ein wenig Jucken der Haut entsteht;

5. Statt guter Pferde elende Schindmähren;

Ueberall Zölle, Schlagbäume und Barrieren;
  Scharfer Krätzer, statt gutem Wein;
  Und was derlei Kleinigkeiten mehr seyn.

6. Sie vertrieben sich auf die bestmöglichste Weise
Die Zeit auf ihrer langwierigen Reise,
  Und ein gutgefülltes Flaschenfutt'ral
  Kam ihnen dabei zu statten mannichmal.

7. Ueber viele ihnen vorkommende Sachen
Wußte Hieronimus seine Anmerkungen zu machen;
  Und der staunende Herr von Ohnewitz fand
  Darin überall großen Witz und Verstand.

8. Einmal that er den Finger an die Nase legen
Und schien lange genau etwas zu erwägen,
Bis er plötzlich das Stillschweigen brach
Und folgendes zum Hieronimo sprach:

9. „Lieber Hieronimus! höre Er, was ich von
Ihm halte:
„Ich sehe, Er ist vernünftig und nicht mehr
der Alte,
„Und finde Ihn im Gehirn und Verstand
„Ganz und gar gleichsam umgewandt;"

10. (Hieronimus machte hier sehr ehrerbietig
Einen Bückling und erwiederte: „Sie sind sehr
gütig!"
Doch diesen Umstand erzähle ich hie
Nur gleichsam als in Parenthesi.)

11. „Der Himmel gebe ferner dazu sein Gedeihen,
„So wird mich solches sehr herzlich erfreuen!
„Denn ich bin von fest entschloffnem Sinn
„Noch etwas Rechtes zu machen aus Ihn.

12. „Meinen Sohn, den ich will lassen studiren,
„Soll Er auf die Universität als Hofmeister
führen,
„Ich schieße gern die Kosten all' her
„Und geb' Ihm 400 Gulden und mehr.

13. „Indem Er dann diese Bedienung verwaltet,
„Kann er, denn Er ist noch nicht veraltet,
„Allda das Studium theologicum dann
„Wieder anfangen gleichsam von vorne an;

14. „Und wenn Er einst, wie ich hoffe, hochgelehret,
„Wieder von der Akademie zurücke kehret,
    „So geb' ich, bei meiner hochadlichen armen
                        Seel!
    „Ihm zu Ohnwitz die erste vakante Pfarrstell."

15. Hier wollte Hieronimo für Freude das Herz
                        brechen;
    Nur stammelnd vermochte er folgendes zu sprechen:
    Tausend Dank — Ach ja — gnädiger Herr
                        Patron!
    Will gern Hofmeister seyn bei Ihrem Herrn
                        Sohn.

Neunzehntes Kapitel.

Wie Hieronimus zu Ohnewitz ankam, und wie
er mit dem jungen Herrn als Hofmeister nach
der Universität reiset, und so weiter.

━━━━●○●━━━━

1. Ich habe von der Reise nichts weiter zu sagen,
Als daß man ohne Anstoß nach einigen Tagen
   Ins Ohnewitzer Territorium kam
   Und die Reise ein glückliches Ende nahm.

2. Als sie aber beide dem Dorf waren nahe
Und Hieronimus den Kirchthurm zu Ohnewitz sahe,
   Liefe ihm über die Haut der Schweiß
   Kalt wie im Wintermonate das Eis.

3. Denn er erinnerte sich mit erneuerten Schmerzen,
Wie sehr ihm das Exil damals gegangen zu Herzen,
   Und was er alles seit seiner Flucht
   Sonst noch erfahren hatt' und versucht.

4. An seinem Beispiel läßt sich greifen mit beiden
               Händen,
Wie wunderlich die menschlichen Fata sich oft
               wenden;
   Vormals jug man ihn mit Prügeln fort
   Und nun erscheint er als Hofmeister dort.

5. Als sie endlich in den Schloßplatz gefahren,
Demnächst aus dem Wagen gestiegen waren,
   Und Herr von Ohnwitz seine Dame embrassirt,
   Hat er ihr seinen Gast bald präsentirt.

6. Sie hat ihn beim ersten Anblick wieder erkennet,
   Ihn ihren alten Freund und Erretter genennet,
   Und ließ hierauf den frohen Hieronimus
   Allerhöchstgnädigst zum Rockkuß.

7. Aber nun ging's auf's neue an ein Fragen,
   Was sich wohl alles mit ihm habe zugetragen?
   Wo er gestecket, und warum er
   Nicht eher nach Ohnwitz gekommen wär?

8. Man sagt, Damen wären überhaupt neugierig,
   Drum war auch diese Dame alles zu wissen be-
                                           gierig,
   Und wirklich erfuhr auch die gnädige Frau
   Von ihm alle passirte Dinge genau.

9. Sie hat ihn herzlich ob seinen Schicksalen bedauert,
   Besonders über die Flucht von Ohnewitz getrauert,
   Und daß man mit so grobem Ungestüm
   So unschuldig damals begegnet ihm.

10. Aber über einige ihm arrivirte Sachen
    Wollte sie auch fast sich zu Tode lachen;
    Besonders machte es ihr große Lust,
    Daß seine Frau die Zeche bezahlen gemußt.

11. Uebrigens hat sie von ihrem Gemahl vernommen,
    Daß Hieronimus nach seinem Tode mehr Ver-
                                       stand bekommen,
    Und deswegen stimmte sie auch gerne bei,
    Daß er Hofmeister des jungen Herren sey.

12. Er ward noch baß auf dem Schloſſe von Jun-
                gen und Alten
   Als im 27ten Kapitel des erſten Theils, Vers 9
              und 10 gehalten,
    Und er hatte niemals, weder vorher, noch
            hernach,
     In ſeinem Leben ſo gute Tag'.

13. Aber mancher Ohnwitzer Flegel von Bauer
    Sah über ſeine Ankunft ſehr ſcheel und ſauer,
      Denn ſie dachten aufs neue daran,
      Was ihnen Fiscus ſeinetwegen gethan.

14. Der brave Hieronimus aber ſchlug ſich
    Alle ehemalige Schmach aus dem Sinn und be-
            trug ſich
      Gegen Reiche und Arme, Alt und Jung,
      Vor wie nach mit Klugheit und Mäßigung.

15. Der junge Herr Baron ward ihm bald gewogen,
    Denn er war ſehr artig und gut erzogen
      Und hatte dabei weit mehr Verſtand,
      Als ſonſt meiſtens ein junger Herr vom Land.

16. Auch hatten ſowohl ſein nicht ungelehrter Herr
            Vater,
    Als auch ſein bisheriger geſchickter Informator,
      Mit Ernſt auf ſeine Bildung bedacht,
      Ihm alle ſeine Kenntniſſe beigebracht.

17. Nun ließ sich Hieronimus von dem jungen Herren
In vielen nöthigen Sachen unvermerkt belehren,

Also legte er nach und nach in Sprachen und
Humanioribus, einen guten Grund.

18. Auch so lang sein Aufenthalt zu Ohnwitz gewähret,
Hat er fleißig mit allerlei Büchern verkehret,
Und manchesmal die ganze liebe Nacht
Auf der Schloßbibliothek studiert und gewacht.

19. Zur Erholung spazierte er dann und wann mit
seinem Eleven
In Feld, Wald, oder nach den Bauerhöfen,
Und da lernte er beiläufig noch manches Stück
Aus der Oekonomie und der Physik.

6 *

20. Mit dem jungen Herrn von Ohnwitz zu ziehen
Abgeredtermaßen nach Akademien,
    War endlich die bestimmte Zeit da
    Und man machte die Präparatoria.

21. Westen, Nachtmützen, Strümpfe, Halstücher,
Hemden, Schlafpelze und mancherlei Bücher,
    Packte man ein im Ueberfluß,
    Sowohl für den jungen Herrn, als Hieronimus.

22. Kisten und Koffer waren fast schier zu enge,
Denn von allem war da die schwere Menge,
    Doch billig zieh' ich allem übrigen vor
    Die mitgegebenen 500 Louisd'or.

23. Ein Lakei mußte sie zur Bedienung begleiten.
    Wir lassen sie nun in Gottes Namen fahren
           oder reiten,
    Genug, Baron, Hieronimus und der Lakei
    Kamen glücklich an auf der Akademei.

Zwanzigstes Kapitel.

Seine diesmalige Studia und glückliche
Beendigung derselben.

——◦◦——

1. Diesmal hat Hieronimus sich trefflich aufgeführet,
Tag und Nacht emsig gelernet und studieret,
Und er versäumte in seinem Studium
Nicht ein einziges Kollegium.

2. Er hat sogar oft Trinken und Essen
Und andre Bedürfnisse vernachlässigt und vergessen,
Saß manchmal da, hörte und sahe nicht,
So sehr war er aufs Studieren erpicht.

3. Er ward zwar oft von andern Studenten vexiret,
Bei Gelegenheit auch wegen seines Alters kujoniret;
Allein, er, als ein vernünftiger Mann,
Achtete das nicht, und that gar nicht übel dran.

4. Wenn aber einige, die seinen ehmaligen Stand
kannten,
Ihn den Nachtwächter von Schildburgs Zion
nannten,
So ärgerte er sich doch heimlich oft drob,
Denn er fand den Spaß zu gemein und zu grob.

5. Die Beschreibung seines Studierens will ich un-
terlassen
Und nur hiemit in Kürze alles zusammenfassen:
Er lebte ganz nach dem Gegenfuß
Des vormaligen fidelen Burschen Hieronimus.

6. Er hatte den Beifall aller seiner Lehrer,
   War von allen ihr fleißigster Zuhörer,
      Und nach weniger Jahre Müh'
      War er wirklich viel gelehrter als sie.

7. Auch an seinem Eleven sah er nichts als Freude;
   Und so endigten, nach drei Jahren, rühmlich beide,
      Der eine das Studium juridicum,
      Der andre das theologicum.

8. Ich mag es diesmal nicht weitläufig beschreiben,
   Wie es dagegen viel andre Studenten thaten
          treiben;
      Denn dies ist alles schon, wie man nach
          kann seh'n,
      Im 13ten Kapitel des ersten Theils gescheh'n.

9. Mit den lobvollesten Testimoniis versehen
   Endigten sie nun in Gesundheit und Wohlergehen
      Den wohlgeführeten Burschenlauf
      Und machten sich beide gen Ohnewitz auf.

10. Sie langten daselbst an wohlbehalten,
    Fanden alles und jedes noch bei dem Alten,
       Nicht das geringste war verändert alldo,
       Sondern alles wie vorher in statu quo.

11. Aber sie wurden stattlich aufgenommen und em-
           pfangen,
    Denn die gnädige Frau Mama trug längst Ver-
           langen
       Nach ihrem so zärtlich geliebtesten Sohn,
       Den seit drei Jahren nicht geseh'nen Baron.

12. Weder seine Gesundheit noch seine Sitten
    Hatten sich verschlimmert noch sonst gelitten,
    Wie's doch meist auf der Universität
    Bekanntlich den jungen Leuten sonst geht.

13. Es war vielmehr seine Statur etwas vergrößert
    Und sein äußerer Anstand verschönert und ver-
    bessert,
    Und die gnädige Frau Mama konnte, traun!
    Sich kaum satt an ihm lecken, küssen und schau'n.

14. Auch der alte Herr war voll Entzücken
    Ueber seinen Sohn in allen und jeden Stücken;
    Besonders fand er ihn hochgelehrt und klug,
    Denn er sprach überall wie ein Buch.

15. Daß Hieronimus an diesem freundlichen Will-
    kommen
    Auch einen nicht geringen Antheil genommen,
    Weil er den jungen Herrn gehofmeistert so,
    Das versteht sich ex eo ipso.

16. Da war im freiherrlichen Schlosse ein prächtiges
    Leben;
    Ein Traktament ward fürstlich angerichtet und
    gegeben
    Und gleichsam wie zu Frankfurt bei der Kaiser-
    wahl,
    Sprang roth und weißer Wein im Speisesaal.

17. Ja es ging, sans comparaison, dem jungen Barone,
    Wie in der Geschichte jenem verlornen Sohne,
    Als dieser wiederkam mit reuigem Muth
    Aus dem Bordel und von der Schweinehuth.

Ein und zwanzigstes Kapitel.

Ein braves Kapitel; enthaltend Geld und einen
Brief des Hieronimi an seine Mutter.

————◦◦————

1. Ich lasse Hieronimum nun auf'm Schlosse wei-
len und walten,
Denn er kann es da recht gut aushalten,
Und mache aus seinem letzten Studentenstand
Noch etwas rühmlich's von ihm bekannt.

2. Er konnte in gedachten seinen Studierjahren
Vieles vom Hofmeistergehalte ersparen,
Und hatte sicher alle Quartal
Uebrig ein 60 Gulden Kap'tal.

3. Dieses wußte er nicht besser anzuwenden,
Als es seiner Mutter nach Schildburg zu senden,
Und solches thate er dann auch baar
Richtig und rein alle Vierteljahr.

4. Aus dem Inhalte vom folgenden Briefe,
Welcher mir von ohngefähr in die Hände liefe,
Erhellt es dem geneigten Leser zur Genüg',
Daß ich die Wahrheit rede und nicht lüg'.

5. „Geliebte Mutter!

            Meine kindlichen Pflichten
„Schuldigermaßen gegen euch zu verrichten,
  „Sende ich gegenwärtig abermal
  „60 Gulden zum gewohnten Quartal.

6. „Wollte Euch herzlich gerne mehr senden,
  „Habe aber diesmal nichts weiter in Händen
    „Und bin selber bis auf's nächste Kap'tal,
    „Das ich von Ohnwitz erhalte, schier kahl.

7. „Hoffe jedoch, es werde heut oder morgen
  „Der Himmel mich irgendwo als Pfarrer versorgen
    „Und dann sollt Ihr, geliebte Mutter mein!
    „Lebenslang bei mir zugleich versorget seyn.

8. „Ihr könnt nicht glauben, wie sehr mich's
noch kränke,
„Wenn ich meinen vormaligen Jugendlauf bedenke,
„Und wie ich Euch dadurch gar zuletzt
„In die schofelsten Umstände versetzt.

9. „Gott halte Euch gesund und bei langem Leben,
„Da will ich dann alles Ernstes mich bestreben,
„Daß alles wieder werde gut gemacht,
„Was ich verdorben und durchgebracht.

10. „Mit meinem Studiren geht's, Gott lob! ziemlich,
„Auch mein Eleve beträgt sich höchst rühmlich;
„Herr von Ohnewitz freuet sich sehr darob
„Und gibt uns beiden oft schriftlich sein Lob.

11. „Neuigkeiten wollte ich Euch gerne schreiben;
„Allein, was die Musensöhne hier machen und
treiben
„Ist meistens nicht von gar großem Gewicht
„Und interessiret Euch sonderlich nicht.

12. „Ich bin immer gesund am Leib und Gemüthe
„Und erhalte von des alten Herrn von Ohnewitz
Güte,
„Zu jeder vierteljährigen Frist,
„Was mehr als zum Bedürfniß hinreichend ist.

13. „Ich mache mir also noch die kleine Freude
„Und sende, etwa zu einem neuen Kleide,
„Beiliegende 2 Louisd'or für
„Schwester Esther, im besondern Papier.

14. „Uebrigens beharre ich bis an mein Ende,
  „Nebst einem großen und zärtlichen Komplimente
  „An meine Schwester vom jungen Baron,
  „Euer treuer und gehorsamer Sohn."

15. Auf die vorgedachten rührenden Zeilen
  Schrieb, ohne lange damit zu verweilen,
  Die alte Frau Jobs, die Senatorin,
  Ihrem guten Sohne folgende Antwort hin.

16. Sie enthält gar viel und mancherlei Sachen;
  Will drum draus ein neues Kapitelchen machen,
  Man würde sonst, weil der Brief etwas lang,
  Beim Durchlesen desselben müde und bang.

Zwei und zwanzigstes Kapitel.

Worin länglich die Antwort der Frau Wittwe
Schnaterin Jobs zu lesen, auf den Brief
ihres Sohnes.

1. **Mein geliebtster Sohn!**
      An Dich zu schreiben
 Konnte ich nicht lassen unterbleiben,
  Besonders rührte es mich, daß Du
  Mir wieder 60 Gulden sandtest zu.

2. Alles ist mir richtig gekommen zu Handen,
   Und ich habe aus deinem Briefe verstanden
      Deine Herzensgüte und Zärtlichkeit,
      Und das hat mich mehr als das Geld erfreut.

3. Zwar ist mir letztes sehr gut zu statten gekommen,
   Denn Geld gereicht immer zum Nutzen und
                                    Frommen;
      Aber deine gutartige Kindlichkeit
      Geht, so wahr ich 'ne ehrliche Wittfrau bin! weit.

4. Ich hab' mich vormals freilich sehr müssen behelfen
   Und nach dem nöthigsten Unterhalt kümmerlich
                                    gelfen,
      Und, wahr ist's, aus Ungeduld
      Gab ich Dir davon oft alleine die Schuld.

5. Allein alles ist längst vergessen und vergeben,
   Denn Du erleichterst mir und unsrer Esther das
                                    Leben,
      Schickst uns so viel Geld und seitdem
      Leben wir gemächlich und sehr bequem.

6. Ehmals schmachteten wir in Frost und Hitze,
   Aßen kaum satt Wasserschnell, Brei und Grütze,
      Trunken nur Kofent und kahlen Thee,
      Und in der Haushaltung war lauter Weh.

7. Uns borgte weder Schuster, Weber, noch Schneider,
   Die nöthigen Schuhe, Leinwand und Kleider,
      Und in unsrer Wohnung überall
      War's durchlauchtig wie in 'nem Nothstall.

8. Zwar suchten deine Schwester und ich uns mit
   Ehren
   Durch fleißige Handarbeiten zu ernähren,
   Allein, wir kamen damit nicht weit
   In dieser so hoch schwer theuern Zeit.

9. Esther hätte zwar extra was können acquiriren,
   Denn viele junge Herren suchten sie zu verführen,
   Doch weil sie ihnen keine Audienz gab,
   So zogen sie mit der langen Nase ab.

10. Nun aber sind wir frei von Nahrungssorgen,
    Brauchen nicht mehr zu darben und zu borgen,
    Und danken den frohen Lebensgenuß
    Dir.   Mein geliebter Hieronimus!

11. Der Himmel wolle ferner Dich beglücken
    Und Dir einst eine fette Pfarre zuschicken;
    Dann beschließe ich, wie Du es schreibest mir.
    Meine alten Tage, so Gott will, bei Dir.

12. Deine Schwester grüßt Dich zu hunderttausend
    malen,
    Denn sie kann Deine brüderliche Lieb' nicht anders
    bezahlen,
    Und sie bedankt sich hiemit herzlich vor
    Die ihr gesandte zwei schöne Louisd'or.

13. Apropos! was soll ich eigentlich daraus schließen,
    Daß der junge Herr Baron sie so zärtlich läßt
    grüßen?
    Ich hoffe, er hat doch wohl auf sie nicht
    Eine besondere unlautere Absicht?

14. Nun will ich zu verschiedenen Neuigkeiten,
 Welche hieselbst vorgefallen sind, schreiten;
  Sie sind zwar meist unangenehm und schlecht,
  Aber doch alle authentisch und ächt,

15. Das Gewitter hat vor etwa 14 Tagen
 In Herrn Advokaten S ch l u ck's Garten einge-
           schlagen,
  Davon sind viele Bäume zerknickt,
  Und das Lusthaus ist gleichfalls zerstückt.

16. Man hat dies als eine Vorbedeutung angesehen
 Dessen, was drei Tage hernach geschehen,
  Da der liebe Mann, gesund und guter Ding,
  Plötzlich den Weg ab Patres ging.

17. Er hat zwar keine Kinder, die um ihn trauern,
 Auch glaub ich nicht, daß seine Erben ihn be-
           bauern,
  Denn er saß sehr warm in der Woll
  Und hat seine Kisten von Thalern voll.

18. Man hat er post vieles gesagt und geplaudert,
 Wofür einem die Haut grauset und schaudert,
  Nämlich es ginge gedachter Herr Schluck
  Bei hellem Mittag herum als Spuck.

19. Einige haben ihn gesehn durch dem Fensterglase
 Mit seiner Brille auf der großen Nase,
  Und sein Advokatengewand
  Leuchtend wie höllischer Feuerbrand;

20. Und in seinem Hause höret man Jammer und
　　　　　　Gepolter,
　　Als läg einer auf der peinlichen Folter;
　　　Und er raffelt mit Ketten an der Thür;
　　　Gott bewahr jeden Christenmenschen dafür!

21. Man hat einen Währwolf hier kürzlich gesehen
　　In Gestalt eines großen Hundes herumgehen;
　　　Auch spricht man von mancher Behererei,
　　　Welche hieselbst geschehen sey.

22. Ich aber wollte schier gewiß darauf wetten,
　　Daß die Seher und Erzähler sich geirret hätten;
　　　Denn in Schildburg trau ich keinem einzigen
　　　　　　Mann
　　　Es zu, daß er die Kunst des Herens kann.

23. Der vorige Winter war hieselbst sehr strenge,
　　Es gab Schnee, Schloßen und Eis in Menge;
　　　Melde mir, ob vielleicht dorten bei Dir
　　　Der Winter gleichfalls so streng war als hier.

24. Man hat auch damals mii Schrecken gesehen
　　Am Himmel ungewöhnliche Zeichen stehen,
　　　Und es schoße daselbst wunderlich überall
　　　Am Firmamente heftiger Feuerstrahl;

25. Davon glauben nun billig die Schildburger Leute,
　　Daß es ein Unglück für unser Städtlein bedeute;
　　　Doch Herr Schneller sagt, es bedeute dies nicht,
　　　Sondern das Ding würde genannt Norblicht.

26. Indeß hat man doch aus der Zeitung gesehen,
   Daß vielleicht ein Krieg werde entstehen;
      Und, gib Acht, so wahr ich ehrlich bin!
      Unser Schildburg kommt dann auch mit drin.

27. Die Erndte ist dies Jahr sehr gut gediehen,
   Weil der Himmel günstiges Wetter dazu verliehen;
      Hoffentlich wird dann der liebe Branntwein
      und's Brod
      Wohlfeil und mindert die Hungersnoth.

28. Aber dagegen sind die Weinlesen
   Desto kümmerlicher in diesem Herbst gewesen;
      Denn die Stöcke standen meistens kahl
      Und der Most ist theils sauer, theils schaal.

29. Dieses macht denn nun wohl, leider! heuer
   Den guten Wein noch selt'ner und theuer,
      Und die vielen lustigen Zecher allhier
      Müssen sich dann helfen mit Wasser und Bier.

30. Den hiesigen Kirchthurm will man ausbessern
   Und die Kirche selbst etwas vergrößern;
      Denn man sagt, unsers Städtleins Christenheit
      Habe sich vermehret seit kurzer Zeit.

31. Einige hartnäckichte Herren Konsistorialen
   Wollen aber nicht einwilligen, vielweniger was
      zahlen,
      Man hofft aber die Kosten zu bringen herbei
      Durch eine Kollektensammelei.

Jobsiade 2r Thl.

32. Freilich, der Kirchthurm ist sehr verfallen und
zerborsten,
So daß Eulen und Dohlen drin hausen und horsten,
Aber für die wahren Christen, die hier seyn,
Ist, wie mir deucht, die Kirche selbst nicht
zu klein.

33. Seitdem unsre Herren jene Verordnung gaben,
Hat man keinen lebendigen Menschen wieder
begraben;
Da sieht man, was ein gescheutes Mandat
Für wohlersprießliche Folgen hat.

34. Sonst, wenn unsre Herren was kommandiren,
Pflegt niemand den Befehl zu vollführen,
Weil ihre Obrigkeitsautorität
Nicht gar weit bei ter Bürgerschaft geht.

35. Unser Fürst ist neuerdings durch's Städtel passiret,
Da hat die Bürgerschaft das Gewehr gepräsentiret,
Und mit Trommel und Fahne und großer Pracht
Einen kostsplitterlichen Aufzug gemacht.

36. Nur ein einziger that beim Feuern und Schießen
Unvorsicht'gerweise sein Leben einbüßen;
Sonst ging alles, zu Schildburgs Ehr,
Ohne sonderliches Unglück her.

37. Unser alter Pfarrer hat's Zeitliche gewechselt,
Man hat zwar 'nen neuen herausgedrechselt,
Doch bei der angestellten Pfarrerwahl
Geschah, wie gewöhnlich, viel Zank und
Skandal.

38. Herr Lippel Schnack, unser dicker Bürgermeister,
Wird tagtäglich älter, dümmer und feister,
Und bekommt jetzt zum verdienten Arbeitslohn
Aus der Kammerkasse eine Pension.

a gibt es also natürlich manche Leiche;
Doch an Oertern, wo keine Aerzte sind, .

41.

42.

Erzählt man sich sub Rosa überall;

43. Es ist als wär's Unglück in unserm Städtchen
Mit den jungen mannbaren Dirnen und Mädchen;
Denn es trägt sich zu fast alle Monat,
Daß eins eine Tochter oder 'nen Sohn hat.

44.

Doch vielleicht folgt einst dieser freudigen Sach'
Bei manchen der hinkende Bote nach.

7 *

45. Man hat das Rathhaus kürzlich renoviret
Und in der Polizei manches repariret;
 Zum Exempel: man ist nun von Bettelei,
 Doch weiß Gott, wie lange es dauert, frei.

46. Auch hat man sehr lange nichts gehöret,
Daß irgend die Nachtruhe wäre gestöret,
 Durch Einbruch oder nächtliche Dieberei;
 Das macht gleichfalls die gute Polizei.

47. Item, man gibt fleißig Acht auf Maaß und
       Gewichte,
 Nimmt Bäcker, Krämer und Brauer in Brüchte,
 Wenn etwa Brod und Waare nicht gehörig
     schwer,
 Oder das Bier zu leicht und zu dünne wär.

48. Man hat auch durchgehends die Stadtstraßen
Mit neuen Steinen wieder pflastern lassen,
 Weil das neue Pflaster vom vorigen Jahr
 Nicht zum Besten gerathen war.

49. Die Stadtthore hat man abgebrochen
Und solche auf's neue künftig zu bauen ver-
     sprochen,
 Man kaufte auch gern eine neue Kirchuhr,
 Hätte man dazu das Geld nur.

50. Die Schloßwarte will man demoliren,
Und die Steine anderweitig emploiren,
 Und damit das Obere von selbst folgen kann,
 Fängt man mit der Abbrechung von unten an.

51. Einige andre nöthige Ausbesserungen
Hat man dem Meistfordernden verdungen;
Denn es sieht, leider! elend und kraus
Mit andern öffentlichen Gebäuden aus.

52. Man probiret bei dieser greulichen Hitze
Sehr oft unsre große Brandspritze;
Denn man hat gefunden, wenn Brand entsteht,
Daß sie meistens nicht richtig geht.

53. Man hat noch kürzlich in diesen Tagen
Einige junge Männer zu neuen Bürgern ge-
schlagen,
Und für die übermorgende Nacht
Oeffentlich angesagt eine Saudiebsjagd.

54. Neulich fiel ein Kind in den großen Stadts-
brunnen,
Und ist drin kaum dem Ertrinken entrunnen;
Da hat man nun gleich die Cautel erdacht,
Und den Brunnen vernagelt und zugemacht.

55. Weil man sich im Finstern auf der Straße
leicht verletzet,
So hat man alle sechs Schritt Nachtlaternen
gesetzet;
Aber, noch zur Zeit, fehlet es an
Dem nöthigen Fond zu Oel oder Thran;

56. Denn aus den ehmaligen publiken Kapitalen
Läßt sich seit langen Jahren nichts bezahlen;
Man sagt, es wäre alles Stuck vor Stuck,
Sowohl Kapitale als Zinsen cabuck.

57. Man hat der Bürgerei zum besten vor 14 Tagen
 Die Stadtsbleiche verkäuflich losgeschlagen,
  Und das Plätzchen, wo sonst der Galgen stand,
  Ist gemacht zu schönem Ackerland.

58. Das Rathhaus wird an den, der's Meiste bietet,
 Nächstens verpachtet oder auf 8 Jahr vermiethet;
  Nur ein Zimmerchen bleibt vakant davon
  Um drin zu verrichten die Session.

59. Man bezeiget vielen guten Willen,
 Die Stadtgräben zu verschütten und auszufüllen,
  Weil doch ohnehin ein jedermann
  In's offne Städtel 'reinkommen kann.

60. Ein fremder Spitzbub ward gestern attrapiret,
 Den hat man zur Strafe durch alle Straßen
      geführet
  Mit einer großen Kappe mit Schellen dran,
  Und ihn dann wieder seines Wegs laufen l'an.

61. Einige Bürger gehen Nachts fleißig patrolliren,
 Um etwa verborgene Diebe aufzuspüren,
  Und melden es immer durch der Klapper Getön,
  Woher sie kommen und wohin sie gehn.

62. Es ist befohlen, daß jeder vor seiner Thür
      fleißig putze,
 Weil die Straßen beständig stinken von Mist
     und Schmutze;
  Denn es gibt, wie Dir bekannt ist, allhie
  Viele Kühe, Schweine und anders Vieh.

63. Man spricht von noch mehr Projekten im hiesigen
    Staate,
    Allein sie beruh'n noch blos heimlich im Senate,
    Welcher mit aller Anstrengung und Macht
    Auf's Wohl der Bürger tagtäglich bedacht.

64. Hier ist angekommen eine Puppenspielerbande,
    Die schleppet gewaltig viel Geld aus dem Lande,
    Vornehme und Geringe gehen täglich viel
    Um zu besehen das herrliche Spiel;

65. Vorgestern haben sie Doktor Fausts Leben,
    Gestern die heilige Genofeva gegeben,
    Und am heutigen Abend gibt man
    Die gräßliche Tragödie von Don Juan.

66. Was nun noch betrifft Deine hiesigen Verwandten
    Freunde, oder sonstigen Bekannten,
    So ist da des Dinges noch mancherlei,
    Was Dir zu wissen angenehm sey.

67. Deinen Successor, den bewußten Nachtwächter,
    Findet die ganze Bürgerschaft je länger je schlechter,
    Denn er thut meistens die nächtliche Pflicht
    So recht, wie es sich gehöret, nicht.

68. Er kann lange nicht so gut, wie Du ehemals, blasen,
    Singet auch etwas undeutlich durch die Nasen,
    Deswegen spricht man durchgehends hier
    Noch immer mit allem Ruhme von Dir.

69. Herr Schneller pflegt sich oft bei mir zu erkünden,
    Wie es stehe mit Deinem Wohlbefinden;
    Er kurirt noch immer frisch drauf los
    Und purgirt mit seinen Pillen klein und groß.

70. Vetter Kasper hat gestern den Ehbund erneuert
Und seine goldne Hochzeit hoch gefeiert,
   Doch über die Freude, die da regiert,
   Haben sich viele Bürger moquirt;

71. Weil mancher guter Ehemann wohl eben
Solche Jubelei nicht verlangt zu erleben;
   Denn die Zeit kam ihm zu lang an
   Mit seinem theuren Ehegespann.

72. Der junge Kunz hat 'ne Erbschaft erworben
Von 'nem reichen Onkel, welcher gestorben.
   Und was dieser geizig zusammengescharrt,
   Verzehrt jener nun mit guter Art:

73. Er hält Kutschen, Pferde und Maitreſſen,
Beschäftigt sich täglich mit Spielen, Trinken
         und Eſſen,
   Und ist für 100 Reichsgulden baar
   Neulich geworden ein Hofrath gar.

74. Ich leide zuweilen mancherlei Schmerzen,
Bald im Kopf, bald im Magen, bald am
         Herzen,
   Bald geht's mir im Leibe rundherum,
   Herr Schneller nennt's: Malum historicum;

75. Ich kann aber gemeiniglich diese Plagen
Mit 'nem Schlückchen Kümmel oder Anis ver-
         jagen,
   Deswegen nehm' ich Abends und Morgens
         davon
   Gewöhnlich eine etwaige Portion.

76. Dein zweiter Bruder zieht fleißig auf Kirmsen
und Messen,
Ihm fehlt es nicht am nöth'gen Unterhalt und
Essen;
Denn er führet noch immer lobesam
Seinen kleinen Nürnberger Puppenkram.

77. Er hat sollen Rathmann hieselbst werden,
Fürchtet aber die rathshäuslichen Beschwerden,
Denn man geht alle 14 Tage drauf,
Und sitzt da und sperrt das Maul weit auf;

78. Und die etwa damit verbundene Ehre
Lohnet kaum, daß man sich drum beschwere,
Denn außer einem Hasen und 'nen Viertel
Wein,
Bringet der ganze Dienst nichts ein.

79. Dein ält'ster Bruder mit dem häßlichen Weibe
Sucht sich auswärtig allerlei Zeitvertreibe;
Denn er hat zu Hause sein Kreuz
An seines Weibes Gesicht und Geiz.

80. Was betrifft deine ält'ste Geschwister,
So lebt diese mit ihrem Gatten, dem Küster,
Noch immer in ehlicher Einigkeit,
Ausgenommen dann und wann 'ne Kleinigkeit.

81. Er hat andershin einen Ruf bekommen,
Aber denselben weislich nicht angenommen,
Denn sein hiesiger Dienst nährt ihn treu
Und er wird reich und porkulent dabei.

82. Deiner Schwester Gertrud ihren wackern Knaben
Vom Prokrater Geier, hat man vor Kurzem
begraben;
Uebrigens lebt besagte Schwester Gertrud
Als Putzmacherin hieselbst wohlgemuth.

83. Schade, daß der Junge nicht mehr am Leben!
Er hätte auch einst 'nen guten Prokrater ab-
gegeben;
Denn er war an Einfällen sehr schlau
Und im Fordern und Nehmen fir und gau.

84. Die andre Schwester hat noch beim alten
Wittwer treulich bisher ausgehalten,
Und als eine wack're Haushälterin
Pflegt sie ihn noch immer und wärmet ihn.

85. Was endlich betrifft deine jüngste Schwester,
So ist sie noch immer die vorige gute Esther,
Sie nimmt vorlieb mit geringer Kost
Und gereichet mir zur Stütze und zum Trost.

86. Möchte wünschen, daß 'n reicher und vornehmer
Mann käme
Und das Mädel zu seiner Ehegattin nähme;
Denn, findet sich nicht eine gute Parthie,
So heirathet sie, wie sie versichert, nie.

87. Denn sie ist gar nicht auf's Mannsvolk beflissen,
Hält nichts von Tanzen, Pfänderspielen und
Küssen,
Ist auch, wie sonst die meisten Mädchens, nicht
Auf's leidige Romanenlesen erpicht.

88. Judex Squenz ist vom Fürsten kassiret,
     Weil er oft zu parteiisch hat judiciret;
         Hier trägt also vom Krug das Sprüchwort nicht:
     Er geht so lange zu Wasser, bis er bricht.

89. Ich hätte Dir zwar gern mehr wollen schreiben,
     Lasse es aber bei diesen paar Zeilen diesmal
                         verbleiben;
         Vielleicht, ob Gott will, schreibe ich schier-
     künftig etwas ausführlicher Dir.

90. Alle Freunde und Lieben lassen Dich herzlich
                         grüßen,
     Und weil die Post abgeht,

                     will ich eilig schließen.

Ich verbleibe immer mit dem zärtlichsten Sinn,
Deine liebe Mutter

   Wittwe Jobs Schnaterin.

91. Ich muß noch eben zu Deinem Ergetzen
 Ein kleines Postskriptchen hier nachsetzen,
  Denn es fehlet mir, dem Himmel sey Dank!
     hier
  Weder an Zeit, noch Dinte, noch Papier.

92. Gevatter Theis ist vor anderthalb Wochen
 In den Ehstandskittel förmlich gekrochen,
  Die Hochzeit war lustig, doch höre ich heut,
  Die ganze Affaire sey ihm schon leid.

93. Nichte Trine hat von ihrem lieben alten
 Kobus neulich ein Kind erhalten,
  Doch durchgehends glaubet und denket man,
  Daß er selbst wenig darzu gethan.

94. Herrn Thums seine Porzellanfabrikaten
 Wollen bisher noch nicht recht gerathen,
  Denn es fehlet an guter Erde nicht nur,
  Sondern auch an Arbeitern und Glasur;

95. Ueberhaupt scheinen vernünftige Dinge und
     Fabriken
 In unserm Städtlein nicht recht zu gelücken;
  Ob's am Klima, oder sonst wo fehlt,
  Lasse ich an seinen Ort gestellt.

96. Man will eine Lesegesellschaft hier errichten
 Von Historien und anmuthigen Gedichten,
  In dem Verzeichniß finde ich mit
  Den Eulenspiegel und gehörnten Siegfried.

97. Der alte Schmudel aus dem Hebräerorden
    Hat's Judenthum quittirt und ist Christ geworden;
        Dagegen bei uns manch sogenannter Christ
        Ein unbeschnitt'ner Jude längst war und ist.

98. Der Kaffee ist im Preise sehr hoch gestiegen,
    Dies erregt allgemeines Mißvergnügen;
        Denn in diesem ausländ'schen Produkt
        Wird hier mancher Gulden verschluckt.

99. Ich höre, man will Deine Thaten und Dein Leben
    In Dortmund verbessert und vermehrt heraus=
                                        geben;
        Denn sowohl lust'ge, als ernsthafte Herrn,
        Lesen von Dir und Deinen Thaten gern.

100. Herr Schland wird, wie ich von Herrn Schneller
                                        vernommen,
        Bald die Schwindsucht an den Hals bekommen.
        Ich schließe nunmehr vergnügt und bin
        Ut supra

                    deine Mutter Schnaterin.

Drei und zwanzigstes Kapitel.

Wie der junge Herr mit Hieronimus die Welt
besehen soll und der Schulmeister **Loci** einen
unvorgreiflichen Reiseplan überreichen that.

━━━●○●━━━

1. Jetzt ist es wieder hohe Zeit zu besehen,
Wie die Affairen auf dem Schlosse zu Ohnwitz
stehen,
Und was nach einigen Tagen allda
Weiter wegen Hieronimus geschah.

2. Daß ihn die gnädigste Herrschaft aufs beste traktirte
Und auf alle menschmögliche Weise flattirte,
Wer das nicht ohne mein Erinnern sähe ein,
Der müßte ein Einfaltspinsel seyn.

3. Auch will ich nichts von den Geldgeschenken,
Welche ihm der alte Herr machte, gedenken,
Auch nicht sagen, daß er davon in Eil
Seiner Mutter gesandt ein ansehnlichen Theil.

4. Ich will vielmehr ab Rem fortfahren und sagen,
Daß man nach verstrich'nen Willkommstagen
Faßte einen ganz nagelneuen Entschluß,
Wegen des jungen Barons und Hieronimus.

5. Den jungen Herren in seinen Vollkommenheiten
Noch zu verfeinern und weiter auszubreiten,
Beschloß dessen gnädiger Herr Papa,
Mit Konsens der gnädigen Frau Mama:

6. Ihn einige Zeit durch die Welt zu lassen reisen,
 Hieronimus könnt dann ihn ferner begleiten und
 unterweisen,
 Und Deutschland, Frankreich, Italien,
 Engelland, und so weiter besehen.

7. Die Sache wurde mit Muße erwäget,
 Und der Reiseplan sehr herrlich angeleget,
 Vom Hofmeister Hieronimus, so wie auch von
 Dem alten und jungen Herren Baron.

8. Auch im Dorfe entstund viel vernünftiges Dis-
 kuriren
 Ueber die Reise und wie solche zu vollführen;
 Unter andern gab der Schulmeister einen Plan
 Sonntags Nachmittags in der Schenke an.

9. Der ward bald von einem Viertelhundert
 Bauern angestaunt und als gelehrt bewundert;
 Doch ob er so ganz nach der Geographie
 Richtig sey gewesen, behaupte ich nie.

10. „Erst sollte der junge Herr Franken und
 Schwaben besehen,
 „Von da weiter in's heilige römische Reich
 gehen
 „Durch die Moldau und Wallachey
 „Bis an die Grenze der Türkey.

11. „Ferner seine Route durch die Schweiz nehmen
 „Nach Siebenbürgen, Polen, Schweden
 und Böhmen,
 „Und sorgen, daß er von da aus, bequem
 „Durch Dänemark, weiter in's Unger-
 land käm.

12. „Von da nach Norwegen, Preußen und
Westphalen,
„Aber zu Wasser von da nach Frankreich
dermalen,
„Und nehmen dann in Hamburg oder
Calais
„Nach England hin 'ne Chaise und neues
Relais.

13. „Von England könne er nach einigen Zeiten
„Ein Bischen hinüber nach Spanien reiten,
„Und er sähe dann auf diesen Fall
„Noch unterwegens das Land Portugall.

14. „Von da müsse er nach Venedig kutschiren,
„Und wenn er da sey, weiter spaziren
„Nach Moskau, quer durch Sicilia,
„Von da nach Schottland und Hibernia.

15. „Von da könne mit Extrapostpferden
„Die Reise leicht fortgesetzt werden
„Nach Italien bis zur Stadt Rom,
„Um zu besehen den Sankt Peters Dom.

16. (Aber dem heiligen Vater den Pantoffel zu küssen,
Davon wollte der Schulmeister durchaus nichts
wissen,
Weil er, als ein noch crasser Protestant,
Im Pabste den leidigen Antichrist fand.)

17. „Von Rom aus könne er nach Liefland gehen
„Und bei dieser Gelegenheit Malta besehen:
„Von da führ er mit der Post nach Lappland,
„Und von da auf einige Tage nach Braband.

18. „Er könne en passant bei der ottomannischen
Pforten
„Eben anklopfen, aber dann bald von dorten
„Nach Holstein und Neapolis reisen thun
„Und daselbst einige Tage ausruhn.

19. „Aber alsdann etwa nach Siberien wandern
„Und von da aus über Wien zu Schiffe nach
Flandern.
„Und so hätte er dann, auf die kürzeste Weise,
beinah
„Besehen das ganze Europia.

20. „Wenn er nun auf dickbesagte Weise
„Vollbracht hätte die vorhabende Reise,
„So käm er durch den großen Ocean
„Endlich zu Ohnewitz wieder an."

21. Es ist aber nicht blos beim mündlichen Vortrag
geblieben,
Sondern der Schulmeister hat den Plan sauber
abgeschrieben;
(Die Beschreibung selbst in Kurrentschrift nur,
Aber Länder und Städte mit großer Fraktur.)

22. Demnächst dem gnädigen Herrn, der eben zur
Tafel saße,
Und gerade damals den dritten Ortolan aße,
Ueberreichet in eigener Person
Mit unterthänigster Devotion.

23. Man hat darüber allerlei Gloſſen gemachet,
　　Sich faſt das Zwerchfell zerſchüttelt und zerlachet,
　　　Und jeder, der den Plan las, nahm
　　　Davon abſchriftliche Kopiam.

24. Die Reiſe ſelbſt ward jedoch nicht vorgenommen,
　　Weil ein mächtiges Hinderniß dazwiſchen ge-
　　　　　　kommen;
　　　Was aber dies für ein Hinderniß war,
　　　Macht das 25te Kapitel klar.

Vier und zwanzigstes Kapitel.

Wie Hieronimo aufgetragen ward, zum Spaß
eine Reisekarte nach dem Plan des Schulmeisters
anzufertigen; welche hier im saubern Kupferstich
mitgetheilet wird.

———————

1. Hierauf wurde Hieronimo aufgetragen,
   Den Homann'schen Atlas nachzuschlagen,
   Und zum Spaß, nach des Schulmeisters Plan,
   Eine Reisekarte zu fertigen an.

2. Sobald man sich also von der Tafel erhube,
   Ging Hieronimus auf seine Studierstube,
   Verfertigte die Zeichnung ohne Müh
   Und überreichte des andern Morgens sie.

3. Herr von Ohnewitz ward davon außerordentlich
   munter,
   Und sein Frühstück ging desto besser herunter;
   Ich aber habe dies saubere Stück
   Er post erhalten im Original, zum Glück.

4. Ich will sie im Kupferstiche beifügen,
   Sowohl zum Nutzen, als auch zum Vergnügen
   Aller etwa künftig Reisenden,
   Welche Europa wollen beseh'n.

8 *

5. Sie zeiget, troh den besten Postkarten,
Die kürzesten Wege und leichtesten Fahrten,
Wie man von jedem Orte gleich
Reisen kann aus einem in's andere Reich.

6. Sie ist sehr gemächlich zu verstehen;
Denn der große Fleck, den wir in der Mitte sehen,
Ist Deutschland, und der dicke Punkt drein,
Soll dermalen der Ort Ohnewih seyn.

7. Hieraus kann man nun ohne Kopfbrechen
Die Lage der übrigen Länder leicht berechnen;
Zum Erempel: die 3 Klere oben gegen linker
Hand
Bedeuten Irrland, Schottland und England.

8. Das Land unten gegen der linken Seiten,
Sollen die Reiche Spanien und Portugall bedeuten,
Und der Stiefel fast unten da
Ist das berühmte Italia.

9. Oben gegen rechts ist's Land der Siberiter,
Drunter gegen das Mittel wohnen die Moskowiter,
Und noch drunter sieht man zierlich und schön
Die Ottomannische Pforte stehn.

10. Die vornehmsten hierauf verzeichneten Länder
Haben zierlich und akkurat punktirte Ränder,
Und um die Jungfer Europa rund her
Siehet man nichts als Himmel und Meer.

11. Um diese Karte noch nützlicher zu machen,
Hätte man zwar noch allerlei nöthige Sachen
Darauf gerne, wie sich's gebührt,
Zum Behuf der Reisenden gezeigt und notirt;

12. In Specie deutliche Handweiser
    Auf die vorzüglichsten Wirthshäuser,
      Und wie der brave Mann jedes Orts heißt,
      Wo man für sein Geld bestens trinkt und speist.

13. Denn den meisten Herren Passagieren
    Pflegt dieses am mehresten zu interessiren;
      Denn sie nehmen sich ja selten die Zeit,
      Zu untersuchen andre Merkwürdigkeit.

14. Indessen habe ich von solchen schönen Dingen
    In der Karte nichts können anbringen,
      Denn der Stich davon ist gar zu fein
      Und der Raum selbst dazu zu klein.

Fünf und zwanzigstes Kapitel.

Hieronimus soll Pastor werden. Item, Beschreibung seiner Pfarre.

———o·o———

1. Siehe da! es starb der Pfarrer zu Ohnwitz
   plötzlich.
   Dieser Vorfall ist zwar ganz entsetzlich
   Unglaublich und sehr kurios,
   Aber doch in Romanen kein Wunder groß.

2. Der Ehrenmann hatte noch Abends vorher gehalten
   Eine gute Mahlzeit von Schinken und kalten
   Hammelbraten, mit Salat von Selerei,
   Und ein Rebhühnle verzehrt dabei.

3. Auch seine täglich gewohnte zwei Rastadter Määßle
   Getrunken aus dem alten Rheinweinfäßle;
   War also, Gott lob! weder krank noch voll,
   Sondern befand sich bis dahin gesund und wohl;

4. Und seine Konstitution schien versprechen zu wollen,
   Daß er ein alter Mann hätte werden sollen;
   Denn er war sehr stark und korpulent,
   Und dacht' an nichts weniger als an sein End.

5. Er hatte erst kaum 4 oder 5 Jahre
   Lang genossen die Ohnwitzer Pfarre,
   Und diese schlug bei dem lieben Mann,
   Ratione seiner Gesundheit, trefflich an;

8.

9. Die gnädige Herrschaft lag noch im tiefen Schlafe,

10.

    lange

  Aurora musis amica est.

11. Sie fanden nach geendigtem Spazieren
  Um halb 12 Uhr die Herrschaft bejeuniren,
  Und Herr von Ohnwitz, als er Hieronimum sah,
  Rief ihm laut zu: „Viktoria!

12. „Ich gratulire Ihm zur Ohnwitzer Pfarre!"
  Hieronimus stund da vor Erstaunen wie ein Narre,
  Und wußte nicht eigentlich, ob dies da
  Aus gnädigem Spaß oder Ernst geschah.

13. Aber er ließ sich bald näher überführen;
     Daß es Ernst sey mit dem Gratuliren,
       Und für Spaß ihm hier nicht Noth sey,
       Sintemal der Pfarrer wirklich tobt sey.

14. Nun überlege einmal der Leser mit kaltem Blute,
     Wie da dem Hieronimus geworden zu Muthe,
       Als er so urplötzlich unverhofft da
       Zum Pastor sich metamorphosirt sah.

15. Denn diese Pfarrei war einträglich und wichtig,
     Und trug jährlich ganz gewiß und richtig,
       Ohne die Accidentien, rein
       Blanke 900 Gulden ein.

16. Die Accidentien waren gleichfalls ansehnlich,
     Etwa 100 Gulden pro Jahr gewöhnlich;
       Also kamen nach der Summa Summarum draus
       Des Jahrs circa 1000 Gulden zu Haus.

17. Davon ließ sich nun sehr gemächlich leben,
     Auch zum Sparpfennig etwas aufheben;
       So daß sich kein Pfarrer im ganzen Land
       So reputirlich als der Ohnwitzer stand.

18. Wenn etwa andre dorfgeistliche Herren
     Sich von ihrem kleinen Dienstchen mußten küm-
                                      merlich nähren,
       Und bei Wasser, oder höchstens Koventbier,
       Krumm liegen und verdursten schier,

19. Und kaum hatten, was sie am nöthigsten brauchten,
     Aus kurzen Tabakspfeifen ihren Kneller rauchten,
       Und bei Sauerkohl, Kartoffeln und Erbsenbrei,
       Sungen die erbärmlichste Litanei;

20. Da befand ſich hingegen ein Ohnwitzer Paſter,
Bei ſeiner langen Pfeife mit virginiſchem Knaſter,
Und einem gutgefüllten Weinfaß,
Und Schinken, Braten und Wildpret, baß.

21. Dabei thät er in mächtig großem Anſehen,
Wie ein Kloſtergardian, bei ſeinen Amtsbrüdern
ſtehen,
Und bei der Synode, oder bei dem Konvent,
Bekam er das größte Kompliment.

22. Selbſt wenn er auf dem freiherrlichen Schloſſe
Viſiten gab und Mahlzeiten genoſſe,
So ſaß er aus Regard, während der Mahlzeit,
Der gnädigen Frau immer nahe zur Seit.

23. Der vorige Pfarrer wußte ſowohl Junge als Alten
Vorzüglich in Furcht und Reſpekt zu halten,
Und behauptete überall, ſpat und früh,
Seine Oberautorität in der Parochie,.

24. Und bei vorfallenden Kindtaufenſchmäuſen,
Oder bei Hochzeiten, oder bei Leichenſpeiſen,
Saß er oben an und führte immerfort,
Als wär er in der Kirche, das große Wort.

25. Wer nicht wollte ganz nach ſeiner Pfeife tanzen,
Den pflegte er verblümt auf der Kanzel zu kuranzen,
So daß ihm Hören und Sehen verging,
Und er aus Angſt ein neues Leben anfing.

26. Er befand ſich zwar weder kränklich noch gebrechlich,
Sondern gut bei Leibe, war aber ſehr gemächlich:
Drum hielt er ſich einen Kandidat als Kaplan,
Welcher die Pfarrdienſte für ihn gethan;

27. Aber Kopulationen, Taufen und derlei Pflichten,
	Pflegte er doch gewöhnlich in Persona zu verrichten;
		Wenigstens wohnte er der Schmauserei,
		Welche dabei vorfiele, bei.

28. Er war übrigens in der Lehr weder Heterodoxe,
	Noch im gemeinen Umgang ein knurrender Ochse,
		Sondern führte seine Ohmwitzer Schäfelein
		Auf 'ner Weide vom ketzerischen Unkraut rein,

29. Und seine Gemeindsgliederinnen,
	Besonders junge, wurden oft innen
		Seiner guten Laune, denn der lose Pastor
		Machte ihnen manch' Späschen, doch in Eh-
			ren, vor.

30. Kurz! ein Ohnwitzer Pfarrer lebt wie ein Engel
Hat wenig Arbeit, denn sein Kirchensprengel
Ist nicht weitläufig, sondern klein und eng,
Und der Kommunikanten ist 'ne geringe Meng.

31. Er kann im Schlafrock, Pantoffeln und Nacht-
mützen
Im Großvaterstuhl fast den ganzen Tag sitzen,
Und verrichten gewissenhaft allesamt,
Was da vorfällt in seinem Pfarreramt.

32. Nur des Sonntags einmal zu kanzliren,
Alle Vierteljahr ein Paar zu kopuliren,
Nebst Taufen, Begraben und ein Bischen
Kinderlehr,
Dieses ist alles und sonst kein Haar mehr.

33. Das Dorf selbst ist sehr herrlich gelegen,
Ueberall blühet und lachet der Segen,
Und alles, was die ländliche Natur
Schönes hat, zieret Ohnwitzens Flur.

34. Weiden, Wälder, Gebüsch und Gesträuche,
Schattige Haine, glatte Bäche und Teiche,
Wiesen, Obstgärten, Hügel und Thal,
Garten und Feld, wechselt ab überall.

35. Da kann mit Vögelfangen und Fischereien,
Sich der Pfarrer nach Gefallen zerstreuen,
Wenn ihn etwa ein sauers Amtsgeschäft
Zu sehr angegriffen und entkräft't;

36. Oder auch manchem Kirschvogel, Rebhuhn und
Hasen,
Das Lebenslicht auf der Jagd ausblasen;
Denn er hat Vogelfang, Jagd und Fischerei,
Nebst Taubenflug, bei seiner Pfarre frei.

37. Wenn er sich dabei gut insinuiret
Und die Bauern nicht zu sehr kujoniret,
So kann er mit Frau und Kinderlein
Bei einem oder andern täglich Gast seyn.

38. Wir wollen also, was wir ohn' unsern Schaden
auch können,
Dem Hieronimus sein künftiges Glücke gönnen,
Und in dem folgenden Kapitelchen
Mit ihm in's geistliche Examen gehn.

Sechs und zwanzigstes Kapitel.

Wie Hieronimus in dem Eramen gut bestand
und mehr wußte, als seine Examinaters.

———○●○———

1. Ehe er die Pfarre wirklich konnte antreten,
   War, der Ordnung wegen, ein Examen vonnöthen,
   Und er meldete sich bald darum
   Beim hochwürdigen Ministerium.

2. Es geschah mit allen Umständen, wie sonst bräuchlich.
   Hieronimus betrug sich diesmal unvergleichlich
   Und beantwortete Augenblicks
   Jeden Artikel frei und fix.

3. Das erregte nun bei sämmtlichen Examinatoren
   Ein mächtiges Spitzen ihrer ansehnlichen Nasen
   und Ohren,
   Weil ihnen noch nie ein Fall war bekannt,
   Daß ein Ordinandus so gut bestand.

4. Die Herren konnten ihn nicht's mindeste fragen,
   Oder er wußt' ihnen gleich alles vollkommen zu
   sagen,
   Ja, es fand sich, daß er weit mehr verstund,
   Als jeder von ihnen ihn fragen kunt.

5. Keiner brauchte nun nach der Antwort auf die
   Fragen,
   So wie ehmals im Examen, Hem! Hem! zu
   sagen;
   Sondern es hieß nun: Domine Hieronime!
   Respondisti bene benissime!

6. Sie fragten zwar mitunter einfältige Fragen,
   Worauf ein Schulkind hätte Antwort können sagen,
   Wie's wohl mal im Examen ergeht,
   Wenn man beim Exam'nator gut steht.

7. Doch einige wünschten ihn zu fangen durch ver-
   fängliche Fragen,
   Sie konnten ihn aber dadurch nicht in's Bockshorn
   jagen;
   Gaben ihm also sämmtlich den Ruhm
   Als 'nen hochgelehrten Theologum.

8. Das Testimonium ward förmlich koncipiret,
   Mit dem großen Ministerialsiegel sigilliret,

Alsdann ihm überreicht und jeder hat
Ihm gratulirt vorerst als Kandidat.

Sieben und zwanzigstes Kapitel.

Wie Hieronimus nun Pastor ward und für künf=
tigen Sonntag auf seine Antrittspredigt studierte,
welche im 29ten Kapitel zu lesen seyn wird.

———o◦———

1. Daß er so gut hatte thun bestehen,
    Gab ihm auf dem Schlosse ein wichtiges Ansehen,
    Und Herr von Ohnewitz hieß hinfort Hie=
        ronimum nicht mehr Er, sondern Sie.

2. In folgenden Zeiten und Tagen heckte
    Man noch aus für ihn manche gute Projekte,
    Besonders wie er hübsch einrichten könnt
    Sein zukünftiges Etablissement.

3. Unter andern wollte man ihm nebenbei rathen,
    Die Wittwe des Seligverstorbenen zu heirathen
    Allein, als man ihm dieses kund gab,
    Schlug er diesen Antrag rund ab.

4. Zwar war die Wittwe ein herzensgutes Weibchen,

Noch jung und liebevoll wie ein Turteltäubchen;
Hatt' nur ein einzig's Kind, dies aber gab,
Weil's kränkelte, Hoffnung zu sterben bald, ab.

5. Sie hatte sich manches Kapitälchen ersparet,
Und zum Nothpfennig, dafür sich aufbewahret,
Wenn etwa ihres Herren Mannes Tod
Sie setzte außer Nahrung und Brod.

6. Sie wußte aus Butter, Käse und vielen andern
    Sachen,
    Sich manchen Extragroschen zu erwerben und zu
    machen,
    Verkaufte jährlich viel Honig und Wachs,
    Und spann fleißig aus selbst gezogenem Flachs.

7. War auch sehr beliebt in der ganzen Gemeinde,
    Alle Bauern waren ihre Gönner und Freunde,
    Und sonntäglich trug manche Bäuerin
    Ihr Geschenke für die Küche hin:

8. Sie besaß übrigens viel Herzensgüte,
    War gar nicht von zanksüchtigem Gemüthe,
    Und kurzum, in so weit wäre sie
    Wohl gewesen für Hieronimum 'ne gute Parthie.

9. Aber er hielt es für Unrecht, durch eine Quarre
    Anzutreten eine geistliche Bedienung oder Pfarre,
    Er dachte auch ohnehin noch immer dran,
    Wie's ihm mit der ersten Ehe gegahn.

10. Zum Beweis aber, daß er uneigennützig verfahre,
    Verglich er sich mit der Wittwe wegen dem
    Nachjahre,
    Und sicherte aus den Pfarreinkünften ihr
    Jährlich 100 Gulden dafür;

11. Jedoch nur so lange als ihr Wittwenstand be-
    stehe
    Und sie nicht schritte zu einer neuen Ehe,
    Sollte bestehen dieser Pakt;
    Aber es endigte sich bald der Kontrakt.

12. Denn es·hat kaum anderthalb Jahr gewähret,
    Da sie schon wieder zu heirathen begehret
    Und genommen einen andern Mann;
    Ich führe solches nur beiläufig an.

13. Hieronimus ward bald drauf als Pastor ordniret,
    Und hat auf eine feine Antrittsrede studiret,
    Und man machte für nächstkünftigen Sonn-
    tag schon
    Anstalten zur Introduktion.

Acht und zwanzigstes Kapitel.

Unruhe der Ohnwitzer Gemeinde über die An=
stellung des neuen Pastors.

---

1. Aber die Ohnwitzer Kossaten und Bauern,
   Wollten hierüber für Aerger fast versauern,
   Und wo sie einer den andern sahn,
   Stießen sie brummend die Köpfe an:

2. "Da schickt uns nun der gnädige Herr wieder
              den Narr her
   "Und gibt uns denselben gar zum Pfarrherr! —
   "Nein, das soll durchaus nit geschehn,
   "Und sollte es auch drunter und drüber gehn.

3. "Denn es ist ja ein unerhörtes Exempel,
   "Daß ein Nachtwächter in der Kirche oder im
                         Tempel,
   "Weder in Ohnewitz, noch in der Welt,
   "Als Pastor oder Priester ward angestellt."

4. Eine Supplik, welche der Schulmeister vom Dorfe
   In der Schenke, vigore commissionis, entworfe,
   Nebst förmlicher Erklärung der Protestation,
   Ware das Resultat davon.

5. Als nun solche in geziemenden Ausdrücken fertig,
   Waren des andern Tages alle Bauern gegenwärtig,
   Und damit wallte der ganze Troß
   Durch dick und dünne zum Herren auf's Schloß.

6. Aber der gnädige Herr auf dem Schloſſe
Fürchtete ſich nicht vor dieſem großen Troſſe,
 Nahm zwar die Supplik an mit Freundlichkeit,
 Gab ihnen aber mündlich folgenden Beſcheid:

7. „Ihr Ochſen, ihr Räckel, ihr Eſel, ihr Flegel!
„Nehmt einmal für allemal euch dies zur Regel:
 „Herr Hieronimus ſoll euer Pfarrer doch ſeyn,
 „Oder ich laß euch alle ſperren in's Hunde-
     loch ein!„

8. Da hingen nun auf einmal die armen Tröpfe
Ihre breiten Mäuler und dicken Köpfe,
 Sagten: Ach ja, lieber gnädiger Herr!
 Und gingen hin, wo ſie gekommen her.

9. Aber einige von ihnen nahmen, aus Rache
Gegen den neuen Pfarrer, hoch und theuer
      Abſprache,
 Seiner künftigen Predigt und Lehr
 Nicht zu geben das mind'ſte Gehör;

10. Auch von allem, was er aus Gottes Worte
Ihnen vortrüg an dieſem oder jenem Orte
 Zu ihrem Seelenheile, kurzum,
 Immer zu thun das Kontrarium;

11. Ihn auch ſonſt auf alle Weiſe zu kränken,
Nie ihm etwas in die Küche zu ſchenken,
 Selbſt jedes pflichtſchuld'ge Accidens ſo klein
 Und ſo knapp, als möglich ſey, zu richten ein.

12. Als man indeß Sonntags die Glocke geläutet
Und zur Antrittspredigt alles war bereitet,
Fanden sich alle Ohnwitzer, groß und klein,
Höchst zahlreich in die Kirche hinein.

13. Selbst die, welche vorher das Gegentheil ab-
gesprochen,
Haben aus Neugier ihren Vorsatz gebrochen,
Und sagten: Ich will doch einmal 'neingehn,
Und, was der Kerl da saget, besehn.

14. Der neue Herr wies recht seine Rednertalente
In der Oration. Ich zeige die Hauptcontente,
So viel ich davon mich erinnern kann,
Im folgenden neuen Kapitel an.

Neun und zwanzigstes Kapitel.

Eintrittspredigt des neuen Herrn Pfarrers; sehr
erbaulich, aber abgebrochen, damit der Leser nicht
einschlafe.

———— ⚬⚬ ————

1. „Geliebtesten Freunde und Zuhörer! ich betrete
   „Hiemit zum erstenmal diese geweihte Stätte,
   „Und zeige euch heute öffentlich,
   „Als euren rechtmäßigen Seelsorger, mich.

2. „Der Himmel hat dieses ohn alles mein Denken,
   „Ohne mein Suchen und Zuthun, also wollen lenken,
   „Indem er mich zum Prediger schüf
   „Und mich zu euch nach Ohnewitz rief.

3. „Zwar weiß ich, meine Hochtheuer= und Viel-
                                    geliebte!
   „Daß manchen von euch dieser Ruf herzlich be-
                                    trübte,
   „Sintemal ich in euerm Sinn
   „Nur ein Aergerniß und Thorheit bin.

4. „Weil ich vorher euer simpler Schulmeister ge-
                                    wesen,
   „Ja gar zu Schildburg als Nachtwächter gebläsen,
   „Darum nun glaubet und denket ihr,
   „Es steckte kein rechtschaff'ner Lehrer in mir.

5. „Allein ich will euch aus alten Geschichten
„Viele auffallende Beispiele berichten,
  „Daß oft aus einem simpeln Ding und schlech-
      ten Mann
  „Was Rechtschaff'nes und Großes werden kann.

6. „Ihr könnt selbst gehörigen Ortes nachschlagen
„Alles, was ich euch hier werde vortragen.
  „Wer war unser erster Stammvater Abam?
  „War's nicht ein Erdenkloß, wovon er herkam?

7. „Abram ging als Exulant aus Haran,
„Jakob hütete die Schafe bei Laban;
  „Und dennoch wurden sie beide nachher
  „Hochberühmte Erzväter.

8. „Ismael mußt' als Jungfernkind fast todt dürsten
„Und ward doch ein Vater von 12 Fürsten.
  „Joseph, erst Sklave und Arrestant,
  „Ward Finanzminister in Aegyptenland.

9. „Moses lag als Fündling am Ufer im Schilfe,
„Wäre ertrunken ohne ohngefähre Hülfe,
  „Und dennoch wurde er hernachmal
  „Der große Israeliten = General.

10. „Gideon, erst Drescher, schlug die Midianiter.
„Jepthah, ein Hurkind und simpler Gileabiter,
  „Schlug die Kinder Ammon und war
  „Richter in Israel sechs Jahr.

11. „Saul triebe zuerst die Langohren,
„War doch hernächst zum König erkohren.
  „Und David mit seinem Hirtenstab
  „Ward König, that auch den Goliath ab.

12. „Hiob ward vom Satan arm geschlagen,
„Aber doch reich in seinen alten Tagen,
„Und Ruth, die Aehrenleserin,
„Wurde die reiche Frau Boasin.

13. „Jehu bedeutete erst als Kapitain wenig,
„Ward doch nachher in Israel ein König,
„Und rottete des gottlosen Ahabs Haus,
„Bis zum letzten, der an die Wand pißt, aus.

14. „Nebucadnezar ging eine Zeitlang auf allen Vieren
„Und fraß Gras und Heu gleich andern Thieren,
„Und man nahm ihm Purpur und Königskron',
„Doch bestieg er nachher den verlornen Thron.

15. „Esther, ein blutarmes Waisenwichtchen,
„Das nichts hatte als ein hübsches Gesichtchen,
„Ward doch eine große Königin
„Und des Ahasverus liebe Gemahlin.

16. „Auch unter den Propheten und Aposteln waren Leute
„Von geringer Abkunft und wenigem Bedeute:
„Hirten, Zöllner, Fischer, ein Teppichfabrikant,
„Und von anderm schlechten Gewerbe und Stand.

17. „Ich gehe, zur mehrern Erweckung, lieber,
„Meine Geliebten! zur Profangeschichte hinüber;
„Ob ich gleich, aus altem und neuem Testament,
„Euch viele Exempel noch nennen könnt.

18. „Der allgemein bekannte große Artarerres,
  „Jeder von euch, meine theuren Zuhörer! merk es,
    „Stand erst in sehr geringem Ansehn.
    „Und ward doch König in Persien.

19. „Darius war gar nur ein ehrlicher Büttel,
  „Bekam doch den Perserthron und Königstitel,
    „Und Agathokles, eines Töpfers Sohn,
    „Bestieg den Sicilianischen Thron.

20. „Telephanes, ein Wagner, legte das Hand-
      werk nieder
  „Und ward ein großmächtiger König der Lyder.
    „Hyperbolus fabricirte Leuchten zum Seh'n,
    „Und ward hernächst Fürst zu Athen.

21. „Vom berühmten Phocion kann man lesen,
  „Das er eines Löffelmachers Sohn gewesen,
    „Und Aegyptens große Rhodopin,
    „Ward aus 'ner Bordelschwester, Königin.

22. „Romulus und Remus, zwar vom Götter-
      stamme,
  „Hatten als Fündlinge eine Wölfin zur Amme,
    „Da doch Roma, die große Stadt,
    „Von ihnen den ersten Ursprung hat.

23. „Vom König Tullius Hostilius melden
      die Schreiber,
  „Er sey gewesen ein lumpichter Kühtreiber,
    „Und vom Böhmer König Primislas
    „Melden die Chroniken eben das.

24. „Kaiſer Valentinian drehte Anfangs Seiler
                      und Stricke;

   „Den Kaiſer Probus hob aus dem Gärtner-
                      ſtaub das Glücke;

   „Bonoſus und Johann Zimisces wa-
                      ren vorher

   „Schulmeiſter, und hernach Kaiſer.

25. „Kaiſer Aurel war ein Bauernbube vom Lande,
   „Der große Tamerlan gleichfalls vom Bauern-
                      ſtande,

   „Kaiſer Mauriz, der Kappadocier,
   „War gar, wie ich ehmals, Nachtwächter.

26. „Pabſt Niklas quintus war erſt Mediciner;
   „Der große Fürſt Narſes ein verſchnittener
                      Diener;

   „Kaiſer Juſtin, und Galer, und Pabſt
                      Sixt, alle drei,

   „Hüteten in ihrer Jugend die Säu.

27. „Lutherus, ein armer Auguſtiner Pater,
   „Ward nachher der ſo große Reformater,
   „Schaffte das Faſten ab, und machte die Kleriſei
   „Vom beſchwerlichen Cölibate frei.

28. „Auch hat man viel alte Poeten und Philoſophen,
   „Welche blutarm waren, angetroffen:
   „Plautus mußte die Mühle drehn,
   „Arm waren Codrus, Epiktet, De-
                      moſthen.

29. „Euripid, Aesop, Horaz und andre Poeten,
„Waren anfangs arme Schlucker und in Nöthen;
„Und es geht auch noch in der neuern Zeit
„Meist den Philosophen und Poeten nicht breit.

30. „Ich könnte noch gar leicht aus unsern Tagen
„Euch nicht nur viele Exempel, sondern auch
Beispiele sagen,
„Wie das Glücksrad sich wunderlich dreht
„Und Geringe aus dem Staube erhöht.

31. „Mancher anfänglich elender Schuhputzer
„Ist jetzt ein ansehnlicher Herr und Stutzer,
„Und ihr müßt, nolens volens, für ihn
„Eure Mütze und Hut tief abziehn.

32. „Auch manche Frau thut mit Titeln stolziren,
„Und mit seidenen Kleidern schwenzeliren,
„Und ist, obgleich vom Mistfinken-Stamm,
„Nunmehr eine großherrliche Madam.

33. „Wenn ihr die angeführten Exempel genau be-
trachtet,
„Und mich dann noch wegen meines vorigen
Zustandes verachtet,
„So würde das, ihr sehet es selbst ein,
„Höchst ungerecht und unbillig seyn.

34. „Ihr sollt's in der Folge finden und erleben,
„Daß ich mir alle Mühe werde geben,
„Für euch alle, klein und groß insgesamt,
„Redlich zu führen mein Pfarreramt.

35. „Ich liebe euch alle hochtheuer und herzlich,
　„Und würde es empfinden höchst schmerzlich,
　　„Wenn ich einen von euch dereinst sollte sehn
　　„Zur Linken unter den Böcken stehn.

36. „Auch meinen Feinden will ich gerne vergeben,
　„Und ihr wahrer Freund zu seyn, mich bestre-
　　　　　　　　ben" — —
　　· Den Rest der schönen Predigt übergeh ich,
　　Als hieher eigentlich nicht gehörig.

Dreißigstes Kapitel.

Was diese Rede für Sensation machte, und die
Wirkung, welche sie hervorbrachte.

━━━○○━━━

1. **Was** diese Rede für Sensation machte,
   Und die Wirkung, welche sie hervorbrachte,
   Das übersteigt gewißlich hoch und weit
   Alle menschliche Begreiflichkeit.

2. Alle Bauern saßen stumm und starr wie Pfeiler,
   Sperrten thürweit auf Augen, Nasen und Mäuler,
   Und die Bäurinnen, als von sensiblerer Haut,
   Weinten Thränen und schluchzten laut.

3. „Nun wahrlich! wir müssen es bekennen und sagen,
   „Wir haben doch in allen unsern Lebenstagen,
   „Keine Predigt so gelehrt und schön,
   „Als diese, vom neuen Herrn Pfarrer, gesehn!

4. „Das ist ein Mann, ein Mann ohne Gleichen,
   „Der kann einem 's harte Herz recht erweichen,
   „Und weiß, von Adam an bis zu dieser Frist,
   „Alles, was in der Welt passiret ist.

5. „Alles, was er sagt, kann man begreifen und
   verstehen,
   „Dabei thut er sich so sanftmüthig begehen,
   „Und er spricht und redet kein einziges Wort
   „Ueberflüssig und am unrechten Ort.

6. „Unser vor'ger Ehr'npfarrer konnte zwar auch
gut fegen
„Und den Text stattlich fagen und auslegen,
„Und führte als ein sehr gelehrter Mann
„Manchen uns unbekannten Spruch an;

7. „Allein er konnte bei allem Ermahnen und
Schendiren
„Uns doch nie so das Herz prickeln und rühren,
„Und ihn übertrifft an Gelehrsamkeit
„Unser lieber neuer Herr Pfarrer weit."

8. So lautete ohngefähr der Ohnwitzer jetzige Sprache,
Und es hatte sich verändert der ganze Status
der Sache,
So daß, wer ihn vorher am meisten gehaßt,
Jetzt für ihn war der größte Enthusiast.

9. Kurz, nie war eine Predigt, wie diese so allgewaltig,
Nie der Beifall so groß und so mannichfaltig,
Und nie hat je eine solche Frucht und Kraft,
Als diese Antrittsrede verschafft.

10. Das konnte schon sofort an Thaten und Werken
Herr Hieronimus bei der neuen Gemeine sehen
und merken;
Denn man schleppte reichlich allerlei
Geschenke für ihn ins Pfarrhaus herbei:

11. Tische, Bänke, Spiegel, Kasten, Stühle,
Defen, Bettstellen, Betten, Polstern, Pfühle,
Werg, Baumwolle, Leinewand, Flachs,
Holz, Kohlen, Oel, Unschlitt, Schmalz, Wachs,

12. Kaffeekannen, Theepötte, Dosen, Töpfe,
Teller, Schüsseln, Löffel, allerlei Näpfe,
Speck, Schinken, Fleisch und was sonst zur Noth
Zur Haushaltung gehört unter's tägliche Brod.

13. Gerste, Hafer, Rocken, Waizen für den Söller,
Wein, Bier und dergleichen für den Keller,
Schweine, Kühe, Hämmel fest und schön,
Tauben, Enten, Hühner, Gänse, Truthähn.

14. Das Pfarrhaus war schön getünchet und gezieret,
Vor der Thür ein grüner Bogen aufgeführet,
Und so führte man unter Jubel und Juchein,
Ihn ins Ohnewitzer Pfarrhaus hinein.

15. Auch machten dabei ein Paar Musikanten,
Die sich als Virtuosen im Dorfe befanden,
Mit ihrer Leyer und Schalmey
Ein sehr anmuthiges Dudeldumdei.

16. Es haben auch die Herren Konsistorialen
Zu Ohnewitz angerichtet damalen
Eine herrliche Mahlzeit mit Kosten und Müh,
Wozu Herr von Ohnwitz seinen Pariser Koch lieh.

17. Auch ward in der ganzen Ohnwitzer Gemeine
(Und jeder gab dazu reichlich das Seine)
Eine Kollekte von baarem Geld
Für den neuen Herrn Pfarrer angestellt.

Ein und dreißigstes Kapitel.

Der neue Pfarrer schreibet mit frohem Sinn
seiner Mutter noch einen Brief hin.

1. **Alsbald** nun Ehren Jobs dergestalten
  Seinen Einzug in's Pfarrhaus hatte gehalten,
    So schriebe er mit ganz frohem Sinn
    Seiner Mutter folgenden Brief hin.

2. **„Meine theure Mutter!**
                    Ich eile Euch zu sagen,
  „Was sich mit mir kürzlich hat zugetragen;
    „Erschrecket nur nicht zu sehr davor,
    „Ich bin zu Ohnwitz geworden Pastor.

3. „Nach meiner Retour von Akademien,
　„Dachte ich zwar mit dem jungen Herrn auf Rei-
　　　　sen zu ziehen,
　　„Aber der Himmel bisponirt,
　　„Wenn gleich der Mensch proponirt.

4. „Denn als schon alles zur Reise war veranstaltet,
　„Hat das Glück so über mich gewaltet,
　　„Daß der hiesige Pfarrer den Schlagfluß bekam
　　„Und aus dieser Welt sein Abieu nahm.

5. „Herr von Ohnwitz, qua Patron der Pfarreie,
　„Bezeigte nun für mich die Gnade und Treue,
　　„Daß er mir bald und alsofort
　　„Die Pfarre ertheilte an diesem Ort.

6. „Es setzte zwar unter den hiesigen Leuten
　„Anfangs einige Händel und Schwierigkeiten,
　　„Wie dann gemeinlich Zank und Geschrei
　　„Entsteht bei Besetzung einer Pfarrei.

7. „Allein es ist bald alles nach Wunsch und Ver-
　　　　langen
　„Bei dieser mir interessanten Sache gegangen,
　　„Ich bin als Pfarrer geordinirt
　　„Und wirklich in's Pfarrhaus eingeführt.

8. „Die ganze liebe Ohnwitzer Gemeine,
　„Reiche und Arme, Große und Kleine,
　　„Freuen sich, ehren und lieben mich,
　　„Als ihren neuen Pfarrer zärtlich.

9. „Man hat mich reichlich mit Hausrath versehen,
  „Das sollt Ihr selbst künftig finden und verstehen,
  „Auch in Söller, Keller, Küche und Stall
  „Sind Lebensmittel in großer Zahl.

10. „Die Pfarre selbst ist sehr einträglich,
  „Und für ihren Besitzer nicht ungemächlich,
  „Sie bringt gewöhnlich Jahr aus, Jahr ein,
  „Reine 1000 Gulden baar ein.

11. „Meine Wünsche sind also alle gestillet,
  „Nur ein einz'ger noch ist bisher unerfüllet,
  „Nämlich Euch bald im Wohlergehn,
  „Nebst Schwester Esther bei mir zu sehn.

12. „Ich bitte Euch also, nicht zu verweilen,
  „Sondern je eher, desto lieber zu mir zu eilen,
  „Und dann lebenslänglich bei mir
  „Zu nehmen Euer künftig Quartier.

13. „Man ging im Dorf kollektiren herumme
  „Und sammelte für mich eine artige Summe;
  „Dieses Geld sende ich Euch allhier,
  „Um die Reisekosten zu bestreiten dafür;

14. „Denn ich habe ohnehin zu meiner Etablirung
  „Und der vorläufig nöthigen Regulirung,
  „Nebst zu einem Alltags = und Sonntagskleid,
  „Geld genug, von des gnädigen Herrn Gewo-
    genheit.

15. „Mit Euern dortigen Möbeln und sonstigen Sachen
„Könnt Ihr meinen andern Geschwistern ein Ge-
         schenk machen;
    „Weil, so lange mir selbst nichts gebricht,
    „Euch soll bei mir nichts gebrechen nicht.

16. „Denn ich will stets im Wittwerstande bleiben
„Und niemals eine neue Heirath treiben,
    „Nur Ihr und mein liebes Schwesterlein
    „Sollt meine Haushälterinnen seyn.

17. „Und thäte ich etwa früher als Ihr sterben,
„So werdet Ihr doch deswegen nicht verderben,
    „Denn Herr von Ohnwitz hat auf diesen Fall
         schon
    „Mir für Euch versprochen 'ne Pension.

18. „Euch die Reise desto besser zu bequemen,
„Könnt Ihr eine kommode Extrapost nehmen.
    „Ich erwarte mit kindlicher Sehnsucht Euch
    „Und meine jüngste Schwester zugleich."

19. Um nun desto eher das Vergnügen zu genießen,
Seine Mutter und Schwester in die Arme zu
         schließen,
    Ward vorgedachtes Schreiben, zur Hand,
    Durch einen Expressen abgesandt.

20. Daß Frau Jobs sich sehr gefreuet und gelachet
Und mit Estherchen sich bald aufgemachet,
    Und die kommode Extrapost nahm,
    Und so endlich bei ihrem Sohn ankam;

10 *

21. Das läßt sich alles wohl von selbst verstehen.
   Wir wollen nun weiter schreiten und sehen,
    Wie der Herr Pfarrer sich fein und klug
    In seinem neuen Amte betrug.

Zwei und dreißigstes Kapitel.

Hier werden die seltenen Verdienste eines Herren
Dorfpfarrers beschrieben.

———◦◦———

1. Es war ein Pläsir, Sonntags anzuhören
   Seine vortrefflichen Predigten und Lehren;
   Auch seine übrigen Amtsgeschäfte all
   Hatten höchstwohlverdienten Beifall.

2. Auch in allen übrigen Stücken wußt' er
   Zu geben allen seinen Amtsbrüdern ein Muster
   Der Tugend und der Rechtschaffenheit,
   Der Weisheit und der Gelehrsamkeit.

3. Er suchte auch in andern Nebensachen
   Sich seiner Gemeinde hochnützlich zu machen,
   Und war als allgemeiner Geheimerath
   Ihnen ersprießlich mit Rath und That.

4. Waren etwa irgend Streitigkeiten,
   So suchte er gleich Frieden zu verbreiten,
   Schlichtete Prozesse bald, und so entriß
   Er den Advokaten manchen fetten Biß.

5. Auch in manchen ökonomischen Affairen
   Suchte er sie zu leiten und zu belehren,
   Und wer seinen Vorschlägen Gehör gab,
   Mit dem lief es immer erwünscht ab.

6. Die Kranken suchte er bestmöglichst allenthalben
   Abzuhalten von Pfuschern und Quacksalben,
      Gab oft selbst Hülfe durch Diät an,
      Oder wiese sie zu 'nem studirten Mann.

7. Noch in mehr andern Sachen und Dingen
   Wußte er ihnen aufgeklärte Begriffe beizubringen,
      Ueber Kalendersachen, Jahrswechsel, Witterung,
      Und was man lase in der Zeitung.

8. Vom Aberglauben und Alfanzereien
   Suchte er die Ohnwitzer besonders zu befreien,
      Und es währte daselbst keine volle zwei Jahr,
      Daß weder Here noch Gespenst mehr da war.

9. Saßen sie zur Erholung in der Schenke beim Biere,
   So verschaffte er ihnen daselbst nützliche Lektüre;
      Führte Faustens Katechismus ein
      Und Beckers Noth = und Hülfsbüchlein.

10. Auch Kortums Gesundheitsbüchlein für Berg-
                 leute
    Theilte er aus in der Nähe und in der Weite;
       Weil in Ohnwitz und benachbartem Land
       Sich manches gefährliche Bergwerk befand.

11. Aber nicht nur um Alte, sondern auch nicht minder
    Um die ehmals verwahrlosete Jugend und Kinder,
       Gab er sich unbeschreibliche Müh
       Und bildete zur Tugend und Weisheit sie.

12. Unterdessen, in einem einzigen Stücke,
       Hatte er bei der Gemeine anfangs kein Glücke;
       Ich meine das neue Gesangbuch,
       Welches er einzuführen vorschlug.

13. Länger als andre Gemeinden, hatten beim alten
esangbuche die Ohnwitzer festgehalten,

16.

                   eiblich,
            gbuch weit mehr

17.

18. (Denn die eigentlichen geistlichen Amtsbrüder

19.   brauchten sie
          Gesangbuch

Nicht wegen vermeinter Ketzerei an;

20. Weil man schon in einigen Gemeinden gesehen,
   Daß dadurch viele Unruhen geschehen
      Und man sich manches Geschenk entzog,
        Was sonst für den Pfarrer in die Küche flog.)

21. Da hat sich endlich die Gemeinde geresolviret
    Und zu Ohnwitz das neue Gesangbuch eingeführet,
     Und die ganze Sache nahm behend
     Ein vergnügtes und vernünftiges End.

Drei und dreißigstes Kapitel.

Wie sich Ehren Jobs im guten Wohlstande bis
dato befindet, und wie seine Mutter starb, und
wie seine Schwester ihm gut haushält.

————∘∘————

1. Ehren Jobs befand sich immer im Wohlstande
   Und ward bald berühmt im ganzen Lande,
   So daß manche ansehnliche Stadt
   Ihn zum Pfarrer verlanget hat.

2. Aber er schlug aus alle Vokationen,
   Entschloß sich, bis an's Ende zu Ohnwitz zu wohnen,
   Und bleibet auch, seinem Entschlusse getreu,
   Bis auf die jetzige Stunde dabei.

3. Er hätte auch schon können werden Professer,
   Aber er steht sich als schlichter Pfarrer weit besser,
   Weil meistens ein Professoriat
   Viel Arbeit und wenig Einkünfte hat.

4. Auch einige ansehnliche Provinzen ernennten
   Ihn schon lange zum Superintendenten;
   Allein er zieht wieder den simpeln Pastor
   Jedem großen Superintendenten vor.

5. In manchem gedruckten, gut recensirten Werke,
   Bewies er in der Gelehrsamkeit seine Stärke;
   Jedoch schrieb der Autor Hieronimus
   Aus Bescheidenheit immer als Anonymus.

6.

7.

8.
Nahmen ihn, wegen seiner großen Verdienste,
Auf in ihre hochgelehrte Zahl,

9. Auch eine der berühmtesten Akademien
Krönte gratis sein gelehrtes Bemühen,
Und sandte ihm, mit großem Kompliment,
Das **Docloris Theologiae** Patent.

10. Auch hat der Fürst, ohne sein Wissen und Be-
gehren,
Ihn mit Konsistorialrathstitel thun beehren;
Er hat zwar alle diese Ehren nicht veracht't,

11. Seine Mutter hat, leider, nur vier Jahre

Geliebt und gepfleget spat und früh.

12. Sie war sehr geplagt mit hysterischen Schmerzen,
Hatte öfters Drücken am Magen und Herzen,
Und längst schon traf man kein'n einzigen Zahn
In ihrem Munde zum Beißen mehr an.

13. Drum verschlang sie meist die Speisen ungekauet,
Diese wurden also nicht gehörig verdauet;
   Das erregte nun manche Indigestion,
   Und Wassersucht war endlich die Folge davon.

14. Auch ward die Frau leicht zum Aerger beweget
Und so die Galle heftig oft erreget,
   Denn, um 'ne Nadel oder ein Ei,
   Erhub sie manchmal Zetergeschrei.

15. Der Kümmelbranntwein konnt' zwar oft lindern
Und ihr Magen- und Herzweh augenscheinlich
           mindern,
   Denn er trieb die Winde, salva venia, in die Höh,
   Und kurirte, wie sie sagte, das historische Weh.

16. Drum machte sie's, wie viel andre alte Frauen,
Welche sich oft ärgern und nicht gut verdauen,
   Nämlich, weil sie sich dabei so wohl befand,
   Hatte sie den Branntweinskrug immer zur Hand.

17. Sie hätte gerne noch länger hier geweilet,
Aber der Sensenmann hat mit ihr geeilet,
   Und weil es dann nicht anders konnte seyn,
   So schlief sie als 'ne gute Christin ein.

18. Man wollte sie in der Kirche bei der Orgel be-
           graben,
   Das wollte Herr Hieronimus aber absolut nicht
           haben;
   Denn er glaubte, der Kirchhof sey schicklicher zu
   Der abgestorbenen Leiber Ruh.

19. Er hat deswegen auch nachdrücklich befohlen,
    Daß, wenn Freund Hein ihn dereinst würde
    abholen,

Man auch an ihm gleichfalls bei Leibe nicht
In der Kirche vollstrecke die letzte Pflicht.

20. Darin ist er nun billig hoch zu rühmen;
    Denn für ein Gotteshaus will's sich nicht ge-
    ziemen,
    Daß darin garstiger Leichengestank
    Die Zuhörer mache übel und krank.

21. Er hat sogar gethan vernünftige Vorschläge,
    Daß man den Kirchhof auswärts des Dorfs
    verlege,
    Damit nicht etwa 'ne zu nahe Gruft
    Seuchen bringe und verpeste die Luft.

22. Besonders pflag er noch immer dran zu denken,
Daß man ihn einst hatte wollen lebendig versenken,
Er war also fleißig darüber aus,
In Ohnwitz zu errichten ein Leichenhaus.

23. Weil aber solches Gebäude gegenwärtig
Wegen allerlei Hinderniß schwerlich wird fertig,
So macht er sich es zur strengsten Pflicht,
Die Todten vor'm fünften Tag zu begraben
nicht.

24. Sintemal wir vom Erzbischof Willigis lesen,
Welcher eines Rademachers Sohn gewesen,
Daß er zum Andenken ein Wagenrad,
Zu Mainz sich zum Wappen gewählet hat;

25. So ließ auch er, um des vorigen nicht zu vergessen,
Noch sich seines jetzigen Standes zu übermessen,
In seinem Musäo, über der Thür vorn,
Malen ein großes Nachtwächterhorn,

26. Damit hat er andern ein Exempel gegeben,
Daß man sich im Glücke nicht müsse überheben;
Denn gewöhnlich thut einer groß und dick,
Wenn ihn aus dem Staube hebet das Glück.

27. Seine Schwester geht jetzt im 23ten Jahre
Und ist noch immer bei ihm auf der Pfarre,
Sie liebt ihn und hält ihm trefflich Haus,
Sieht auch noch immer schön blühend aus;

28. Ist gefolglich zum Heirathen nicht verdorben,
Deswegen haben viel Freier um sie geworben,
Aber sie fand noch keinen bequem,
Daß sie ihn zu ihrem Manne nähm.

29. Einige wollen unmaßgeblich meinen,
    Als thät es manchmal nicht undeutlich scheinen,
      Daß der junge Herr Baron von Ohnewitz hätt
      Absicht auf sie für's Ehebett.

30. Wenigstens ist sie sehr gut von ihm gelitten,
    Und hat, wegen ihrer Artigkeit und guten Sitten,
      Es auf dem freiherrlichen Ohnwitzer Schloß
      Auch beim Herrn und der gnädigen Frau gar
        groß.

31. Alle Ohnwitzer mögen sie gut leiden,
    Denn sie behandelt sie freundlich und bescheiden,
      Erkundigt sich bei ihnen nach Kindern und Vieh,
      Nach Knechten und Ochsen, und Mägden und
        Küh.

32. Bauern, welche für die Küche was präsentiren,
    Pflegt sie mit Tabak und Schnaps zu regaliren,

Und die Bäurinnen bekommen den Thee,
Oder, wenn's Präsent der Müh werth ist, Kaffee.

33. Uebrigens ist gewiß, daß in keinem Dorfe nirgends,
Weder im römischen Reiche, noch sonst irgends,
So gute und vernünftige Leute sind,
Als man sie jetzt zu Ohnewitz find't.

34. Da sieht man, wie schön eine geistliche Heerde
Unter guter Anführung gebildet werde;
Indeme hier das Sprüchwort eintraf:
Wie der Hirte ist, so ist das Schaaf.

Vier und dreißigstes Kapitel.

Zeiget kürzlich, wie sich alles weit besser hier
gereimet habe, als im ersten Theile.

———————

1. Ich kann mich mit der Geschichte von Hieronimi
      Leben
   Dermalen nun nicht weiter abgeben,
      Sondern lasse ihn im vergnügten Besitz
      Der schönen Pfarre zu Ohnewitz.

2. Sintemal wider jedes Denken und Verhoffen,
   Im zweiten Theile alles besser eingetroffen,
      Als es vormals im ersten Theile geschah;
      Denn nun ist die Erfüllung von allem da,

3. Was der Traum der Frau Jobs ihr geprophezeiet,

Und Frau Schnepperle gephysionomeiet,

Und Frau Urgalindine gesaget wahr;
An allem fehlt nicht ein einziges Haar.

4. Indessen muß man doch darum nicht trauen,
Und auf dergleichen Vorbedeutungen bauen;
　　Denn ich sage es und bleibe dabei,
　　Es ist Aberglauben und Dummerei.

5. Wir wollen uns vielmehr zum Beschluß bemühen,
Aus der Geschichte einige Lehren zu ziehen;
　　Denn ein solch Büchlein ohne Moral
　　Schließt sich zu trocken und schmecket zu schaal.

6. Ob noch ein dritter Theil künftig werde erscheinen,
Will ich weder bejahen noch verneinen,
　　Doch glaub ich, ein geehrtes Publikum hat
　　An den zwei Theilen schon genug und satt.

7. Sonst läßt sich von Herrn Jobs künftigem Be-
      tragen
 Noch manches, theils Luftig's, theils Ernsthaf-
      tes fagen,
  Welches ich mir dann auch in der Still
  Zum möglichen Gebrauch notiren will.

8. Da könnte es mir dann auch vielleicht gelingen,
 Seine Schwester Esther gut unterzubringen;
  Auch machte vielleicht der Franken Revolution
  Bei seinem Schicksale eine Diversion.

9. Kurz! an Stoff zum Lügen und zum Erzählen
 Würde es mir schwerlich auch künftig nicht fehlen,
  Und zu einem solchen Knüttelgedicht
  Gehört auch eben kein Kopfbrechen nicht.

Fünf und dreißigstes Kapitel.

Hier folgt zum Beschluß die Moral, und das Buch
nimmt ein trocknes Ende.

1. **Pro** primo kann man überhaupt hieraus sehen,
   Daß oftmals sonderbare Dinge geschehen,
   Und es auf unserm Lumpenerdenplanet
   Kraus und bunt durcheinander geht.

2. Denn wenn wir die sämmtlichen Avantüren
   Des Hieronimi vernünftig ponderiren,
   So finden wir, daß in keinem Roman
   Etwas kuriosers geschehen kann.

3. **Pro secundo** kann man hier erfahren
Den Unterschied der jüngern und ältern Jahren,
   Und wie wahr das gemeine Sprüchwort spricht:
   Der Verstand kommt oft vor dem Alter nicht.

4. Denn Hieronimus war vormals in seiner Jugend
Eben kein Liebhaber der Gelehrsamkeit und Tugend,
   Bis er, als Schwabe, nach 40 Jahr,
   Ein vernünft'ger und gelehrter Mann erst war.

5. **Pro tertio** muß man niemals verzagen
In trüben und finstern Elendstagen,
   Weil im künftigen Lebenslauf
   Die Glückssonne sich oft kläret auf.

6. Denn als Hieronimus im Nachtwächterstande
Ja gar als Todter im Sarge sich befande,
   Ging es ihm traurig und schlecht, nachher
   Ging es ihm desto angenehmer.

7. **Pro quarto** wirkt ein vermeintes Ungelücke
Manchmal günstige Aenderung im Menschen-
                                  geschicke,
   Und aus Dornen sprießen sehr oft
   Gleichsam Rosen hervor gar unverhofft.

8. Denn der Schlaf, drin Hieronimus drei Tage
                                  gelegen,
   Gereichte ihm zu seinem Glücke und Segen,
   Und sein ganzer Charakter und Verstand
   Wurde dadurch gleichsam umgewandt.

9. Pro quinto notiren wir uns hier die Lehre,
Daß Wohlstand, Reichthum, Glück und Ehre,
Oft von einer ohngefähren guten That,
Ungesucht ihren ersten Ursprung hat.

10. Denn hätte Hieronimus auf der Reise den reichen
Herren
Nicht gefunden sich gegen die Räuber wehren
Und ihm seinen Beistand geleistet darob,
So wär er vielleicht jetzt noch so arm wie Job.

11. Pro sexto muß man die große Pflicht betrachten,
Daß man keinen Menschen dürfe verachten,
Wenn ihn auch das Schicksal verächtlich neckt,
Weil man nicht weiß, was hinter ihm steckt.

12. Denn wer hätte im ersten Theil es sagen
wollen,
Daß Hieronimus der Mann hätte werden sollen,
Der er, wie ich hoffe, mit guter Art,
Im jetzigen zweiten Theile ward.

13. Pro septimo läßt sich nicht undeutlich merken,
Groß Glück sey nicht immer Folge von Müh und
Werken,
Sintemal es oft mancher im Schlaf
Ohn' alles sein Zuthun und Mühe antraf.

14. Denn hätte Hieronimus kein Opiat genommen,
Und wäre nicht dadurch im Todesschlaf gekom-
men,
So wär auf ihn von niemand reflektirt,
Noch Herr von Ohnewitz zu ihm geführt.

15. Pro octavo läßt sich finden und verstehen,
　Wie gut und ersprießlich alle Sachen ergehen,
　　Wenn man nicht nur in Wort, sondern auch
　　That,
　Reiche Patronen und Freunde hat.

16. Denn wäre Herr von Ohnewitz, wie wir gelesen,
　Nicht sein wahrer Gönner und Freund gewesen,
　　So bekleidete er jetzt nicht im Wohlstand
　Die reichste Pfarrstelle im ganzen Land.

17. Pro nono ist es eine sehr geringe Mühe,
　Daß man daraus noch manche andere Lehre ziehe,
　　Und das mögen nach bestem Gefallen nun
　Die hochgeehrten Leser allenfalls selbst thun.

18. Pro decimo will ich nur noch den Rath ertheilen,
　Sich nie im Urtheilen zu übereilen,
　　Sondern daß jeder das Respice Finem.
　So wie ich jetzt, sich zur Regel hinnehm.

Sie tranken des Mondes Silberschein
Und das Flimmern der lieben Sternelein.
Kap. XI. V. 26.

Leben, Meinungen und Thaten

von

Hieronimus Jobs,

Exkandidaten,

Ernachtwächter, Ohnwitzer Expfarrherr

und endlich

zu Schönhain gar Herr.

———————

Abermals mit viel schönen Gebilden:
Nachtstücken, Porträten, Monumenten und Schilden;
Verfertigt von des Autors eigner Hand
Nach Poussin, Raphael, Rubens und Rembrand.

———————

Dritter Theil.

gle |

Inhalt.

Erstes Kapitel.

Wie der Autor noch einmal den Gaul Pegasus zäumet und ihn nach der Hippokrene reitet, welche ist eine Poetenschwemme in der Landschaft Boetia. Nebst mancherlei Präliminarien zum dritten Theile der Jobsiade.

Zweites Kapitel.

Darin wird ausführlich gehandelt von dem braven Betragen des Herrn Jobs in seinem Pfarramte.

Drittes Kapitel.

Fortsetzung des vorigen.

Viertes Kapitel.

Wohlstand in Ohnewitz.

Fünftes Kapitel.

Dieses Kapitel handelt von des Herrn Pfarrers Jobs häuslichem Leben.

Sechstes Kapitel.

Wie Herr Jobs auch sein Hauskreuz hatte, ob er gleich keine Frau hatte; und von seiner Schwester Krankheit.

Siebentes Kapitel.

Wie auch der junge Herr von Ohnewitz krank ward, und wie ihm keine medicinische Facultät helfen konnte, wie dieses wohl oft in Krankheiten der Fall seyn thut.

Achtes Kapitel.

Wie man den jungen Herren, um ihn zu kuriren, mit der Fräulein Judith verheirathen will, und wie er diese Medicin nicht nehmen will.

Neuntes Kapitel.

Wie eine Liebschaft sich angesponnen hat zwischen dem jungen Herrn und der Jungfer Esther.

Zehntes Kapitel.

Wie die Liebschaft weiter gehen und zu einer förmlichen Liebeserklärung kommen thut.

Eilftes Kapitel.

Wie aus obgedachter Liebschaft endelich gar ein Sieg=
wartsfieber entsteht.

Zwölftes Kapitel.

Wie die Buhlschaft ganz inkognito getrieben ward, ohne daß
wenigstens der Herr Pfarrer Jobs etwas davon merken kunnt.

Dreizehntes Kapitel.

Wie Herr Jobs die Liebenden in der Laube attrapiren that,
zur Nacht und Unzeit.

Vierzehntes Kapitel.

Wie Herr Hieronimus mit seiner Schwester ein Kapitel hält,
ohne jedoch so niederträchtig zu schimpfen, wie mancher an=
derer in seiner Stelle würde gethan haben und hier anfangs
zu lesen ist.

Fünfzehntes Kapitel.

Wie Herr Jobs den jungen Herrn gleichfalls coram nimmt;
item wie er Löschanstalten des Liebesbrandes macht, nach
den Regeln einer guten Polizei.

Sechzehntes Kapitel.

Wie die alte Herrschaft zu Ohnwitz ihre silberne Hochzeit
feiert mit allen Solennitäten.

Siebenzehntes Kapitel.

Wie der junge Herr das Eisen schmieden will, weil es noch
warm ist, und wie es ihm damit nicht ganz nach Wunsch erging.

Achtzehntes Kapitel.

Enthält allerhand Anstalten pro und contra.

Neunzehntes Kapitel.

Dieses Kapitel enthält manche schöne Betrachtung über
Liebesbriefe in Genere.

Zwanzigstes Kapitel.

Anweisung zum neuesten verliebten Briefstyle, in feinen
Exempeln, nach Siegwart und Werther; oder von der
Liebeskorrespondenz des jungen Barons und der Mamsel
Esther in Specie.

Ein und zwanzigstes Kapitel.

Ade! der junge Herr reiset ab.

anzigftes Kapitel.

Hier wird kürzlich erzählet, was sich auf der Reise mit
Herrn hätte zutragen können.

Drei und zwanzigftes Kapitel.

der beiden Liebenden an den Tag
zur Verantwortung gezogen wurde
und Esther nach Rudelsburg verschickt wurde.

das Schicksal des Herrn Jobs und der abligen Herrschaft
zu Ohnwitz, und wie sie emigriren müssen.

Fünf und zwanzigftes Kapitel.

Wie Herr Jobs ärmlich herumwandert, und wie er end-
Dorfe Schönhain ankommt.

nbin antrifft. Eine
wunderbare Geschichte.

gestorbene Ama-

Acht und zwanzigftes Kapitel.

Wie die Frau van der Tangen dem Herrn Jobs all ihr Vermögen schenket, und wie sie stirbt, und wie Herr Jobs ihr ein Monument errichtet, und wie dieses Kapitel sehr traurig zu lesen ist.

Neun und zwanzigftes Kapitel.

r Mann war, und wie er
van der Tangen beging.

eißigftes Kapitel.

Ein Brief von Mammesel Esther an Herrn Herrn Jobs,
worin viele neue Mähre enthalten ist von dem alten Herrn von
Ohnwitz, wie auch von dessen Herrn Sohne; und so weiter.

Ein und breißigftes Kapitel.

Wie Herr Jobs und die herrschaftliche von Ohnwitzische
Familia sich des Wiedersehens gefreuet han, und wie Herr
Jobs seinen lieben Gästen alles zum besten gibt, als wäre

es ihr pröperliches Eigenthum, und wie man da alle Krie-
gesplage vergessen hat, und auf einem freun
Fuß gelebt hat, und daß es Ueb
Hieronimus besonders

Zwei und dreißigstes Kapitel.

Fortsetzung des fünfzehnten Kapitels, und wie Umstände
die Sachen verändern und wie die Liebe des jungen Barons

Drei und dreißigstes Kapitel.

Nachricht von der Jobsischen abligen
fangs von Schöps hieß.

Vier und dreißigstes Kapitel.

Genealogie der Frau Senaterin Jobs nach aufsteigender Linie.

Fünf und dreißigstes Kapitel.

Wie nunmehr nach wohlerwogenen Umständen der Konsens
zu der Vermählung des jungen Herrn Barons mit seiner
Stehre erfolgt ist.

Sechs und dreißigstes Kapitel.

Die Vermählung des jungen Barons und der Esther gehet
wirklich hier vor sich, wie im Kupfer artig zu sehen ist.

Sieben und dreißigstes Kapitel.

Wie sich die junge gnädige Frau von Ohnwitz beging,
und wie sie nach neun Monaten eines Söhnleins genaß.

Acht und dreißigstes Kapitel.

Wie Herr Jobs seine Schildburger Verwandten reichlich
bedenket, und Schwester Gertrud den Schösser heirathet.

Neun und dreißigstes Kapitel.

Wie man allerseits wegeilet; die ablige Gesellschaft nach
Ohnwitz und der Autor nach dem Ende des Büchleins.
Sehr traurig zu lesen.

Vierzigstes Kapitel.

Wie Herr Hieronimus zum zweitenmal von Freund Hein
einen Besuch bekam, welcher für diesmal länger dauert
als der erste.

Erstes Kapitel.

Wie der Autor noch einmal den Gaul Pegasus
zäumet und ihn nach der Hippokrene reitet, welche
ist eine Poetenschwemme in der Landschaft Boetia.
Nebst mancherlei Präliminarien zum dritten
Theile der Jobsiade.

1. **Noch** einmal will ich den Gaul Pegasus zäumen
Und, um 'nen dritten Theil zusammen zu reimen,
Reiten in die Tränke Hippokrene hinein,
Und damit soll es dann Punktum seyn.

2. Weil seit dem zweiten Theil von Hieronimi Leben
   Sich manche Veränderung mit ihm hat begeben;
   Denn in der Welt überhaupt wechselt's sich,
   Besonders in unsern Tagen, gar wunderlich.

3. An meinem guten Willen soll es nicht fehlen,
   Alles ausführlich und anmuthig zu erzählen,
   Und mit diesem dritten Theile steht
   Also die Jobsiade komplet.

4. Auch viel hübsche in Holz geschnittene Bilder,
   Monumente, Porträte, Wappenschilder,
   Imgleichen ein gar niedliches Nachtstück,
   Siehet man hier aus neuer Fabrik.

5. Mit dem zweiten Theil bin ich, wie ich vernommen,
   Bei den Lesern ziemlich gut weggekommen,
   Und das machte natürlicher Weise dann,
   Daß ich gleich den dritten zu fabriziren begann.

6. Zwar konnte freilich mein Büchlein allen
   Und jeden nicht eben gleich gut gefallen;
   Allein, daß nicht allen alles gefällt,
   Ist ja, wie bekannt, so der Lauf der Welt.

7. Ich wollt auch nicht für alle und jede schreiben;
   Wer's nicht lesen will, kann's ja lassen bleiben,
   Mancher ist doch, der die Finger darnach leckt,
   Was einem andern so delikat nicht schmeckt.

8. Es kommt leider! auf unserm Erdenrunde
   Manche trübe und verdrüßliche Stunde,
   Theils durch eigne, theils durch fremde Schuld;
   Davon entstehen im Herzen Ungeduld,

9. Finsterniß in der Seele, Grillen im Hirne,
   Runzeln auf den Wangen, Furchen auf der Stirne,
   Im Systeme der Vena Porta
   Symptomata Hypochondrica,

10. Gallenkrankheiten und allerlei Malhören,
    Welche nach und nach die Kräfte zerstören,
    Und endlich heißt's: Ade Partie!
    Er ist gestorben und nicht mehr hie!

11. Da wollt ich nun gern ein Scherflein beitragen,
    Um einige dergleichen trübe Stunden zu verjagen;
    Wahrlich! dieses und etwas anders nicht,
    War bei der Jobsiade meine Absicht.

12. Ich selbst habe, indem ich sie geschrieben,
    Mir manche Grillen aus dem Kopfe vertrieben,
    Und wenn ich war bei dieser Reimerei,
    Ging mir oft das Hypochonder vorbei.

13. Ist mein Zweck erreicht, so wird's mich erfreuen,
    Und mein Büchlein soll mich nicht gereuen,
    Posito, es enthielt solches auch nur
    Eine bloße Palliativkur.

14. Nebenbei suchte ich nützliche Kleinigkeiten,
    Wo es geschehen konnte, hier und da zu verbreiten,
    Und wo ich Dummheit und Bosheit fand,
    Gab ich wohl 'nen Hieb en passant.

15. S' kann seyn, daß ein oder andrer griesgrammet,
    Und mich wegen dieser Hiebe hart verdammet,
    Und denket: Ich glaube sicherlich,
    Der hämische Autor meinet mich;

1 *

16. Ich für mein Theil aber kann's vertragen,
    Daß er dieses möge gedenken oder sagen;
       Denn ich versicher's ihm ins Gesicht:
       Ich meine nur seine Handlungen, ihn nicht.

17. Ich lasse es übrigens auch gern geschehen,
    Daß Recensentenwetter über mich ergehen,
       Denn der Autor'n Haut ist bekanntlich dick
       Und fragt heuer nicht viel nach Kritik.

18. Aber dem unbedeutenden Gekläffer
    Kleiner Geister und elender Käffer
       Gehe ich mitleidig und lächelnd vorbei,
       Und achte nicht auf das leere Geschrei.

19. Alles, worüber man etwa kritisiret,
    Hab ich mir schon selbst zu Gemüthe geführet,
       Denn ich fühl es unerinnert gar wohl,
       Das Ding ist nicht ganz wie es seyn soll.

20. Ich will auch forthin mit Knüttelvers schreiben
    Die Zeit nicht mehr mir und andern vertreiben,
       Und nehme hiemit förmlich von
       Den geneigten Lesern Dimission.

Zweites Kapitel.

Darin wird ausführlich gehandelt von dem braven Betragen des Herrn Jobs in seinem Pfarramte.

1. Welch schönes Exempel in Lehr und Leben
   Herr Pfarrer Jobs den Ohnwitzern gegeben,
   Das haben wir, obgleich kurz und in Eil,
   Schon gesehn Kapitel 32, im zweiten Theil.

2. Es glich ihm im ganzen Schwabenlande
   Kein Amtsbruder an Frömmigkeit und Verstande,
   Und keiner streuete so wie Er
   Den Saamen des Guten um sich rund her.

3. An seinen vortrefflichen Kanzelgaben
   Konnten nicht blos die Ohnwitzer sich laben,
   Sondern auch aus der Ferne durch Dick und
       Dünn
   Ging man Sonntags, um ihn zu hören, hin.

4. Denn seine Reden waren kräftig und rührend,
   Seine Spruchbeweise ächt und überführend,
   Und Ausführung und Applikation
   Alles im populären Ton.

5. Seine Antecessores im Pfarramte
   Hatten geschriebene Predigten für gesammte
   Sonntäge im ganzen Jahr,
   Auch für jedes hohe Fest ein Paar.

6. Da brauchten sie also sich nicht zu scheniren,
Um auf neue Predigten zu studiren,
    Sondern sie hielten jene, Jahr aus Jahr ein,
    Von Neujahr bis zu den unschuldigen Kinderlein.

7. Auch für außerordentliche Begebnissen,
Kopulationen, Taufen und Begräbnissen,
    Hatten sie in ihrem Pulte früh und spat
    Einige hübsche Reden im Vorrath.

8. Diese wußten sie dann nach Standesgebühren,
Nach Proportion der Zahlung zu extendiren;
    Denn wo es nur wenig Gebühren gab,
    War die Rede meist etwas schaal und knapp.

9. Einige trieben ihre Kunstgriffe noch weiter,
Und nahmen sogar, als rüstige Reiter,
    Aus der Postille sich dann und wann
    Sonntags eine Predigt zum Vorspann.

10. Herr Pfarrer Jobs hatte aber gar nicht nöthig
Seine Predigten zu haben vorräthig,
    Denn sein geistliches Rednertalent
    War, wie wir schon wissen, excellent.

11. Er brauchte nur einmal am Ermel zu rütteln,
So konnte er gleich 'n halb Dutzend heraus schütteln;
    Das heißt: Ihre Verfertigung that gar nicht weh,
    Er konnte sie machen ex tempore.

12. Ohne sich an gewöhnliche Texte zu binden,
Pflegte er immer solche zu wählen und zu finden,
    Welche die Gelegenheit oder sonst'ges Bedürfniß
    Ihm als nützlich für die Leute anwies.

13. Seine Bibliothek war schön und auserlesen,
    Größer als je bei einem Dorfpfarrer gewesen,
        Jedoch unter allen seinen Büchern traf man
        Keine einzige Postille an.

14. Wenigstens in seinen öffentlichen Reden und Lehren
    Ließ er nie etwas Heterodoxes hören,
        Und er wiche keinen Fingerbreit von
        Der augsburgischen Konfession.

15. Er vergab sich nicht die allerkleinsten Partikeln
    Von den einmal beschwornen schmalkald'schen
        Artikeln,
        Und daran handelte er klüglich gewiß,
        Denn er vermied dadurch manches Aergerniß.

16. Zwar war er Punkto der symbolischen Bücher
    Hier und da nicht so ganz feste und sicher,
        Doch hielt er sich bei solchem Dubium
        Gegen andere gewöhnlich dumm.

17. Wenn ein Schaaf seiner Heerde abwärts wiche,
    Oder auf verbot'nen Wegen herumschliche,
        So war er immer auf seiner Hut,
        Und lockte es wieder mit Pfiffen der Sanftmuth.

18. Er betrachtete im Strafen keine Personen,
    Achtete nicht auf Stand, Würden und Konnexionen,
        Sondern schor jedes Ohnwitzer Schaaf und
        Lamm
        Unparteiisch über einen Kamm.

19. Obgleich diejenigen, welche Bockstreiche machten,
    Ihm ansehnliche Küchengeschenke brachten,
        Nahm er sie drum nichts desto weniger
        Privatim unter vier Augen her.

20. Der Herr Amtmann, so wie der Küchenschreiber,
Der erste Schulze, so wie der Kühtreiber,
 Galten ihm alle, in so weit, eins,
 Denn er schonte, wo's nöthig war, keins.

21. Selbst der gnädigen Frau und dem gnädigen
 Herren
 Gab er scharfe Vermahnungen und derbe Lehren,
 Wenn er etwa an ihrem Seelenzustand
 Eine Kleinigkeit auszuflicken fand.

22. Doch pflegte er niemals öffentlich zu schmälen,
Und jeden Unfug des Sonntags zu erzählen,
 Schlug auch nie im geistlichen Eifer und Wuth
 Seine Hand und das Kanzelbänkchen kaput.

23. So gewann er vollkommene Liebe und Vertrauen
Im Dorfe bei allen Mannen und Frauen,
 Und sein gutes Gerüchte erschall
 Im ganzen Lande rund überall.

24. Die Ohnwitzer alle, Grobe und Feine,
Alte und Junge, Große und Kleine,
 Wären allenfalls gerne kühn
 Aus Liebe durch's Feuer gelaufen für ihn.

25. Die Bauern machten gemeinlich schon von ferren
Einen Kratzfuß für den lieben geistlichen Herren,
 Und jede Bäu'rin war schnell und fix,
 Wenn sie ihn sahe, mit ihrem Knix.

26. Ja sogar die kleinen Mädchen und Knaben,
Wenn Herr Jobs ihnen begegnete, gaben
 Ihm mit allem möglichen Anstand
 Verehrungsvoll und freundlich die Kußhand.

27. Ehmals waren, leider! die Ohnwitzer Kinder
    Erzogen, schlimmer wie Böcke und Rinder;
    Aber seit Pfarrers Hieronimi Zeit
    Lernten sie Zucht und Ehrbarkeit.

28. Denn Er machte es zur Pflicht bei ihren Alten,
    Sie fleißig zu Schulen und Sitten anzuhalten,
    Und ließ es seinerseits auch ermangeln nicht
    An 'nem guten christlichen Unterricht.

29. Er gab öfters in der Schule Visiten,
    Um bei dem Dorfschulmeister zu verhüten,
    Daß seine künftige Pädagogei
    Nicht so pedantisch wie vormals sey.

30. Denn ehmals gab's von der Ruthe und dem Bakel
Auf'm Hintern und Rücken manchen blauen Makel,
Oft wurden gar Rippen und Arme krumm,
Und die Kinder vom Lernen vollends dumm.

31. Diesen Uebeln in der Schule auszuweichen,
Pflegten sie vormals gerne vorbei zu schleichen,
Und sie sah'n das in die Schule Gahn
Als ihr größtes Kreuz und Unglück an.

32. Aber jetzt wurden die Prügel abgeschaffet
Und die fehlenden Kinder mit Worten bestrafet,
Drum gingen sie nunmehro sittig und fein
Gern in die Schule, um zu lernen, hinein.

33. Da thaten sie also mächtig profitiren
Im Schreiben, Lesen und Buchstabiren,
So daß ein unmündiges Kind von acht Jahr
Jetzt gelehrter wie der alte Dorfschulz war.

34. Auch die vorigen Ohnwitzer Herrn Pastores
Bekümmerten sich nicht viel, wie es um die Mores
Ihrer anvertrauten Heerde stand,
Wenn sich sonst nur alles in statuquo befand.

35. Drum war im Dorf Haß, Streit, Fressen, Saufen,
Büberei, Unzucht, Balgen und Raufen,
Dieberei, Prellerei, Neid und Betrug
Sehr gemein und schier täglich genug.

36. Fast alle Sonntage war in der Schenke
Schlägerei, Schimpfen, Lärm und Gezänke,
Und immer in jeder folgenden Woch
Mußten ein Paar zur Strafe in's Hundeloch.

37. Auch gab's dabei viele ansehnliche Brüchten
    In die Kanzleikasse gewöhnlich zu entrichten,
      Und in so weit sahn die Justizherrn
      Dergleichen Unfug eben nicht ungern;

38. Aber seitdem Herr Jobs die Pfarre bekommen,
    Hat man wenig oder wohl gar nicht vernommen,
      Daß es Brüchten gab oder einer in's Hundeloch
      Wegen verübeter Excesse kroch.

39. Denn seine vortreffliche Kanzellehren
    Mußten fast jeden Sünder bessern und bekehren,
      Besonders sein eigenes Leben war
      Ein ächtes Tugenden-Exemplar.

Drittes Kapitel.

Fortsetzung des vorigen.

———o o———

.

1. Seine Vorgänger thaten bei gutem Muthe
Sich gerne bei andern bene und zu gute,
    Und waren mit Weib und Kindern viel,
    Wo was zu essen oder trinken vorfiel.

2. Er aber ging höchst selten zum Schmause,
Und geschah es, so eilte er doch früh nach Hause
    Denn er haßte alle Schmarozerei
    Und blieb seiner geistlichen Würde getreu.

3. Er war auch zu Hause kein heimlicher Prasser,
Trunk wie Timotheus nur wenig Wein, doch mit
                Wasser,
    Bei der Tafel, und sonsten nur für
    Den Durst ein leichtes Hausmannsbier.

4. Bei gewissen hochfeierlichen Gelegenheiten
Pflegte er wohl bis zum halben Räuschlein zu
                schreiten,
    Aber er behielt doch immer den Verstand rein,
    Stank übrigens nie nach Tobak und Branntwein.

5. Auch war er kein Leckermaul, noch Fresser,
Sein Magen- und Mundbedürfniß war selten
                größer,
    Als Suppe, ein Stückchen Fleisch und Zugemüß,
    Oder sonst wo 'ne Kleinigkeit zum Anbiß.

6.

7. Besonders geschah dieses seit den Jahren,
   Als seine Mutter Schnaterin Todes verfahren;

8.

Meistens die größeste Portion.

9.

Und war mit möglichstem Rath und That

10.

Hosen, da.

11.

Von eingekommenen Geldern voll und dicke,
Aber Abends beim Zubettegehn

12. Er gab aber alles in größester Stille
   Ohne Prahlerei, Vorwürfe oder Gebrülle,
   Und immer blieb gleichsam der linken Hand,
   Was die rechte machte, unbekannt.

13. Er war stets freundlich und dienstfertig
Und gleich bei Tag und bei Nacht gegenwärtig
   Zur Menschenliebe und zur Dienstpflicht,
   Und so kommod wie sein Antecessor nicht.

14. Besonders achtete Er weder Frost noch Hitze,
Wind und Regen, Donner und Blitze,
   Wenn Ihn etwa bringende Noth
   Zu einem Kranken zu eilen gebot.

15. Nie war er kriechend oder niederträchtig,
Aber doch in Reden und Aeußerungen bedächtig,
   Und im Umgang kein pietistischer Murrkopf,
   Noch in Gesellschaften ein Sauertopf.

16. Vielmehr suchte Er im Umgang mit Leuten
Frohsinn um sich her zu verbreiten;
   Denn Er gedachte: das ächte Christenthum
   Besteht nicht im Kopfhängen oder Gebrumm.

17. Doch Possen und zweideutige Narrendeutungen
Trieb Er nie bei Mädchen und bei jungen
   Weibern, sondern Er bezähmte sein Fleisch
   Und blieb durchaus ehrbar, züchtig und keusch.

18. Deswegen konnten mannbare Töchter und Frauen
Ihm sicher alle Geheimnisse anvertrauen,
   Und weder Vater noch Ehmann sahen dazu,
   Wenn Er bei jenen allein war, jaloux.

19. Entfernt vom geistlichen Stolz und Hochmuthe,
Blieb Er vor wie nach bei kaltem Blute,
   Wenn man ihn just nicht: Herr Doktor, hieß,
   Sondern es beim simpeln: Herr Pfarrer, ließ.

20. Drum will auch ich beim gewohnten Styl bleiben
Und nicht Doktor, sondern Pfarrer Jobs
meist schreiben,
Weil ohnehin heut zu Tag der Doktorgrad
Eben nicht hoch ansehnlich mehr staht.

21. Allen Eigennutz und Geiz haßt' Er
Als ein häßliches, ungeistliches Laster,
Und gab viel lieber, als daß Er nahm,
Wenn Geben und Nehmen in Kollision kam.

22. Deswegen wollte Er auch nie wegen der Pfarr-
pächten
Mit seinen Pfarrkindern krakelen oder rechten,
Und Er that nie mit seinen Schuldnern so
Wie der Schalksknecht im Evangelio.

23. War wo 'ne Kleinigkeit zu repariren,
So ging Er nicht gleich betteln und kollektiren,
Und enthielt sich von jeder Prellerei,
Sie mag Namen haben, wie sie wolle, frei.

24. Seine Vorgänger suchten durch Plusmachen sich
zu bessern,
Und die Pfarreinkünfte jährlich zu vergrößern,
Und hatten immer bald hinten, bald vorn,
Etwas zu tadeln an Beichtpfennig und Korn.

25. Zwar geschah dies nicht immer ohn' Ursach, aus
Geize;
Denn viele Ohnwitzer waren schlimme Käuze,
Und hielten es eben für kein Skandal,
Wenn man den Pfarrer betrog oder bestahl.

26. Drum gaben sie manchen falschen Beichtdreier
    Und Hühner, die den Pips hatten und faule Eier,

Und bei dem Getreide das mehreste mal,
Fehlte es an Maas, Qualität und Zahl.

27. Nie mischte Er sich in fremde Händel und Sachen,
    Dachte vielmehr an die Lehre des alten Sira-
    chen:
    Was beines Amts nicht ist zu Ohn-
    wiß,
    Da laß, liebes Kind! beinen Vor-
    wiß.

28. Eheftiftungen und niederträchtige Kuppeleien
Haßte Er besonders bis zum Verabscheuen;
Obgleich dies Geschäft seinem Amtsvorfahr
Durch manchen Kuppelpelz einträglich war.

29. Gegen andre Religionsverwandten
Bezeigte Er sich immer als einen Toleranten,
Und schlug bei geringen Ketzerei'n
Nicht gleich mit dem Prügel des Anathema
brein.

30. Er hielte, sowohl Katholiken als Kalvinisten,
Für seine lieben Mitbrüder und Mitchristen,
Und verdammte keinen mit kaltem Blut,
Wär's auch gewesen Türk, Heid oder Jud.

31. Kurz, Er machte seinem Amte und seiner Lehre,
Als ein ächter Religionsprediger, Ehre,
Und in der ganzen Gegend umher
War ein so braver Pfarrer nicht mehr.

Viertes Kapitel.

Wohlstand in Ohnewitz.

1. Gleichwie während Hieronimi Nachtwächter-
   stande
   In Schildburg sich alles ruhig und wohl befande,
   Und, soviel ich sicher weiß, allda
   Weder Einbruch noch Räuberei geschah;

2. So und dermaßen, als nun geistlicher Hüter,
   Stimmte Er die Ohnwitzer Seelen und Gemüther,
   Obgleich unter manchem Seufzer und Schweiß,
   Zur Rechtschaffenheit, Ordnung und Fleiß.

3. Sie hatten zwar, wie wir schon wissen, harte Häute,
   Und wurden doch in kurzer Zeit die besten Leute,
   Und jeder wunderte sich schier sehr, zu sehn
   Der Ohnewitzer vernünftig's Begehn.

4. Sie heiratheten und urbarten wüste Räume,
   Zeugten fleißig Kinder und pflanzten Bäume,
   Gingen oft in die Kirch' und auf's Feld,
   Hatten Verstand und Kurasche und Geld.

5. Arbeiteten auch sonst wacker im Berufe,
   Baueten manche neue Scheune und Hufe,
   Und im ganzen Ohnwitzer Dorfe blieb
   Kein einziger müßiger Bettler, noch Dieb.

6. Sie zahlten die Martinspächte ohne Fehle,
   Thaten auf Zinse manche neue Kap'täle,
   Und so stieg im kurzen im schönsten Flor
   Das kleine Dorf ansehnlich empor.

7. Zwar wuchsen auch mittlerweil Luxus und Moden
   Auf dem bisher altfränkisch ländlichen Boden,
   Und statt gesundem Bier und Milchbrei
   Trank man Kaffee und Zucker dabei.

8. Die reichsten Männer spazierten in Pantoffeln,
   Aßen Braten und Blumenkohl, statt Speck und
                                         Kartoffeln,
   Und tranken statt Kovent alten Pontak,
   Und rauchten vom allerbesten Tobak.

9. Auch die jetzigen Ohnwitzerinnen,
   Statt Käse zu machen und Flachs zu spinnen,
   Lasen Romane und strickten Filet,
   Hielten Visiten und trugen sich nett.

10. Sogar die stolzirenden Dorfmädchen
    Zierten sich wie Jungfern in kleinen Städtchen,
    Trugen Kattun mit Zitz statt Leinwand,
    Und aufgesteckte Mützen mit fein Band.

11. Die jungen Kerls verließen oft Pflug und Flegel,
    Gingen des Nachmittags und schoben Kegel
    Und trunken in der Schenke firnen Wein
    Und luden zum Tanzen die Dirnen ein.

12. Doch ward darin eben nichts übertrieben,
    Sondern alles ist in Fuhrmannswegen geblieben,
    Denn Herr Pfarrer Jobs hielte Tag und Nacht
    Ueberall getreu seine geistliche Wacht;

13. Und steuerte überhaupt an seinem Theile
  Aller bösen Neuerung und jedem Unheile,
    Er hielt also wenigstens in Essentialibus
    Alles auf dem alten Deutschen Fuß.

14. Auch der gnädige Herre auf dem Schlosse
  Geruhten zu haben eine sehr grosse
    Freude und Wohlbehagen dran,
    Wenn Hochdieselben diesen Wohlstand sahn.

15. Sie entschlossen sich von nun an, zu verschonen
  Die Bauern mit den bisher beschwerlichen Frohnen,
    Und haben auch die uralte Leibeigenschaft
    Bei denselben allergnädigst abgeschafft.

16. Das mehrte nun natürlich der Unterthanen Liebe,
  Und minderte die Zahl der Bettler und Diebe,
    Denn jeder konnte gemächlicher nun
    Für sich selbst arbeiten und gehörig ausruhn.

17. Zuweilen gab der Herr ländliche Feste,
  Und da waren die Bauern sämmtlich seine Gäste,
    Und immer ginge lustig die Gei-
    ge und der ernste Brummbaß dabei.

18. Die gnädige Frau hielt es nicht zu geringe,
  Mit dem Dorfschulzen zu machen einige Sprünge,
    Und der gnädige Herr öffnete jedesmal
    Mit der artigsten Bäurin den Bal.

19. Besonders gern tanzte der junge Herre
  · Mit den hübschesten Mädchens in's Kreuz und
      die Queere
  Manches Menuet und englisches Stück,
  Nach allen Regeln der Tanztik.

20. Kam er mit Mamsel Esther an den Reihen,
     So that sich sein Herz vorzüglich erfreuen,
     Und es geschah alsdenn hinc inde da
     Mancher Ausglitscher und Faux pas.

21. Da es nun zuging in allen Ehren,
     So mochte Herr Pfarrer Jobs es auch nicht wehren,
     Ja vielmehr billigte er ganz
     Einen unschuldigen ländlichen Tanz.

22. Hätt' auch wohl selbst eins mögen mitmachen,
     Aber er enthielt sich gerne, um den Schwachen
     Nicht zu geben ein Aergernus;
     Welch's man dann auch von ihm rühmen muß.

23. Auch ich meinerseits kann keine Sünden
     In dergleichen Leibesübungen finden,
     Wenn nur das Exercitium der Tanzkunst
     Geschieht ohne Anstrengung und Brunst.

24. Wir werden übrigens in der Folge sehen,
     Was für gute Früchte daraus entstehen,
     Wenn regierender Herr und Unterthan
     Sich fein freundlich zusammen begahn.

Fünftes Kapitel.

Dieses Kapitel handelt von des Herrn Pfarrers
Jobs häuslichem Leben.

———◦◦———

1. Nun will ich auch von Herrn Jobs häuslichem
     Leben
   Noch eine vollständige Nachricht geben,
     Und wir sehen dann auch zugleich dabei,
     Ob auch auf'm Schlosse noch alles richtig sey;

2. Denn beider Schicksal verwebt sich enger
     Mit einander desto mehr, je länger
     Die Erzählung der Geschichte währt
     Und man geduldig zu lesen fortfährt.

3. Herr Jobs that, wie gesagt, mit aller Treue,
     Alles was gehörte zu seiner Pfarreie;
     Auch in seiner Oeconomie befand sich
     Alles fein sauber und ordentlich.

4. Er konnte sich zwar selbst damit nicht befassen,
     Mußte sie also seiner Schwester überlassen,
     Denn sie war, nachdem die Mutter storb,
     Das Fac totum und allein Henne im Korb.

5. Er befand sich dabei auch gar nicht übel,
  Und seine Bücher, besonders das Studium der Bibel
    Vertrieben ihm angenehm die Zeit
    In seines Musäi Einsamkeit.

6. Er ging auch, um sich zu divertiren,
  Bei guter Witterung zuweilen spazieren;
    Wobei Er dann fein gesund blieb
    Und verhütet wurde das Malum Hyp.

7. Auch pflegte Er sich oft persönlich zu erkünden
  Nach der herrschaftlichen Familie Wohlbefinden,
    Und sowohl die gnädige Frau, als beide Herrn,
    Sahen ihn jedesmal herzlich gern.

8. Er war auf dem freiherrlichen Ohnwitzer Schloſſe
Gleichſam Spiritus familiaris und Hausgenoſſe,
Und wenigſtens jeden Sonntag faſt
Nach geendigtem Gottesdienſt Gaſt.

9. Auch hat ſich der junge Baron oft zu ganzen
Stunden,
Zum Beſuche im Pfarrhauſe eingefunden,
Und es verginge kein einziger Tag,
Daß er nicht wenigſtens en paſſant einſprach.

10. Doch, was dieſe Beſuche betrifft, ſo ſcheinet,
Daß er eben nicht immer damit den Bruder
gemeinet;
Denn es kümmerte ihn nicht, wenn er vor
der Hand,
Nur blos die Schweſter zu Hauſe fand.

11. Er ging am liebſten in der Pfarrgegend jagen,
Auch der hübſche Garten da that ihm behagen,
So daß er beſtändig einen Vorwand
Zu ſeinen frequenten Viſiten erfand.

12. Zum Exempel: Abends fand er in dieſem Reviere
Das ſanfte Wehen der kühlen Zephyre
In den Bäumen daſelbſt ſehr angenehm,
Und das Wäldchen da zum Spazieren bequem.

13. Oder, er hatte über gewiſſe gelehrte Sachen
Mit Herrn Doktor Hieronimus etwas zu ſprachen;
Oder er brachte ein Häschen oder Rebhühnlein,
Das er geſchoſſen, in die Küche hinein;

14. Oder er pflegte ins Pfarrhaus zu eilen,
　　Angenehme Neuigkeiten dort zu ertheilen;
　　　Oder er kam, und es war noch zu früh,
　　　Zum sonntäglichen Gottesdienst hie;

15. Oder er hatte Aufträge und Freundschaftspflichten
　　Von seinen Eltern an Herrn Jobs zu entrichten;
　　　Oder er erkundigte sich auch wohl blos,
　　　Ob nichts zu bestellen sey für's Schloß.

16. Die Ohnwitzer haben mit Verwunderung gesehen
　　Ihn so ofte ins Pfarrhaus hinein gehen;
　　　Denn es begab sich, daß er Gelegenheit nahm
　　　Und täglich wohl zwei= bis dreimal kam.

17. Kurzum, auch im häuslichen Geschicke
　　Lächelte dem Herrn Pfarrer Jobs das Glücke,
　　　Besser als manchem Prinzen und Rex,
　　　Oder in neuerer Zeit einem Pontifex.

Sechstes Kapitel.

Wie Herr Jobs auch sein Hauskreuz hatte, ob
er gleich keine Frau hatte; und von seiner
Schwester Krankheit.

———◦◦———

1. Indessen das Erdenglück hat hinten und vornen
   Doch immer etwas von Stacheln und Dornen,
   Und nach diesem Sprüchwort ging es auch so
   Dem Doktor und Pfarrer Hieronimo.

2. Seine Haushälterin, die geliebte Schwester,
   Das sonst muntre Mädchen, die gute Esther,

Nahm, dies bemerkte Er schon einige Zeit,
Augenscheinlich ab an Lebhaftigkeit.

3. Zwar versah sie ziemlich alle Geschäfte,
Es fehlten ihr auch eigentlich dazu keine Kräfte,
Und sie befolgte treulich spät und früh
Die beste Aufsicht in der Oekonomie.

4. Allein, sie schien oft in Gedanken zerstreuet,
Ward durch gewöhnliche Sachen nicht erfreuet,
Und man sah, daß sie nicht so gar flink,
Wie vormals, in allem zu Werke ging.

5. Auch Seufzer, so wohl publice, als im Stillen,
Entstiegen oft der Brust ohne ihren Willen,
Wenn sie bei ihrem Spinnräbchen saß,
Oder gar indem sie trank oder aß.

6. Ja, man sah nicht selten auf ihrem Backenpärchen,
Hangen einige perlfarbene Zährchen,
Und ihre klaren blauen Aeugelein
Waren oft roth, naß und unrein.

7. Auch hörte man einigemal in ihrer Schlaflammer
Des Nachts ein heimliches Stöhnen und Gejammer,
Und dennoch sagte oder klagte sie
Ihr dringendes heimliches Anliegen nie.

8. Auch die frische Farbe ihrer runden Wangen
Ist nach und nach verloren und vergangen;
Vormals war sie schön rosenroth,
Und nun ward sie schier blaß wie der Tod.

9. Ehmals war sie immer bei gutem App'tite,
Dies setzte bei ihr natürlich gesundes Geblüte;
   Aber nun war App'tit, Durst, froher Sinn,
   Nächtliche Ruhe, et cetera dahin.

10. Auch hatte sie zuweilen mit Nervenkrämpfen
Und kleinen Anfällen von Ohnmachten zu kämpfen,
   Und die allergeringste Kleinigkeit
   Erregte Vapörs und Uebelheit.

11. Sie suchte sich allen Vergnügungen und Kom-
                 pagnien,
So oft es der Wohlstand nur litte, zu entziehen,
   Und ihre beste Unterhaltung blieb,
   Wenn sie einsam etwa was las oder schrieb.

12. Dies alles merkte, wie gesagt, Herr Jobs lange,
Drum ward Er ob ihres Zustandes sehr bange,
   Und dachte, sie laborire an der Atrophie,
   Und Freund Hein kriegte in seine Klauen bald sie.

13. Um ihre Krankheit zu erklären und zu kuriren,
That Er oft studirte Leute konsuliren,
   Und mancher berühmte Aeskulap
   Gab drüber seine Meinung und Recepte ab.

14. Der eine suchte den Quell des Uebels im Magen,
Und gab Vomitive, ihn draus zu verjagen,
   Aber es begab sich, daß's mit dem Vomitiv
   Immer schädlich für die Patientin ablief.

15. Andre riethen auf vorhandene Würmen,
Und suchten sie mit Wurmmitteln zu bestürmen;
   Einer wagte sogar einen schrecklichen Landsturm
   Auf einen vermeinten langen Bandwurm.

16. Andre suchten das vorhand'ne Uebel zu stillen
    Mit Aloe, Galbanum, Stahl und Polychrestpillen;
    Denn sie leiteten die ganze Krankheit perfekt
    Aus einem gewissen weiblichen Defekt.

17. Andre suchten sie mit starken Purganzen
    Wegen vermeinter Verschleimung zu kuranzen;
    Andre kurirten gradezu auf Schwindsucht nur,
    Und riethen Isländisches Moos und Milchkur.

18. Andre, meist alte praktische Polypheme,
    Suchten der Krankheit Sitz im Nervensysteme,
    Und nach reiflicher Erwägung riethen sie an
    Moschus, Teufelsdreck, Bibergeil und Bal-
        drian.

19. Andre versicherten dem Herrn Jobs aufrichtig,
    Jedoch sub Rosa, sie würde wassersüchtig,
    Und sagten, seiner Schwester Krankheit sey
    Wiß und wahrhaftig eine Kachexei.

20. Aber alle ihre häufig verschrieb'ne Arzneien
    Wollten nicht bei ihr anschlagen noch gedeihen,
    Und sie ward nach dem Gebrauch vielmehr
    Täglich schlimmer und kränklicher.

21. Einige alte ehrbare sachkundige Dorffrauen
    Sagten sich eine der andern im Vertrauen,
        Die Krankheit der Mamsel Esther wäre nur
            klein,
    Und hätte Leben, Kopf, Hals, Arm und Bein.

22. Aber wir werden's künftig finden und sehen,
Daß dem guten Mädchen drin zu viel geschehen,
Denn die Folge bewies es genung,
Daß jene Sage nur sey Verläumdung.

23. Dem Pfarrer Jobs däuchte es unerhörbar,
Daß seiner Schwester Krankheit so verschieden
erklärbar
Bei den Kennern der Arzneikunst sey,
Und dachte heimlich das Seine dabei.

24. Er hielt es darum für klug und vernünftig,
Daß sie gar keine Arznei mehr brauche künftig,
Und daß man sie fortan in Gottes Namen nur
Blos überließ ihrer eigenen Natur.

25. Und das war ihm dann auch gewiß gerathen;
Denn unter den Händen der Herrn Hippokraten
Wäre sie bei dem gesundesten Blut
Doch endlich unfehlbar gemachet kaput.

26. Er suchte aber sie möglichst aufzuheitern,
Und damit sich das Uebel nicht möchte erweitern,
Rieth Er, als ein vernünftiger Mann,
Spazieren und angenehmen Umgang ihr an.

Siebentes Kapitel.

Wie auch der junge Herr von Ohnwitz krank
ward, und wie ihm keine medicinische Facultät
helfen konnte, wie dieses wohl oft in Krankheiten
der Fall seyn thut.

———

1. Sonderbar ist's zu vernehmen und zu hören,
   Daß auch bei dem jungen abligen Herren
      Von Ohnwitz, jedoch mutatis mutandis,
      Sich eine ähnliche Krankheit anwies.

2. Er war sonst ein herzlieber edler Junge,
   Hatte großen Verstand und 'ne geläufige Zunge,
      Und ein gar vornehmes abliges Ansehn,
      Und war von Angesicht bräunlicht und schön.

3. Auch hatte der junge Herr, Ihro Gnaden,
   Ziemlich runde Wangen und passable Waden,
      Und übte mit seinen Muskeln voll Kraft
      Immer eine gute Ritterschaft.

4. Ich will hier zur Ergötzung und zum Vergnügen
   Sein Porträt einsweilen beifügen;
      Es gleicht ihm zwar nicht, doch stelle ich's her,
      Man muß sich nur vorstellen, als wenn er es wär'.

5. Aber, wie gesagt, seit einigen Zeiten,
    War auch er geplagt mit Uebelkeiten,
        So daß er weder apptitlich trank noch aß
        Und dabei verginge wie Laub und Gras.

6. Er schlich traurig oft weg ins Geheime,
    Hatte Nachts allerlei beschwerliche Träume,
        Und weder sein Lakai noch Reitknecht
        Konnten ihm je etwas machen recht.

7. Weder Musik, Spiel oder Studiren,
    Konnten ihn aufmuntern oder amüsiren,
        Denn gleich dem ärgsten Hypochondrikus,
        Hatte er an allem und jedem Verdruß.

8. Er verfiel dabei augenscheinlich,
   Sein Embonpoint wurde mehr und mehr kleinlich,
   Das machte dann viel Sorge beim Herrn Papa,
   Und noch mehr dito bei der Frau Mama.

9. Manche Arztfakultät ward zu Rath gezogen,
   Da hat man den Zustand kollegialisch erwogen,
   Aber in Methodo medendi war
   Einer dem andern directe contrar.

10. Der eine focht mit medicin'schen Sophismen,
    Der andre mit Hippokratis Aphorismen,
    Ein andrer berief sich mit guter Art
    Auf langjährige Praxis und grauen Bart.

11. Der eine verschrieb Pulver und Mixturen,
    Der andre Latwergen und Tinkturen,
    Der eine rieth zum Purgiren und Schweiß,
    Der andre zu einer Brunnenreis'.

12. Doch nach langem Fechten und Disputiren
    Und pro et kontra Deliberiren,
    Kam man nach geendigtem gelehrten Zank
    Drin überein: der junge Herr sey krank.

13. Aber ob diesem Lärm, Disputiren und Zanken,
    Hätte Patient schier mögen erkranken.
    Drum that derselbe weislich und klug,
    Daß er alles Einnehmen rund abschlug.

14. Er nahm indeß täglich an Munterkeit abe,
    Schien fast zu stehn mit einem Fuß im Grabe.
    Obgleich weder an Lunge noch sonst innerlich
    Eigentlich befande kein Fehler sich.

15. Es schien doch, als könn' er seine melanchol'schen
Grillen
Am besten damit wegjagen und stillen,
Wenn er ein Bißchen spazierte aus
Nach dem Ohnewitzer Pfarrerhaus.

16. Sintemal nun für junge, kränkliche Naturen
Die Heirathen oft sind die zuträglichsten Kuren,
So fielen auch seine gnäd'ge Eltern für ihn
Auf diese besondre Art von Medicin.

17. Es waren aber im Distrikt von rund um einigen
Meilen
Viele mannbare sehr artige Freiinnen und Fräulen,
Welche wohl eine schier baldige Heirath
Gleichfalls gehalten hätten für 'ne Wohlthat.

18. Ihm ward also von den Eltern bringend em-
pfohlen,
Sich ein Fräulen daher bald heimzuholen,
Und sie gaben ihm gerne im voraus, wenn's
Nur ritterbürtig sey, ihren Konsens.

19. Denn sie hielten große Stücke auf ihren Adel,
Der war auch bisher blieben ohne Tadel,
Und von allem unsaubern bürgerlichen Blut
Noch unvermischt und durchaus kerngut.

20. Alles andre hielten sie für Kleinigkeiten,
Welche bei Konvenienzehen nichts bedeuten;
Es war ihnen sogar durchaus einerlei,
Ob die künftige Schwiegertochter reich oder
arm sey.

Achtes Kapitel.

Wie man den jungen Herrn, um ihn zu kuriren,
mit der Fräulein Judith verheirathen will, und
wie er diese Medicin nicht nehmen will.

———•◦•———

1. Es wohnte aber an der Ohnwitzer Gränze
Eine freiherrliche Wittwenexcellenze,
   Auf einer alten, ehmals festen Burg,
   Welche jetzt verfallen war durch und durch.

2. Ihre Ahnenzahl war längst übervollwichtig,
Und der Stammbaum bis zur Wurzel ächt und
              richtig:
   Aber (nichts ist ja vollkommen in der Welt)
   Es fehlte ihr am Besten: an Geld.

3. Sie hatte deswegen nicht viel zu verzehren,
Aber erzog doch in allen Züchten und Ehren
   Eine einzige Fräulein Tochter zart,
   Sehr reizend und von englischer Gemüthsart.

4. Sie war eine ächte Perle des Landes,
Sehr geehrt wegen ihrer Schönheit und ihres
             Verstandes,
   Und mancher Kavalier hatte wohl Appetit
   Zu der angebeteten Fräulein Judith.

3 *

5. Aber weil diese sonst nicht verwerfliche Sachen
   Doch das Wesentlichste bei der Heirath nicht
   ausmachen,
   So hatte auch eigentlich keiner dafür Sinn,
   Sie zu wählen zu einer Gemahlin.

6. Sie fuhr oft, in Ermang'lung 'ner ordentlichen
   Kutsche,
   Nach Ohnwitz mit ihrer Mutter in 'ner schlechten
   Birutsche,
   Weil sie daselbst sehr dick und groß stand,
   War auch von Noah her noch etwas verwandt.

7. (Denn, ich bemerke solches nur beiläufig,
   Die Ohnwitzer Von's befanden sich sehr häufig
   Unter dem Adel überall hier und da
   Zerstreuet im Lande Germania.)

8. Sie weilten daselbst gemeinlich viele Tage,
   Vergaßen pro tempore ihre sonst dürftige Lage,
   Aßen und tranken allda wohlgemuth,
   Und befanden sich auch im übrigen gut.

9. Ihre sämmtliche mitgenommene Domestiken
   Konnten sich gleichfalls daselbst mal erquicken;
   Es war zwar ihrer keine große Schaar,
   Sondern in toto nur ein einziges Paar.

10. Nämlich: Johann, Jäger und zugleich Kutscher,
    Gärtner, Kellermeister und Schuhputscher,
    Geheimer Kammerdiener, Lakai, Frisör,
    Und bei Ihro Excellenz sonst noch allerlei mehr.

11. Nebst dem das 46jährige Käthchen,
    Sie war Köchin und zugleich Kammermädchen,
    Flickte die Strümpfe und kehrte die Flur,
    War Viehmagd und zugleich Dame D'atour.

12. Sogar das Pferdegespann, zwei magere Gerippe,
    Wieherte froh zu Ohnewitz an der Krippe,
    Denn sie aßen da, vom vielen Fasten matt,
    Im Marstall in Haber und Häksel sich satt.

13. Auch der Fräulein Judith Schooshund, ein schmäch=
    tiger Pudel,
    Aße sich da bald rund wie eine Nudel,
    Bekam Suppe, Braten und fettes Butterbrod,
    Und vergaß alle seine vorige Noth.

14. Der junge Herr sahe, von Kindesbeinen
    An, gern die Judith zu Ohnwitz erscheinen,
    Und auch sie spielte und tändelte schon
    Als Kind gerne mit dem jungen Baron.

15. Auch in ihren Jünglings- und Mädchensjahren
    Thaten sie noch gern sich zusammen paaren,
    Ja man sahe auch später er post
    Auf der alten Liebe noch keinen Rost.

16. Indeß, seit Herr Jobs die Pfarre bekommen,
    Hat sich der junge Herr ganz kurios benommen,
    Denn er zog sich, mit guter Manier,
    Unvermerkt, nach und nach zurücke von ihr.

17. Papa und Mama hätten allenfalls gern gesehen
    Eine Mariage zwischen beiden entstehen;
    Denn sie liebten, wie gesagt, die Fräulen Judith
    Wegen ihrer Artigkeit und dem guten Gemüth.

18. Allein der junge Herr wollte davon nichts hören,
    Suchte überhaupt alle Vermählung abzukehren,
    Ob er gleich, an und für sich, eben zwar
    Kein Feind des schönen Geschlechtes war.

19. Den Schlüssel zu allen diesen Kuriositäten,
    Und zu der Brunnquelle der Leibesnöthen
    Des jungen Herrn und der Mamsel Esther
    Zeigt das folgende Kapitel näher.

Neuntes Kapitel.

Wie eine Liebschaft sich angesponnen hat zwischen
dem jungen Herrn und der Jungfer Esther.

1. Wir müssen jetzt auf einige Augenblicke
   In der Geschichte wieder ein wenig zurücke,
   Und fangen nachher aufs neue dann,
   Wo wir eben aufhörten, wieder an.

2. Möchte wohl wagen eine ansehnliche Wette,
   Daß mancher es längst schon gemerket hätte,
   Oder es wenigstens doch jetzo begreift,
   Daß das Ding auf'ne Liebesgeschichte ausläuft.

3. Schon habe ich wohlbedächtlich im zweiten
   Theile, Kapitel 33, suchen vorzubereiten
   Den geneigten Leser auf den Roman,
   Der sich mit dem jungen Herrn und Esther
   anspann.

4. Nun wollen wir, um methodisch zu gehen,
   Stück vor Stück ordentlich besehen,
   Wie alles vom ersten Anfang
   Nahm den gewöhnlichen Romangang.

5. Schon auf der Akademie hatte der Baron viele
   Dunkele angenehme Vorgefühle
   Für Esther, und gab dem Hieronimus,
   Wenn er nach Haus schrieb, an ihr 'nen Gruß.

6. Denn mit Bücherschreiben und Verlieben
   Wird manches seltnes Abentheuer getrieben,
   Beides kostet heuer wenig Müh,
   Und man kommt dazu und weiß nicht wie?

7. Und weil Hieronimus seine Schwester sehr schätzte,
   Und an ihrem Andenken sich sehr ergötzte,
   So sprach er von ihr dem Baron oft vor,
   Und das hob sein Gefühl noch mehr empor.

8. Als sie nachher selbst nach Ohnwitz gekommen,
   Hat seine Liebe mehr überhand genommen,
   Und flammte und brannte lichterloh,
   Aerger als Flachs und lichtes Stroh.

9. Denn sie hatte ein Gesichtchen wie ein Engel,
   Eine Taille, schlank wie ein Rohrstengel,
   Rabenschwarzes Haar, einen schönen Mund,
   Und Wangen et cetera, zart und rund.

10. Er mußte es sofort bei sich gestehen,
Daß er so ein Mädchen noch nie gesehen,
Und durch ihren himmlischen Verstand
Ward er vollends noch ärger verbrannt.

11. Er hielte zwar lange seine verliebte Grillen
Für sich allein, incognito und im Stillen,
Und wagte es durch Liebeserklärung nicht,
Von sich zu wälzen das schwere Gewicht.

12. Auch Esther, als sie zuerst den Baron sahe,
Wußte nicht recht, wie und was ihr geschahe;
Denn ein unbekanntes Etwas innerlich
Bemächtigte ihrer gewaltsam sich.

13. Sie hatte noch nie eigentlich geliebet,
War auch in Romanenlektüre nicht geübet,
Sonst hätte sie es wohl gleich gewußt,
Was da so wurmte in ihrer Brust.

14. Nach und nach entwickelten sich ihre Triebe,
Wuchsen, und sie merkte, es sey die Liebe,
Und sie gestand sich, sie hätt nie gesehn
Einen jungen Herrn so artig und schön.

15. Aber sie suchte die Gefühle zu bestreiten,
Und die aufwachsende Liebe auszureuten;
Jedoch sahe sie immer den jungen Herrn,
Wenn er zu ihnen in's Pfarrhaus kam, gern.

16. Und oft, wenn sie ihn in der Nähe erblicket,
Ward ein aufsteigender Seufzer in ihr zerdrücket,
Und es ging hervor aus ihres Herzensschrein
Manchmal ein gewagtes Wünschlein Nein.

17. Allein, sie war bemüht in kältern Augenblicken,
Alle diese Wünsche in der Geburt zu ersticken,
Denn als 'ne vernünft'ge Person gedachte sie:
Die Wünsche würden doch realisiret nie.

18. Freilich für 'nen Herrn solch hohen Standes,
Einz'gen Sohn des reichsten Kav'liers des Landes,
War sie, zur Abkühlung für's abliche Blut,
Nur höchstens allenfalls als Maitresse gut.

19. Aber sie ware seit ihrer frühen Jugend
Eine Bewahrerin unverdorbener Tugend,
. Und hätte so was selbst keinem Königssohn
Für jährlich Lohn von tausend Dukaten gethon.

20. Auch der junge Herr konnte sich nicht bequemen,
Die Sache auf einen solchen Fuße zu nehmen;
Denn er hielte es für eine große Sünd,
Zu verführen andrer Leute Kind.

21. Auch hätte er alles in der Welt lieber
Gesehen gehen darunter und darüber,
Als seinem lieben Freunde Hieronimus
Zu machen einen so bittern Verdruß.

22. Er wußte aber mit vollkommenster Ueberzeu-
gung
Seiner freiherrlichen Eltern Eckel und Abnei-
gung
Gegen jede Beschmutzung des Stands
Durch eine niedrige Mesallianz.

23. Saße folglich mit seinen zärtlichen Gefühlen,
    Gleichsam geklemmt zwischen zweien Stühlen,
      Und so ginge er lange und trug sich stumm
      An seiner Liebe fast lahm und krumm.

24. Was sonst hinc inde noch passiret,
    Wird in jedem Romanbuche recitiret,
      Darauf beziehe ich mich, weil jedermann
      Es umständlich und genau da lesen kann.

Zehntes Kapitel.

Wie die Liebschaft weiter gehen und zu einer
förmlichen Liebeserklärung kommen thut.

---

1. Indessen konnt' es nicht immer so seyn und
    bleiben,
    Amor mußte das Spiel weiterhin treiben,
    Und so kam's binnen einem Vierteljahr
    Zu einer Liebeserklärung baar.

2. In welcher Form dergleichen Erklärungen geschehen,
    Kann man in Romanbüchern gleichfalls nach-
    sehen,
    Denn, sie besonders zu beschreiben hier,
    Verdürbe nur die Zeit und's Papier.

3. Daß der Baron am ersten sich erkläret,
    Sich Esther aber anfangs sehr gewehret,
    Und alles geschah mit herzbrechendem Weh,
    Versteht sich von selbst, als Latus per se.

4. Den Zeitpunkt, in welchem er's erst gewaget,
    Und ihr sein Herzensanliegen geklaget,
    Weiß ich nicht genau, doch mein' ich, es sey
    Ohngefähr gewesen Anfangs Mai.

5. Denn in diesem wonniglichen Monate
Geschehen Liebesanträge früh und spate,
    Theils an Toiletten, theils in Büschen, theils
        im Stall,
  Von jungen Herrn bis zu Kater und Nachtigall.

6. Esther hörte zwar mit vielem Entzücken
Den schönen Baron so zärtlich sich ausdrücken,
    Und wurde innerlich so tief gerührt,
    Als hätte sie Mesmer magnetisirt.

7. Aber sie führte ihm vorab zu Gemüthe,
Daß ihr bürgerliches und sein abliches Geblüte
    Zu einem ernsthaften Liebesverein
    Sich so wenig fügten, wie Wasser zu Wein.

8. Und sie gegen jede andre Art der Verbindung
Und unerlaubte Leidenschaft und Empfindung
    Bei aller sonstigen Seelenharmonie
    Hätte eine ewige Antipathie.

9. Um sich also der Liebe zu entschlagen,
Suchte sie allerlei Vernunftgründe vorzutragen,
    Jedoch mittlerweile sie also sprach,
    Floß aus ihren Aeuglein ein Thränenbach.

10. Sie hatte noch allerhand gewöhnliche Ausflüchte,
Theils von größerm, theils geringerm Gewichte,
    Fügte auch manches von der Untreu
    Und dem Wankelmuth des männlichen Ge-
        schlechts bei.

11. Er aber versicherte hoch und theuer:
  Er sey kein Lügner oder Alltagsfreier,
    Und noch viel weniger wolle er
    Ueber ihre jungfräuliche Unschuld her.

12. Schwor gar, daß die Bäume hätten mögen krachen:
  Bei Kav'lierparol und derlei zuverlässigen Sachen,
    Er würde seine heftige Liebe und Sie,
    So lange er athmete, quittiren nie.

13. Redete auch von Verzweiflung, Degen und Pistolen,
  Von Halsbrechen, ja gar von Teufelholen,
    Und andern Dingen, welche rührend schön
    In Werthers Leiden beschrieben stehn.

14. Von diesen so fürchterlichen Schwüren
  Ließ sich Esther endelich rühren,
    Denn sie dachte, sie möcht' den verliebten Baron
    Sonst wirklich bringen zur Desparation.

Eilftes Kapitel.

Wie aus obgedachter Liebschaft endelich gar ein
Siegswartsfieber entstehet.

———

1. Die Liebe des Barons und der Mammesel Esther
Wurde nun tagtäglich stärker und fester,
Nachdem man auf der schlüpfrigen Liebesbahn
Den ersten und schweresten Schritt gethan.

2. Schon gleich auf die wechselseitigen Entschlüsse,
Sich ewig zu lieben, folgten einige Küsse,
So wie nach dem gemeinen Sprüchwort auf
A B,
Wie schon die Kinder wissen, folgt das C D.

3. Man hat alle Gelegenheit wahrgenommen,
Oft bei einander und zusammen zu kommen,
Und der junge Herr hatte fortan nun
Immer was im Pfarrhaus zu thun.

4. Es traf sich bei seinen Besuchen auf der Pfarre,
Daß Herr Jobs meistens nicht zu Hause ware,
Oder daß er auf seiner Studirstube saß,
Und für sich andächtig studirte oder las.

5. Aber der artige, liebe, junge Herre
    Bat ausdrücklich, daß man ihn ja nicht störe,
        Viel weniger daß er es übel nahm,
        Wenn Herr Jobs nicht 'runter zu ihm kam.

6. Denn die eigentliche importante Sachen,
    Welche er im Pfarrhause hatte auszumachen,
        Gehörten wenigstens das meiste mal
        In des Gotts Amors Kameral.

7. Auch Jungfer Esther hat fast alle Wochen
    Mehrmals in's herrschaftliche Schloß eingesprochen,
        Wenn etwa ein Geschäft sie dazu veranließ,
        Und hatte sie kein Geschäft, so machte sie's.

8. Man conferire über diesen besondern Titel
    Die Verse 9 bis 16 im fünften Kapitel,
        Woselbst ich schon lang und breit beschrieb,
        Wie der Baron seine Besuche betrieb.

9. Um ja im Liebeswandel nichts zu versäumen,
    Thaten sie gar des Nachts von einander träumen,
        Und da wurde dann, was des Tages passirt,
        Des Nachts weitläufiger ausgeführt.

10. Er, um seiner noch besser zu gedenken,
    Ueberreichte ihr manche schöne Geschenken,
        Zum Beispiel: einen herrlichen Brillantring,
        Und viele andre Galanterie=Ding'.

11. Weil es ihr aber an Golde und Juwelen
    Vielleicht dermalen mochte fehlen,
        So flochte sie ihm dafür fein und rar
        Einen Ring von ihrem eignen Haar.

12. Er gab ihr auch eingefaßt im goldnen Rahmen
    Sein Portrait, nebst dem Zug von seinem Namen;
    Nahm dagegen beim Lichte an der Wand
    Ihre Silhouette mit eigner hoher Hand.

13. Viele Liebende müssen sich bequemen,
    Mit solchen Kleinigkeiten vorlieb zu nehmen,
    Denn eine Kopie ist doch allenfalls
    Ein Behelf in Ermanglung des Originals.

14. Apropos! ich will einmal probiren,
    Drüber ein bischen zu physiognomisiren,
    Denn in diesem tiefsinnigen Studium
    Bin ich so wenig als Herr Lavater dumm.

15. „Man sieht in dem etwas zurückstehenden Hute
    „Gar deutliche Züge vom Edelmuthe,
    „Und es zeugt die gerundete große Stirn
    „Vom drinliegenden guten Gehirn.

16. „Die etwas hervorstehenden Augbraunen

    „Und das Näschen, etwas m   fals spitz,
    ,

17.

                         wenig geöffnete Mund
    „Machet süße Gesprächigkeit kund.

18.

19.

20.

    ,
    ,

21. Der Baron machte also, wie leicht zu ermessen,
    In seiner Liebe erstaunliche Progressen,
    Verfertigte auch manches Schäfergedicht,
    Wo beim Lesen einem das Herz schier bricht.

22. Oft wandelten sie in einsamen Feldern,
    Oder spazierten in schattigen Wäldern
    Hand in Hand und Arm in Arm,
    Und wurden inner- und äußerlich warm.

23. Auch an sanft rieselnden Silberbächen
    Pflegten sie über ihre Liebe sich zu besprechen,
    Und, siehe da, ihr zärtlichs Gespräch ergoß
    Sich so sanft und glatt, wie der Bach floß.

24. Oder sie sanken auf's weiche Moos nieder,
    Hörten des Hänflings und andrer Vögel Lieder,
    Und ahmten ihnen in der zärtlichen Klag',
    So viel als es nur menschmöglich war, nach.

25. Am zärtlichsten waren ihre Wechselgefühle
    Auf den Wanderschaften in der Abendkühle,
    Bei dem melodisch rührenden Schall
    Der Philomel, sonst genannt Nachtigall.

26. Sie saßen auch in mancher Abendstunde
    Unterm blauen Himmel mit offnem Munde,
    Tranken des Mondes Silberschein
    Und das Flimmern der lieben Sternelein*).

27. Oder sie saßen und liebelten in der Laube,
    Wie ein trauter Tauber und eine zärtliche Taube,
    Und dann schmolzen ihre Herzen stracks
    In einander wie Unschlitt und Wachs.

---

*) Man sehe das Titelkupfer.

28. Oder sie weilten in der abgelegnen Grotte,
    Spielten daselbst fast den **Werther** und die
              Lotte,
      Und handthierten und koseten so süß,
      Wie vielleicht Adam und Eva im Paradies.

29. Kurz, das Liebesleben ging je länger je lieber,
    Ward endlich ein ordentliches Siegwartsfieber,
      Denn diese gar närrische Krankheit
      Grassirte ohnedem damals weit und breit.

30. Oft traf der Baron sein Mädchen bei der Toilette,
    Einmal überraschte er sie gar im Bette,
      Jedoch bei aller dieser verdächtigen Liebschaft
      Behielte Esther ihre Jungferschaft.

31. Ueberhaupt versichere ich's hoch und theuer:
    So groß auch ware ihrer Liebe Feuer,
      So ward doch dadurch in der Tugendpflicht
      Kein unglücklicher Brand angericht't.

32. Bei allem dem war die Aussicht ihrer Liebe
    Im Ganzen genommen sehr neblicht und trübe,
      Denn man kam mit allem diesen Spiel
      Doch nicht zum reellen Zweck und Ziel.

33. Denn Hieronimus konnte dies Bündniß nicht
            billigen,
    Die gnädigen Eltern noch weniger einwilligen,
      Es blieb also blos bei den Präliminarien,
      Ohne im Hauptartikel weiter zu gehn.

34. Da kann man nun leicht bei sich gedenken,
    Wie sehr das den guten Kindern mußte kränken,
      Und wie allgemach ein heimlicher Gram
      Bei dem einen und der andern überhand nahm.

35. Der arme junge Herr, wie weiland Werther,
    Besuchte einsame melancholische Oerter,
      Und die noch ärmere Esther weinte baß
      In der Einsamkeit ihre Aeugelein naß.

36. Indessen war nichts übrig als sich zu fassen,
    Und das Ende dem Schicksale zu überlassen,
      Und man kam darinnen überein,
      Sich auf künft'ge bessere Zeiten zu freu'n.

37. So kann man nun hier das Räthsel lösen,
    Was die Kapitel 6 und 7 beschrieb'ne Krankheit
               gewesen,
      Von der kein studirter Arzt den Grund fund,
      Und noch weniger sie kuriren kunnt.

Zwölftes Kapitel.

Wie die Buhlschaft ganz inkognito getrieben ward,
ohne daß wenigstens der Herr Pfarrer Jobs
etwas davon merken kunnt.

1. Es geht den Liebhabern wie den Gaudieben,
   Beide pflegen ihr Gewerb im Geheimen zu üben,
   Und nach dieser wohlhergebrachten Manier
   Verfuhren auch unsre Liebenden hier.

2. Herr Hieronimus hat in einigen Jahren
   Vom ganzen Handel nicht's mindeste erfahren,
   Denn, nach dem Sprüchwort, gewöhnlich sind
   Die Menschen in den nächsten Sachen blind.

3. Aber Esthers Mutter war pfiffiger und schlauer,
   Und sie merkte es endlich und auf die Dauer,
   Daß ein verliebtes Geschäfte vorging,
   Denn sie kannt' noch aus alter Erfahrung das
   Ding.

4. Sie ließ, ohne die Sache selbst zu verstärken,
   Sich doch gegen andere davon nichts merken,
   Denn sie übertraf an Verschwiegenheit
   Alle andre Frauen, alt und jung, weit.

5. Auch im Dorf war schon lange ein Gerüchte
   Von des Barons und der Esther Liebesgeschichte,
   Und es hatte sogar fast jedes Kind
   Von den geheimen Händeln Wind.

6. Selbst die alte Herrschaft merkte diese Händel,
   Und aus manchem verstohlnen Getändel,
     Was ihr Herr Sohn mit Esther gemacht,
     Schöpften sie allgemach Verdacht.

7. Zwar hielten diese ihre verliebten Blicke
     In Gegenwart der Schloßherrschaft möglichst
       zurücke,
     Und ratione ihres Betragens und Gesichts,
     Hätt' man sollen denken: mir nichts, dir nichts.

8. Aber Verliebte können just in allen Fällen
     Nicht andre täuschen und sich immer verstellen;
     Das Ding währet höchstens eine Zeitlang;
     Denn Naturtrieb gehet vor Zwang.

9. Besonders erregten die Besuche und Gänge
     Nach dem Pfarrhause, wegen ihrer Menge,
     Aufmerksamkeit und gerechten Argwohn,
     Ueber Jungfer Esther und den jungen Baron.

10. Aber, daß es Ernst sey mit dieser Minne,
     Stieg ihnen nie zu Gedanken oder zu Sinne,
     Vielmehr glaubten beiderseits sie,
     Es sei nur 'ne spashafte Galanterie.

11. Der alte Herr wußte aus jüngern Zeiten,
     Wie wenig dergleichen Buhlschaften bedeuten;
     Denn er hatte selbst manch temporellen Roman
     Mit unadligen Mädchen gesponnen an.

12. Und die gnädige Frau that mit allem Vertrauen
     Auf die hochadlige Gesinnung ihres Sohnes bauen,
     Der nie durch eine Mesallianz
     Verdunkeln würde des Geschlechtes Glanz.

13. Hatte übrigens einen baumstarken Glauben,
    Der Herr Sohn würde Esthern ihr Kränzchen
                    nicht rauben,
    Sondern daß alles nur angeseh'n sey
    Auf eine Platonische Löffelei.

14. Man ließ also diese Liebesgeschichten,
    Ohne den Herrn Jobs davon zu benachrichten,
    Als ein Bagatell auf sich beruhn,
    Wie wir dann vor der Hand auch thun.

Dreizehntes Kapitel.

Wie Herr Jobs die Liebenden in der Laube
attrapiren that, zur Nacht und Unzeit.

————o o————

1. **P**höbus hatte vollbracht auf gewöhnliche Weise
Um die Erde herum seine Tagereise,
   Und die Postpferde schon abgeschirrt,
   Und die Räder für morgen eingeschmiert.

2. Verschlossen waren Kramläden und Buden,
Sowohl bei beschnittenen als christlichen Juden
   Und im Dachstübchen im Hinterhaus
   Blies ein Philosoph sein Thranlämpchen aus

3. Auf den Schneidertischen lagen pêle-mêle
Gestohlne Lappen, Scheere und Ehle,
   Und müßig in des Schreiners Werkstätt
   Säge und Hobel auf halbfert'gem Brett.

4. Vom Armenwächter bis zum Staatsminister,
Vom Erzbischof bis zum Hundeküster,
   Vom Profoß bis zum General hinzu,
   Hatte alles von der Amtspflicht Ruh.

5. Gott Morpheus streuete Schlummerkörner,
Luna zeigte ihre glänzenden Hörner,
   Und manchem abwesenden Ehemann
   Ward ein Horn zu Hause zugethan.

6. Ueberall herrschte feierliche Stille,
  Nur hier und da scirpte eine Grille,
    Oder ein wachsamer Kettenhund
    Machte in ihrem Beruf gehende Diebe kund.

7. In der unermeßlichen weiten Ferne
  Schimmerten droben tausend freundliche Sterne,
    Und das azurne Himmelblau
    Ward durch kein Wölkchen noch Nebel grau.

8. Auf des verflossenen Tages Schwüle
  Folgte eine sanfte, erquickende Kühle:
    Ich erinnere mich, es war grade just
    Um die Mitte des Monats August.

9. Das Mondlicht fiel hell durch Ritzen und Fenster,
  Manches Sonntagskind sah Phantomen und
        Gespenster,
    Die Eule flog auf die Fledermäus=Jagd,
    Mit einem Wort: Es war Mitternacht.

10. Wer gewohnt ist, seine Menschenpflichten
  Des Tages durch gehörig zu verrichten,
    Und dabei satt gegessen und getrunken hat,
    Dem ist die Nacht eine wahre Wohlthat.

11. Denn weder sein leerer Magen noch volles Gewissen
  Plagt ihn mit Drücken und peinlichen Bissen,
    Und nach ausgezogenem Pantoffel oder Schuh
    Kommt er im Bette sofort zur Ruh.

12. Herr Hieronimus hat baß, als manche Grossen,
  In seinem Pfarrstande dies Glücke genossen;
    Denn kein Hunger noch Gewissensgewicht
    Drückte seinen Unterleib noch Kopf nicht.

13. Jedoch hat es sich einsmalen zugetragen,
Daß er, vielleicht wegen überladenem Magen,
Die oben beschriebene Augustnacht
Etwas schlaflos hat zugebracht.

14. Er entschloß sich sofort aufzustehen,
'Und im Garten ein wenig spazieren zu gehen,
Um durch diese kleine Motion
Zu fördern den Schlaf und die Konkoktion.

15. Er fand die Hinterthür seines Hauses offen,
Und ward davon zwar ein wenig betroffen,
Doch glaubte er, die Hausmagd habe dies
Vielleicht gethan gestern per Abüs.

16. Er wandelte im Schlafrock mit langsamem Schritte
Ohngefähre bis zu des Gartens Mitte,
Wo unfern davon, linker Hand,
Sich eine kleine dichte Laube befand.

17. Aber plötzlich ward sein Spazieren unterbrochen,
Denn es wurde in dieser Laube laut gesprochen,
Und es däuchte sogar, indem er horchte, ihm,
Es sey seiner Schwester Esther Stimm.

18. Er schlich näher, sehr langsam und leise,
Ohngefähr wie Katzen nach dem Gerispel der Mäuse,
Und hörte drauf im wohlbekannten Ton
Auch die Stimme vom jungen Herrn Baron.

19. Er erstaunte natürlicher Weise darüber,
Ja sein Erstaunen ging in Erstarren gar über,
Als er fürder zur Laube kam,
Und den Inhalt des Gesprächs vernahm.

20. Denn er hat da nun deutlich erfahren,
 Daß man schon seit mehrern Jahren
  Diese Laube hatte gewählet zu
  'nem nächtlichen geheimen Rendezvous.

21. Er hat sogar mit Schaudern vernommen,
 Daß die Sache sehr weit mit beiden gekommen,
  Und daß vielleicht eine Entführung gar,
  Wie es schiene, auf'm Tapete war.

22. Ohne vorerst weiter was anzufangen,
 Ist er stille zurück ins Haus gegangen,
  Um zu überlegen bei kaltem Blut,
  Wie das böse Ding sey zu machen gut.

23. Wie lang das Rendezvous in der Laube gewähret,
 Drüber bin ich so genau nicht belehret;
  Es kann dieses, lieber Leser mein!
  Dir und mir auch wohl gleiche viel seyn.

Vierzehntes Kapitel.

Wie Herr Hieronimus mit seiner Schwester ein
Kapitel hält, ohne jedoch so niederträchtig zu
schimpfen, wie mancher andere in seiner Stelle
würde gethan haben und hier anfangs zu lesen ist.

———o o———

1. „Schämst du dich nicht, du lüderliche Metze!
 „Du et cetera! du schmutzige Petze!
  „Ist denn all' Ehre, Reputation und Respekt
  „In deinem jungfräulichen Herzen verreckt?

2. „Pfui dich! ba! du garstige Esther!
 „Es verdreußt mich zu han eine solche Schwester,
  „Die wider alle Regeln der Moral
  „Treibet ein solch ärgerlich Skandal!

3. „Was wird nun 's Publikum davon sagen,
 „Daß sich bei mir so' n Aergerniß zugetragen?
  „Gibt es nicht für den Pfarrer zu Ohnewitz
  „Wegen seines Amtes Stank und Präjudiz?

4. „Ich soll, wird man nun sagen, als Paster
 „Bestrafen andrer Leute Fehler und Laster,
  „Und doch treibt's in meinem eig'nen Haus
  „Meine Schwester so malhonett und kraus!

5. „Du hast doch die Kinderschuh schon verschliffen,
„Müßtest längst weg seyn über Tändeln und Küssen,
„Und bist nach richtiger Rechnung bald
„Sechs und zwanzig Jahr, oder gar was drüber.
alt!

6. „Oder meinest du etwa, daß ich es glaube,
„Daß ein Mädel mit 'nem Buhler allein in der
Laube,
„Besonders zur Nachtzeit, was Gutes üb'?
„Es heißt ja: Gelegenheit machet Dieb!

7. „Aber warte, ich will es schon verfügen,
„Daß ihr sollt, ehe ihr's vermuthet, kriegen,
„Du sowohl, als dein verliebter Hasenpfot,
„Die hunderttausend Element Sakerlot!"

8. So hätte vielleicht mancher in Zorn und Eifer
Seine Drohung, Gift, Galle und Geifer
Ueber das arme Mädchen ausgeschütt't;
Aber das that Herr Pfarrer Hieronimus nit.

9. Er hielt es zwar für's erste nöthige Mittel,
Mit seiner Schwester zu halten ein geheimes
Kapitel,
Aber es geschah doch mit möglichstem Glimpf,
Ohne alle obige Drohung und Schimpf.

10. Nämlich, Herr Jobs hatte vollbracht unter viel
Sorgen
Den Rest der Nacht, und entbot gleich am Morgen
Die Schwester zu sich nach der Studirstub,
Wo er das geheime Examen anhub.

11. Sie vermuthete nur blos häusliche Aufträge,
    Denn sie glaubte, ihr Bruder hätte durch keine Wege
        Von ihrer Liebe zum jungen Baron
        Die geringste Nachricht, noch Suspicion.

12. Sie erschien vor ihm etwas schüchtern,
    Ihr Auge blickte noch ein wenig trübe und
                                nüchtern,
        Wegen der nächtlichen Affemblee,
        Und sie war noch im Negligee.

13. Herr Jobs wollte sie nicht zu sehr erschrecken,
    Noch das erfahrne Abentheuer plötzlich aufdecken,
        Denn er fürchtete vorerst davon
        Eine gar zu heftige Alteration.

14. Sprach erst überhaupt von ihrem Lebenswandel,
    Kam allgemach näher zum Liebeshandel,
        Ging aber so vorsichtig herum dabei,
        Wie die Katze um einen heißen Brei.

15. Vorab mußt's ihm am meisten interessiren,
    Sich ausdrücklich bei ihr zu informiren,
        Ob bei verloffenen Händeln Sie
        Noch ächt seye in Puncto Puncti?

16. Da versicherte sie nun unter vielen Thränen,
    Mit unterbrochnem Schluchsen, Händeringen und
                                Stöhnen,
        Daß bei aller geschehenen Liebelei
        Noch res integra in Puncto Puncti sey.

17. Ich wette, jedes andre Mädchen hätte
    Noch alles übrige geleugnet an ihrer Stätte,
    Nach der wohlerfundenen prima regula
    Juris: si fecisti, nega.

18. Aber Esther hatte ein zu gutes Herze,
    Das, gar bei gegenwärtiger Schaam und
    Schmerze,
    Doch haßte jeden Lug und Betrug,
    Und für Wahrheit und Tugend schlug.

19. Sie gestund, daß schon seit vier Jahr und sechs
    Wochen
    Sich der Baron ehelich mit ihr versprochen,
    Und daß sonst in allen Züchten und Treu'n
    Gemeinet sey ihr geheimes Verein.

20. Zwar kenne sie längst gar wohl und wisse
    Die große Schwierigkeit bei ihrem Bündnisse,
    Doch habe der Baron und sie oft
    Auf künft'gen guten Ausgang gehofft.

21. Ihr Gewissen gebe ihr übrigens das Zeugniß,
    Daß nichts Strafbares sey in diesem Ereigniß,
    Und daß der Baron sowohl als sie
    Diese Liebe würden quittiren nie.

22. Sie sagte auch noch manches Specielle
    Ueber die hiebei vorgekommenen Fälle,
    Kurz, sie that aufrichtig Konfession
    Ueber den ganzen Handel mit dem Baron.

23. Während der Relation ihrer Geschichte
    Stieg manche Röthe auf in ihrem Gesichte,
    Und von ihren glühenden Wangen floß
    Manche Thräne wie 'ne Haselnuß groß.

24. Herr Jobs zeigte ihr mit vernünftigen Gründen,
    Welche Obstacula vor ihrer Liebe stünden;
    Obgleich er froh war, als er befand,
    Daß die Sache selbst noch nicht ärger stand

Fünfzehntes Kapitel.

Wie Herr Jobs den jungen Herrn gleichfalls coram
nimmt; item wie er Löschanstalten des Liebes=
brandes macht, nach den Regeln einer guten
Polizei.

1. Als nachher der junge Herr gekommen,
   Hat Herr Jobs ihn gleichfalls coram genommen,
   Und erschöpfte seine ganze Redekunst,
   Um zu löschen seine zärtliche Brunst.

2. Er suchte ihn besonders zu belehren,
   Daß, wenn er sie auch meinte in allen Ehren,
   So könne doch seine Schwester nie
   Für ihn seyn eine schickliche Parthie.

3. Sintemal nach des Kirchenlehrers Ovids Spruche
Besser sey, daß gleich und gleiches sich suche,
Und im Gegenfalle manch Leid und Unheil
Entstehe für den einen oder andern Theil.

4. Gesetzt auch, man könne in den ersten Tagen
Sich gut mit einander begehen und betragen,
So wäre nach verfloß'ner Flitterwoch
Immer der Henker los doch.

5. Der junge Baron aber hatte dagegen
Viele Exceptiones einzulegen,
Und zeigte, daß hoch, gering, arm und reich,
In der Liebe, so wie in der Natur, sey gleich.

6. Bewies auch aus der Geschichte alt- und neuer
Häuser,
Daß nicht nur Edelleute, sondern auch Kön'ge
und Kaiser,
Aus niedrigem Stande sich eine Braut
Mit glücklichem Erfolge hätten angetraut.

7. Bat auch und beschwor ihn, daß er von seiner Seite
Ihm kein Hinderniß in der Liebe bereite,
Sondern zur Erfüllung des Wunsches vielmehr,
So viel ihm möglich, behülflich wär.

8. Er versprach auch, bei seinen gnädigen Eltern
Den Konsens dereinst heraus zu keltern.
Aber was that dann Herr Jobs? Je nu!
Er schüttelte vor wie nach den Kopf dazu.

9. Und gleichwie man bei guten Polizeianstalten
    Es überall also pfleget zu halten,
       Daß, bei einer heftigen Feuersbrunst,
       Wenn sie nicht zu löschen ist durch Kunst,

10. Man das benachbarte Gebäude einreiße
    Und das brennende selbst zusammenschmeiße,
       Und so der Flamme Ausbreitung stör',
       Damit der Brandschaden sich nicht vermehr',

11. So that auch Herr Jobs, als er befande,
    Daß bei obgedachtem heftigen Liebesbrande
       Durch die Brandspritze der Moral und Vernunft
       Wenig Hülfe sey für die Zukunft.

12. Denn er gab von nun an, nächtlich und täglich,
    Auf seine Schwester Achtung, so viel ihm möglich,
       So daß wenigstens der Laubenbesuch
       Sich bei Nacht und Unzeit etwas verschlug.

13. Aber ein verliebtes Mädchen zu bewachen,
    Dazu gehören 50 Riesen und 20 Drachen
       Und eine viermal ummauerte Burg,
       Und wenn es will, so geht es doch durch.

14. So knüpfte auch die Liebe den Baron und die Esther
    Bei allen Hindernissen nur enger und fester;
       Jedoch ward alles von Stunde an
       In noch strengerm Geheime gethan.

Sechzehntes Kapitel.

Wie die alte Herrschaft zu Ohnwitz ihre silberne
Hochzeit feiert mit allen Solennitäten.

———∘∘———

1. Wir wollen nun in den närrischen Liebessachen
   Auf ein Weilchen eine Pause machen,
   Und einmal hinüber auf's Schloß gehn,
   Denn da gibt's was neues zu besehn.

2. Dort war ein Gewühl, Treiben und Rennen,
   Als säh man irgendwo ein Gebäude brennen,
   Und vom Kammerdiener bis zum Küchenjung
   War alles gestimmt zu Laufen und Sprung.

3. Von der Kammerzofe bis zur Viehmagd befande
   Sich alles geputzt im festlichen Gewande,
   Und vom Schweinhirten bis zum Leiblakai
   Prangte jeder in Sonntagslivrei.

4. Alle Schornsteine des Schlosses schmauchten,
   Mehr als hundert Kochtöpfe dampften und rauchten,
   Und dreißig Braten, theils zahm, theils wild,
   Wurden am Feuer gar und mild.

5. Auch viel Flaschen stunden mit allerlei Weine
   Aus Ungarn, Frankreich, Spanien und vom Rheine,
   Theils leicht bestöpselt, theils verpitschirt,
   In zierlicher Ordnung aufrangirt.

6. Ein Chor früh versammelter Violinisten,
   Flötisten, Hautboisten, Waldhornisten,
       Saß bei Schnaps und Notenmusik
       Und machte im Vorhaus zur Probe ein Stück.

7. Kurz, alle Anstalt schien zu prophezeien
   Ein großes Triumphiren und Jubeleien;
       Denn die gnädige Herrschaft feierte heut
       Ihre sogenannte silberne Hochzeit.

8. Es erschienen zu diesem herrlichen Feste
   Frühzeitig viele eingeladene Gäste
       Vom benachbarten Adel, zu Kutsch und zu Roß,
       Auf dem freiherrlichen Ohnwitzer Schloß.

9. Der ganze Vormittag ging schier zu Ende
   Mit Scharrfüßmachen und Küssen der Hände,
       Und Komplimenten und Gratulation;
       Nach dem gewöhnlichen vornehmen Ton.

10. Mittlerweile ward auf dem gepflasterten Saale
    Alles bereitet zum hohen Mittagsmahle,
        Und der Hörner und Trompeten Schall
        Gab zum Sitzen das frohe Signal.

11. Es wurde da alles recht fürstlich gehalten,
    Man aß herrlich und trank blos alten;
        Herr Doktor Jobs, der vor allen mit aß,
        Sprach's Benedicite und Gratias.

12. Auch konnten an einigen Nebentischen
    Sich noch andere eingeladene Gäste erfrischen,
        Sie waren alle nur von Bürgerart,
        Saßen folglich, wie billig war, a part.

13. Zum Exempel: der Hausadvokate,
Welcher sein Glas fleißig leeren thate,
Und nebst dem dicken Justitiar
Am ersten von allen berauschet war.

14. Auch einige geistliche Freunde des Hauses,
Gleichfalls keine Verächter eines guten Schmauses,
Item der herrschaftliche Sekretär,
Und der gnädigen Frauen Leibaccoucheur.

15. Alle leerten, als bekannte brave Zecher,
Fleißig ihre gefüllten großen Becher,
Und trunken im hochedlen Rebensaft
Auf's hohe Wohl der gnädigen Herrschaft.

16. Da hatten nun der gnädige Herr und gnädige
Frau, beide,
Ihren tausend Spaß und übergroße Freude;
Denn ein jeder Betrunkener war
Auf seine eigne besondre Art ein Narr.

17. Auch ein in der Nachbarschaft wohnender Poete
Hatte von dieser bevorstehenden Fete
Durch die Posaune der Fama, Wind,
Und verfertigte drauf ein Carmen geschwind;

18. Kam also, kurz vor der Mahlzeit, herbeischleichen,
That das Carmen mit tiefster Reverenz überreichen,
Und empfing höchst gratiös davor
Ein Almosen von zwei blanken Louisd'or;

19. Wurde dabei aus überschwenglichen Gnaden
Mit an die Nebentafel eingeladen,
Saß aber, wie man leicht denken kann,
Wegen seines kahlen Rockes, unten an.

20. Man schenkt' ihm oft ein und er ward trunken
　　Dies erregte nun sehr seine poetischen Funken,
　　　Und man transportirte mit guter Manier,
　　　Weil er zu laut wurde, ihn vor die Thür.

21. Der Rest des Tages verstrich unter Tanz und
　　　　　　Springen
　　　Und derlei zeitvertreiblichen schönen Dingen;
　　　Abends war schöne Illumination,
　　　Wobei man eine Tonne Oel verbronn.

Siebenzehntes Kapitel.

Wie der junge Herr das Eisen schmieden will,
weil es noch warm ist, und wie es ihm damit
nicht nach Wunsch erging.

———o•o———

1. Nach und nach verloren sich vom Balle
   Gäste und Gästinnen, meist paarweise, alle
   Stammelten ihren schuldigen Dank;
   Die meisten waren berauschet und krank.

2. Frau Hochzeiterin und Herr Hochzeiter
   Waren heute außerordentlich heiter;
   Doch zweifle ich sehr, ob's ganz so war,
   Wie heute vor fünf und zwanzig Jahr.

3. Diese Stimmung schien in punkto und von wegen
   Seiner Liebe dem jungen Baron sehr gelegen;
   Denn er dachte, nach dem Sprüchwort sey's gut
   Das Eisen zu schmieden, wenn's ist in Glut.

4. Er schritt also, obgleich ängstlich und blöde,
   Bei seinen Eltern zur nöthigen Vorrede,
   Und bate sie außerordentlich sehr
   Um ein geneigtes geheimes Gehör.

5. Man ist brauf in's Apartement gegangen
   Und da hat der junge Herr den Text angefangen,
      Und machte ihnen den schrecklichen Brand
      Seines Herzens zu Mamsel Esther bekannt.

6. Der alte Herr wurde höchst sehr frappiret,
   Fast hätte ihn die Apoplexie gerühret,
      Und die gnädige Frau von Ohnewitz
      Fuhr zusammen, als träf' sie der Blitz.

7. Allgemach hat man sich ein wenig gesammelt,
   Ihm etwas zweideutiges als Trost zugestammelt;
      Denn man merkte aus seiner Sprache wohl,
      Die Sache sey zu ernsthaft und toll.

8. Er ist bald nach dem Schlafgemach geschieden;
   Die Sache war zwar noch nicht nach Wunsch ent-
      schieden,
      Aber sein Herz war doch ein Centner und mehr
      Leichter, als es gewesen vorher.

9. Aber seiner Eltern zärtlichen Herzen
   Erregte diese neue Mähr heftige Schmerzen;
      Denn eine solche bürgerliche Heirath
      War ihnen eine unverantwortliche That.

10. Ihr Sohn hatte sich seit seinen Kindestagen
    Immer gehorsam und vernünftig betragen,
       Nun aber wollte er was fangen an,
       Was kein Herr von Ohnwitz noch je gethan.

11. Versalzen ware nunmehro bei beiden
    Die Suppe ihrer heutigen großen Freuden,
       Und der froh angefang'ne Hochzeitstag
       Nahm ein End mit Schrecken und Ungemach.

12. Aber so geht's, auf einen hellen und frohen Morgen
    Folgt oft ein Abend neblicht und voll Sorgen,
      Und wo ein Heil'genhaus ist, hat auf der Stell
      Nahe dabei der Schwarze eine Kapell.

13. Was weiter hinter der Gardine passiret,
    Und wie man über die Sache deliberiret,
      Nämlich, wie solche anzugreifen sey,
      Weiß ich nicht, denn ich war nicht dabei.

Achtzehntes Kapitel.

Enthält allerlei Anstalten, pro und contra.

1. Herr Jobs ward Tags drauf zu Rath gezogen,
   Und da hat man alles vernünftig erwogen,
   Und es folgte zuletzt der Schluß:
   Weit davon sey gut für'n Schuß.

2. Das heißt: aus Erfahrung hat man oft gelernet,
   Daß, wenn man Stroh vom Feuer entfernet,
   Nicht so leicht ein Unglück oder ein Brand
   In Scheunen und Herzen nimmt überhand.

3. Daß Beste sey folglich, die Liebenden zu trennen,
   Vielleicht würde es dann wohl aufhören zu brennen;
   Weil eine persönliche Abwesenheit
   Oft tilget die Freundschaft und Zärtlichkeit.

4. Der Baron sollte also nicht lange anstehen,
   Italien, England und Frankreich zu besehen,
   Mittlerweile würde er in seinem Gefühl
   Für Mammesel Esther vielleicht kühl.

5. Eine Signora, Lady oder Marquise,
   Die das Ohngefähr ihm irgendwo anwiese,
   Würde in Rom, London oder Pareis
   Ihn dann vollends bringen in's rechte Geleis.

6. Er hat deswegen von seinen lieben Alten
   Den Befehl zur Reise vorläufig erhalten;
   Es ist leicht zu denken, wie delikat
   Ihm diese Ankündigung schmecken that.

7. Aber um diese Pille zu vergulden,
   Rieth man ihm, sich wegen Esthers zu gedulden,
   Bis etwa zu seiner Zurückkunft Frist
   Einst geschehen möchte, was Rechtens ist.

8. Aller Umgang und ferner's Karessiren
   Müsse indessen zwischen ihnen cessiren.
      Dieses versprach der Baron nun wohl,
      Doch eben nicht auf Kavaliersparol.

9. Drum hat er vor wie nach, vor der Abreise,
   Auf verschiedene klug ersonnene Art und Weise,
      Meist aber Abends und bei der Nacht,
      Bei Esther einige Augenblicke zugebracht.

10. Das gab dann ein Gewimmer und Lamentiren,
    Daß es einen Stein hätte mögen erbarmen und
       rühren,
       Denn die Trennung ist ein sehr bitteres Kraut,
       Und verwundet der Liebenden Herz und Haut.

11. Es ward auch zu beiderseitigem Erquicken
    Verabredet, sich fleißig Brieflein zu schicken,
       Und 'nen ehmaligen Diener des Baron
       Wählte man zum Liebespostillion.

12. Dieser hatte seit sehr geraumen Jahren
    Die Kutsche der Herrschaft zu Ohnwitz gefahren,
       Und nun ohnlängstens als Veteran
       Seine eig'ne kleine Wirthschaft gefangen an.

13. Schon zu des alten Herren Jugendzeiten
      Besaß er in Bestellung der Liebesangelegenheiten,
      Zu aller Menschen Verwundernuß,
      Eine besondere Fertigkeit und Habitus.

14. Er hieß Jürgen und war nun in allen Ehren
      Auch willig zu des jungen Herrn Liebesbegehren,
      Und übernahm in diesem Fall der Noth
      Gegen gute Geschenke den Briefdepot.

15. Uebrigens qualificirt sich dieser Titel
      Der Liebesbriefe zu 'nem neuen Kapitel;
      Ich will darum mit möglichstem Fleiß
      Alles Nöthige sagen, was ich davon weiß.

Neunzehntes Kapitel.

Dieses Kapitel enthält manche schöne Betrachtung
über Liebesbriefe in Genere.

———•❯•———

1. In Genere ist's um die verliebte Briefsprache
Eine gar kuriose und sehr närrische Sache,
   Denn durchgehends gebraucht man hie
   Eine eigene besondere Terminologie.

2. Da schlagen oft gar fürchterliche Flammen
Ueber'm Kopfe der Verliebten zusammen;
   Und wenn man's eigentlich besieht bei Licht,
   So brennt's nur auf dem Papier, sonst nicht.

3. Man spricht drin von sich tobt stechen und sterben
Und von vielem Weinen, wovon die Augen ver-
                                    derben;
   Und eigentlich versprützt man doch kein Blut,
   Und die Augen verbleiben klar und gut.

4. Da läßt man's an Pretiosis nie fehlen,
Da sind die Menge Perlen und Juwelen
   Und süßer Nektar und Ambrosia
   Und Gold aus Peru und Arabia.

5. Da finden sich Mündchen von Karmin und Korallen,
Und Aeuglein heller wie geschliffne Kryſtallen,
Hälſe von Alabaſter und Elfenbein,
Herzen von Demant und Marmorſtein.

6. Man ſpricht von Sympathien und Magneten,
Anziehenden Kräften und Elektricitäten,
Und bei jedem dieſer phyſiſchen Dinge hat
Eine beſondere myſteriöſe Deutung ſtatt.

7. Da gibt's Veilchen, Roſen und ſchöne Nelken,
Vergißmeinnichtchen, die nie verwelken,
Tauſendſchön, Maiblümelein, Jasmin,
Sonnenblumen und die ſchwere Meng Immer-
grün.

8. Bei etwa geringern Liebesprogreſſen
Spricht man jämmerlich von Myrthen und Zy-
preſſen,
Von Todtenkränzen, Yſop und bitterm Wer-
muth,
Und was man bei Leichen gebrauchen thut.

9. Es kommen auch nach der allgemeineu Regel
Drin vor allerlei Gethiere und Gevögel,
Vorzüglich die bekannte Philomel
Iſt darin des Sommers ohne Fehl.

10. Item, anmuthiggirrende Turteltäubchen,
Auch Sperlinge, Hänflinge, Männchen und
Weibchen,
Auch wohl ein Zeiſig oder Diſtelfink,
Imgleichen mancher bunter Schmetterling.

11. Zuweilen gar grausame Löwinnen
Und unbarmherzige Tigerinnen,
    Aber doch meist manch Schäfchen und Lamm,
    Sanftmüthig, dumm, geduldig und zahm.

12. Sogar Geschöpfe aus höhern Regionen,
Engel und Sylphen zu Millionen,
    Und selbst der kleine blinde Gott Amor
    Kommen in derlei Briefen oft vor.

13. Sonne, Kometen, Nordlicht und Sterne
Gebraucht man in den Liebesbriefen auch gerne;
    Besonders aber wird der liebe Silbermond
    Am wenigsten von allen Planeten geschont.

14. Noch tausend und mehr andre Hieroglyphen,
Sehr gebräuchlich in Liebesbriefen,
    Trifft man in jedem bekannten Roman
    Der ältern und neueren Zeiten an.

15. Man hält es auch nicht für sehr uneben,
Seiner Schönen einen zartern Namen zu geben,
    Oder, ist etwa der Taufname zu dumm,
    So ändert man ihn wohl ganz und gar um.

16. Da sagt man zum Exempel: statt Karoline,
                Line,
    Statt Leopoldine, Poldchen oder Dine,
    Imgleichen Trina, statt Katarein,
    Item Beta, statt Elsabein.

17. Da kommt oft vor: Stella, Minna, Reta,
    Imgleichen Bella, Zinna und Meta;
    Namen, welche bisher in Deutschland,
    Außer in Romanen, sind unbekannt.

18. Ferner liefet man statt Klara, Kläre,
    Und wie im gegenwärt'gen Casu, statt Esther,
                        Stehre;
    Statt Wilhelmina, Mina und sofort,
    Wie zu sehen am gehörigen Ort.

Zwanzigstes Kapitel.

Anweisung zum neuesten verliebten Briefstyle, in seinen Exempeln, nach Siegwart und Werther; oder von der Liebeskorrespondenz des jungen Barons und der Mamsel Esther in Specie.

1. In dem vorherbeschriebenen Kraftstyle
    Klagte nun auch der Baron seine Gefühle,
      Und der vorstehenden Trennung Ungemach
      Mit untermengtem manchen Oh! und Ach!

2. Denn er hatte viele Romanen studiret,
    Hier und da auch vielleicht excerpiret,
      Wo er was Herzzerbrechendes las,
      Und dieses kam ihm nun trefflich zu paß.

6 *

3. Esther aber, nicht in dergleichen belesen,
   Machte mit ihren Briefen weniger Wesen,
   Und antwortete gewöhnlich kurz nur,
   Ohne Kunst, blos nach der Natur.

4. Hier erfolgen einige genaue Kopeien;
   Der Leser wird mir dieses hoffentlich verzeihen,
   Weil mancher verliebter junger Mann
   Sie als Briefmuster weiter gebrauchen kann.

5. „Ach, meine Stehra! Auserwählte! Geliebte!
   „Denke, wie mich der Donnerantrag betrübte:
   „Meine Eltern sagten mir gestern, ich soll mich
   „Trennen, o wer weiß wie lange? von Dich!

6. „Mir ist zugleich der Blitzbefehl ernstlich geschehen:
   „Dein Engelsgesicht nicht mehr so oft zu sehen —
   „Dich, meine Beste! — Du Einzige!
   „Gar nicht mehr persönlich zu sprechen —
   Au weh!

7. „Aber ich will's hoch und theuer beschwören,
   „Dich ewig zu lieben, soll mir niemand wehren,
   „Und meines Herzens treue Sympathie
   „Soll für Dich — Du Himmlische! verlö-
   schen nie.„

8. Antwort: Mein Schatz! was Du mir hast
   geschrieben,
   Thut mich innerlich in der Seele betrüben,
   Denn ich halte der künft'gen Trennung Graus
   Gewißlich keine acht Tage Dir aus.

9. Mein Herz ist krank und meine Augen fließen,
Ich thue Dich hunderttausendmal begrüßen,
Und bleibe immer und ewig dabei:
Lieber gestorben als ungetreu.

10. „O mein Engel! mein Seraph! meine Stehre!
„Vormals schwamm ich in 'nem Wonnemeere,
„Und ein Blick aus den blauen Augen von Dir
„War mehr als Gold und Seligkeit mir.

11. „Aber bald, ach bald soll ich Dich verlassen,
„Mein banges Herz vermag dies nicht zu fassen,
„Es tobt wüthend, und ich erliege fast
„Unter dieser schweren Centnerlast.

12. „Draußen wall ich in Wäldern auf und nieder,
„Horche nicht mehr auf der Vögel zärtliche Lieder,
„Mir duftet nicht mehr das Blümchen im Thal,
„Mir lächelt nicht mehr der freundliche Mond-
strahl."

13. Antwort: Wenn der ganze Himmel Papier wäre,
Und alle Sternen Schreiber und Sekretäre,
Und schrieben fort bis zum jüngsten Gericht,
So kleckſten sie doch zur Beschreibung meiner
Liebe nicht.

14. Darauf kannst Du Dich gar sicher verlassen,
Wir wollen uns also in Geduld fassen,
Du bleibest, trotz aller Trennung! mein,
Und ich will ewig Deine Stehra seyn.

15. „O wie war die Nacht so schlaflos, so traurig!
    „Wie heulte der Sturm draußen so schaurig!
      „In meiner geängstigten Seele brüllt
      „Ein Sturm, noch weit schauriger und wild.

16. „Ach, meine einzige Göttin! meine Cythere!
    „Du, mir mehr als Himmel! meine Stehre!
      „Schwebst im reizenden Bilde immer vor mir —
      „Ach wär ich heute ein Stündchen bei Dir — —

17. „Ich wollte gerne, um Dich persönlich zu sehen,
    „Durch's Feuer und über Eisgebirge gehen — —
      „Denn Dein lieblich lächelndes Angesicht
      „Erquickt mich mehr als des Monds Silber-
            licht."

18. Antwort: Mein Liebster! freilich die Nacht
                war böse,
      Ich hörte auch des Sturms Brüllen und Getöse,
      Und ich habe auch, wie Du, die ganze Nacht,
      An Dich denkend, schlaflos zugebracht.

19. Komme heute Abend um eilf Uhr in Garten,
      Da will ich Dich mit offnen Armen erwarten;
        Brauchst da nicht über Eisgebirge zu gehn,
        Denn der Weg dahin ist grün und schön.

20. „Amor hüpft um mich mit seinen Gehülfen,
    „Göttliches Mädchen! mich umtanzen Sylphen,
      „Und wie der silberne Wasserquell,
      „Ist nun meine düstre Seele hell.

21. „Der heil'ge keusche Mond wird uns lächeln,
„Zephyr wird uns in den Abendstunden fächeln;
„Ich eile auf der Liebe schnellem Fittich,
„Und bin um eilf Uhr präcis bei Dich.

22. „Hoch pocht mein Herz voll von tausend Dingen,
„Ich kann Dir mein' Gefühle nicht alle singen;
„Aber dann sink' ich für seligen Schmerz,
„Du, meine Auserwählte! an Dein Herz.„

23. **Antwort:** Ich hoff', es werd' nicht an Gelegen-
heit fehlen,
Mich langsam aus dem Pfarrhause zu stehlen,
Es bleibet dabei: mein Schatz! komm nur
Im Garten zu mir um eilf Uhr.

24. „Schon in beinah anderthalb bangen Tagen
„Habe ich's Dir mündlich nicht können sagen,
„Wie, meine Grazie! Dein göttliches Bild
„Meine liebevolle Seele erfüllt.

25. „Kronen und Reiche wollte ich gerne hingeben,
„Um mit Dir ewig verbunden zu leben,
„Und weder Teufel noch die ganze Höll'
„Tilget Dein Bild aus meiner Seel' — —

26. „Ach! die Fühllosen! Ach! die Tyrannen!
„Die mich von Deiner Seite wollen verbannen!!
„Aber posito, man trennte auch Dich und mich,
„So schlägt doch immer mein Herze für
Dich — —

27. **Antwort:** An Deiner Liebe hab ich keinen
Zweifel,
Aber ich bitte Dich, sprich nicht so viel vom Teufel,
Denn mir grauset jedesmal recht sehr,
Wenn ich seinen Namen nur nennen hör'.

28. Hoffnung auf günstige künftige Zeiten
Sollen uns in der Liebe immer begleiten;
Das übrige sag ich diesen Abend mündlich,
Und erwarte an gewöhnlichem Orte Dich.

29. „Morgen — ach! Morgen droht die fürchterliche
Stunde
„Lange Trennung unserm zärtlichen Bunde,
„Denn, himmlisches Mädchen! Ach! es ist
„Alles zur Abreise zugerüst't.

30. „Laß mich noch einmal beim keuschen Mondlichte
„Sehn Dein unvergeßlich Seraphinsgesichte,
„Und gib, weil es nun so seyn muß,
„Mir zur Stärkung den Abschiedskuß."

31. **Antwort:** Ach! ach! werd ich's auch können
ertragen,
Dir das letzte Lebewohl mündlich zu sagen,
Ohne daß mein empfindliches Herze nicht
In hunderttausend Stücke zerbricht!!

32. Indessen, mein Geliebter! ich will im Garten
Dich zur gewöhnlichen Stunde erwarten,
Und da nehm ich, weil's so seyn muß,
Deinen zärtlich getreuen Abschiedskuß.

33. Es sind dergleichen Billetsdoux noch mehre
    Gewechselt zwischen dem Baron und seiner Stehre;
      In des Barons seinen ware lauter Unsinn,
      Und in Stehrens ihren nicht viel Vernünstiges
         drin.

34. Ich will also diese Materie enden,
    Und mich lieber zu einer andern wenden,
      Und verweise allenfalls über dies Stück
      Auf Siegwart, Werther und Konsorten
         zurück.

Ein und zwanzigstes Kapitel.

Ade! der junge Herr reiset ab.

―――――◦◦―――――

1. Nicht immer kann man in Rosen sich baden,
   Man muß auch oft durch dick und dünne waden,
   Denn so ist es auf unsrer Lausewelt
   Leider! von Alters her, bestellt.

2. Das heißt: Wir können manch angenehmen Bissen
   In unserm Erdenleben hier und da genießen,
   Und der thut gar nicht übel dran,
   Der's Gute mitnimmt, wenn er's kriegen kann;

3. Aber es ist uns auch manches bitteres Essen,
   Mancher Kummer, manches Leid zugemessen,
   Und da ist nun mein Rath unmaßgeblich,
   Daß man geduldig drin ergeb' sich.

4. Auf diese sehr vernünftige Reflexiones
   Hat mich zum Glück die Abreise des Barones
   Und seine Trennung von Stehre gebracht;
   Ich hätt' sie sonst nicht aus mir selbst gemacht.

5. In der Nacht vor seiner Abreise
   Hatte er und seine Geliebte verstohlnerweise
   Noch eine Zusammenkunft zu guter Letzt,
   Wie wir oben gehört haben, angesetzt.

6. Da gab's hine inde ein Gewimmer, ein Gewimmer,
   Ein Gewimmer, wie es vielleicht nimmer
   Zwischen zwei Verliebten je geschehn,
   Welche sich zu Nachts alleine sehn.

7. Ich vermag's nicht in extenso zu beschreiben,
   Wie weinerlich es sie allda mochten treiben,
   Meine Augen würden dabei zu naß,
   Und zu leer an Dinte mein Dintenfaß.

8. Es ward da noch einmal mit den feierlichsten Eiden
   Die ew'ge Treue befestigt zwischen beiden,
   Und Frau Echo mit ihrem Widerhall
   Bekräftigte alles dazu noch dreimal.

9. Auch hat man unverbrüchlich abgesprochen,
   Sich Briefe zu schreiben wenigstens alle vier
                                          Wochen
   Durch die bishero gebrauchte Adreß,
   Damit einer den andern nicht vergeß.

10. Schon öffnete die alte Jungfer Aurore
    Droben die schönblauen Himmelsthore,
    Und erschien im Rosenkleide hübsch und fein,
    Und Herr Phöbus kutschirte hinter drein.

11. Das ist verdolmetschet in der gewöhnlichen
                                        Sprache:
    Man blieb beisammen, bis der Morgen anbrache,
    Und endlich unter vielem Ach und Weh
    Erfolgte das schmerzlichste Adieu.

12. Ach! ach! das letzte Küssen und Umarmen
War eine Scene jämmerlich und zum Erbarmen,
Bis zuletzt ein jeder für sich
Mit roth geweinten Augen nach Hause schlich.

13. Als hernach, circa ein Viertel nach neun auf der
Uhre,
Der junge Baron von Ohnewitz wegfuhre
Und Esther ihm im Wagen nachsah,
Fiel sie in eine Ohnmacht beinah.

14. Sie ist auf ihr Zimmer alleine gegangen,
Thränen rollten reichlich von ihren Wangen,
Ein Schnupftuch verhüllte Stirn und Gesicht
Und sie aß und trank den ganzen Tag nicht.

15. Klagte auch schrecklich über Kopfschmerzen,
Und winselte über Drücken und Noth am Herzen
So daß ihr Bruder fast drob erschrack,
Obgleich er merkte, was dahinter stack.

16. Auch der junge Herr im Reisewagen
War similiter sehr zu beklagen,
Denn man sah's ihm gar deutlich an,
Es sey ihm innerlich was angethan.

17. Ich selbst habe ihn zwar nicht gesehen,
Doch kann ich es wohl von selbst verstehen,
Und jeder andrer Vernünftiger schließt dies
Aus den vorhergegangenen Prämissis.

18. Indessen bekam er bald wieder Kurasche,
Denn er hatte eine schöne Equipasche,
Und gutes Reisewetter, und saß bequem,
Und hatte in seiner Schatulle noch außerdem

19. Nicht allein baares Geld wie Häksel,
    Sondern auch noch manche wichtige Wechsel,
    Sammt und sonders so eingericht't,
    Daß sie gleich bezahlt wurden nach Sicht.

20. Ja sogar schriftliche Rekommendationen
    An viele hohe und berühmte Personen;
    Und so hätte ich ohne eigenes Geld
    Mit ihm reisen mögen durch die halbe Welt.

Zwei und zwanzigstes Kapitel.

Hier wird kürzlich erzählet, was sich auf der Reise
mit dem jungen Herrn hätte zutragen können.

———○○———

1. Hier könnte ich nun vieles herleiern
   Von seinen auf der Reise gehabten Abentheuern,
   Und was er in jeder fremden Stadt
   Merkwürdig's gehört und gesehen hat.

2. Ich könnte, um dieses Kapitel gemächlich zu füllen,
   Aus manchen alten und neuen Reisepostillen
   Und aus Berkenmeyer und Büsching
   Hervorsuchen manch geographisches Ding.

3. Ich könnte erzählen, daß er zum Vergnügen
   In der Schweiz die gefährlichen Gletscher bestiegen,
   Und daß er in diesem arkadischen Land
   Manche reizende Alpenschäferin fand.

4. Ich könnte erzählen von prächtigen Kunstwerken,
   Welche damals in Rom waren zu bemerken,
   Ob sie gleich von den Herrn Franken nach
                       der Hand
   Wurden nach Paris in's Musäum gesandt.

5. Ich könnte erzählen von Kardinälen und Prälaten,
   Von schönen Sängerinnen und von Kastraten,
   Von dem großen Sankt Peters Dom
   Und raren Antiquitäten in Rom.

6. Ich könnte erzählen von den pontinischen Sümpfen
Und von den italienischen Freudennymphen
  Und vom feuerspeienden Vesuv,
  Alle drei im ungesunden und schmutzigen Ruf.

7. Ich könnte erzählen von Redouten und Maskeraden,
Wozu man ihn zum öftern eingeladen,
  Und von Gondelfahrten und vom Karneval,
  Und manchem prächtigen Concert und Bal.

8. Ich könnte erzählen von großen Bibliotheken,
Von gelehrten Denkmälern und alten Scharteken,
  Welche er im Lande Italia,
  Oder sonst wo, mir nichts dir nichts, besah.

9. Ich könnte erzählen, wie er nach anderthalb Jahren
Erst nach Frankreich, dann nach England gefahren,
  Und wie er nach manchem begafften Ding,
  So klug als vorher, wieder nach Hause ging.

10. Ich würde noch viel mehr erzählen können,
Allein ich muß es offenherzig bekennen,
  Daß ich während seiner ganzen Reis'
  Von dem jungen Herrn nichts weiter weiß,

11. Als daß er fleißig an seine Stehre geschrieben,
Ihr auch abwesend immer getreu verblieben,
  Und daß in langer Zeit kein andrer Mensch
  Etwas erfuhr von dieser Korrespondensch.

Drei und zwanzigstes Kapitel.

Wie die Korrespondenz der beiden Liebenden an
den Tag kommt, und wie Jürgen zur Verant=
wortung gezogen wurde und Esther nach
Rudelsburg verschickt wurde.

———◦◦———

1. Jedoch fiele einmal von ohngefähre
   Ein Brief des Barons an seine liebe Stehre
   Dem alten Herren in seine Hand,
   Und da wurde die Korrespondenz bekannt.

2. Er mußte drin mit großem Verdrusse lesen,
   Daß alles noch war, wie es vormals gewesen,
   Und daß der Briefwechsel, je länger je mehr,
   Die Liebe des Einen zur Andern nähr'.

3. Der Veteran Jürgen mußte sein Vergehen
   Vorab bereuen und umständlich gestehen,
   Und kam zum Liebesbotenlohn
   Mit achttägigem Arreste davon.

4. Um aber den fernern Briefwechsel bei Stehren
   Für die Zukunft völlig abzuwehren,
   Beschloß man, dieselbe heimlich alsofort
   Zu verschicken an einen andern Ort.

5. Zwölf Meilen von Ohnwitz lag ein kleines
   Gütchen, nahe am Ufer diesseits des Rheines,
   Wo, mit dem Ohnwitzer Hause verwandt,
   Frau von Rudelsburg sich seßhaft befand.

6. Dahin ward dann Esther rekommandiret
   (Ihr Herr Bruder selbst hat sie eskortiret)
   Als eine Jungfer Gesellschafterin,
   Und Esther ergab sich geduldig drin.

7. Ob alle Fehde sich hiemit geendet,
   Oder das Blatt sich etwa anders gewendet,
   Und was sonst Wichtiges noch geschehn,
   Das alles wird man in der Folge sehn.

Vier und zwanzigstes Kapitel.

Wie die Revolution der Neufranken einen Einfluß
hat auf das Schicksal des Herrn Jobs und der
abligen Herrschaft zu Ohnwitz, und wie sie
emigriren müssen.

———◦◦———

1. Nichts ist wunderlicher als das menschliche Glück
   Es verändert sich oft in einem Augenblicke,
   Es ist, nach dem Sprüchwort, kugelrund,
   Und bald oben, bald unten, bald weiß, bald bunt.

2. Das haben, besonders seit ein halb Dutzend Jahren,
   Viele große Herren hier und da erfahren,
   Könige, Prinzen, Grafen und Düc's
   Fühlten bekanntlich den Wechsel des Glücks.

3. Es erniedrigt und stürzt bald jenen, bald diesen,
   Macht Sprachmeister aus ehmaligen Marquisen,
   Und aus Comten, Chevaliers und Messiörs
   Tanzmeister, Frisörs und Servitörs.

4. Es necket Großmeister, Dogen und Hohepriester,
   Favoritinnen und fromme Staatsminister,
   Und es ist ihm durchaus einerlei,
   Wes Standes oder Würden jemand sey.

5. Ja, wahrlich! man muß billig erstaunen
   Ueber der Frau Fortunens Wechselläunen,
   Wir machen indessen nur hievon
   Auf Herrn Pfarrer Jobs Applikation.

6. Daß dieser ein wahrer Glücksball gewesen,
   Haben wir im ersten und zweiten Theile ge-
   lesen,
   Und dasselbe ist nun abermal
   Im jetzigen dritten Theile der Fall.

7. Nämlich es war damals die Epoche der Ohne-
   hosen,
   Und in Deutschland hausete ein Heer von Fran-
   zosen,
   Auch predigte man zu derselbigen Zeit
   Ueberall von Freiheit und Gleichheit.

8. Auch in Ohnwitz schien unter einigen Leuten
   Sich der Sanskülottismus hier und da zu verbreiten,
   Und Herr von Ohnwitz fürchtete für sein Theil
   Daraus endlich ein großes Unheil.

9. Hat drum dem Herrn Pfarrer Jobs aufgetragen,
   Auf der Kanzel einmal der Gemeine zu sagen,
   Sie sollten sehn den biblischen Spruch an:
   Ein jeder sey der Obrigkeit unterthan.

10. Dieser hat dann auch dergestalten
    Bald drauf eine scharfe Predigt gehalten,
    Welche, als einzig stark in ihrer Art,
    Gleich auch im Drucke gegeben ward.

11. Nicht allein in der Ohnwitzer Gemeine,
    Sondern auch in der ganzen Gegend am Rheine
    Wurde dieselbe verbreitet im Land,
    Folglich auch den Herren Franken bekannt.

7 *

12. Sie haben sich dieses ab notam genommen,
 Und als sie ex post nach Ohnwitz gekommen,
   So hieß es: le **Diable** emportera
   Le Curé d'Ohnwiz ce Coquin là!

13. Kaum konnte er in diesen bringenden Nöthen
 Sich eilig genug aus dem Dorfe retten,
   Und brachte nichts auf der Flucht davon,
   Als mit genauer Noth seine eigne Person.

14. Hätte man ihn damals selbst gefangen,
 Er wäre guillotinirt oder aufgehangen,
   Doch vorläufig plünderte man das Pfarrhaus
   Von oben bis unten rein und gar aus.

15. Auch Herr von Ohnwitz war damals in
 Großer Gefahr mit seiner Gemahlin,
   Denn auch, ihm wenigstens, hätte man
   Vielleicht am Halse was angethan.

16. Aber seine Unterthanen wagten Leib und Leben
 Für ihre gute liebe Herrschaft hinzugeben,
   Und retteten sie mit Gewalt für diesmal,
   Denn der Franken war keine große Zahl.

17. Indessen ware keine Zeit zu verlieren,
 Herr und Frau mußten schleunig emigriren,
   Und höchstens ein paar hundert Gulden baar
   War alles, was noch mitzunehmen war.

18. Die Franken sind bald stärker wieder gekommen,
 Haben die Ohnwitzer erschrecklich mitgenommen,
   Und auf dem Schlosse ward unversäumt
   Alles, was vorräthig war, ausgeräumt.

19. Auch wurde ein Freiheitsbaum aufgepflanzet
    Und luſtig ein Runda darum her getanzet,
        Und jeder im Dorfe nahm alsdann
        Theils gern, theils ungerne, Theil daran.

20. Auch alle übrige Güter und Schlöſſer
    Des Herrn von Ohnwitz hatten's nicht beſſer,
        Man machte es überall, in groß und klein,
        Wo er was beſaße, beſemrein.

Fünf und zwanzigstes Kapitel.

Wie Herr Jobs ärmlich herumwandert, und wie
er endlich im Dorfe Schönhain ankommt.

———◦◦———

1. Weil Herr von Ohnwitz sich im neutralen Lande
Mit seiner Gemahlin bald sicher befande,
  Und nun auch, wie gesagt, mit einem Paar
  Hundert Gulden baar noch versehen war;

2. So wollen wir diesmal von ihm abbrechen
Und nur vorerst vom Herrn Pfarrer Jobs sprechen,
  Denn dieser war bei seiner Flucht durchaus
  So blutarm wie eine Kirchenmaus.

3. Er setzte tagtäglich seinen Wanderstab weiter,
Blieb aber dabei immer ruhig und heiter,
  Schlief sanft und tröstete damit sich:
  Der Himmel läßt die Seinen nicht im Stich.

4. Erst besuchte er auf der Reise hin und wieder
Die Herren Geistlichen als seine Amtsbrüder,
  Aber fast alle schickten ihn ohne Geld und Kost fort,
  Blos mit einem geistlichen Trostwort.

5. Drum suchte er hernächst die Priester und Leviten
Auf seiner Wanderung möglichst zu verhüten,
  Denn er traf durchgehends beim Samaritan
  Größers Mitleid und mehr Theilnahme an.

6. Auch fand er in kleinen ländlichen Hütten,
   Ohne lange drum zu betteln und zu bitten,
       Ein freundlicher Gesicht und besser Quartier,
       Als beim reichen Bürger oder Kavalier.

7. Zwar versäumte er nicht, in Schlössern und Städten
   Bei Vornehmen anfänglich einzutreten,
       Und bote seine Dienste als Kapellan,
       Oder etwa als Informator an.

8. Aber er hat nirgend Aufnahme gefunden,
   Man hielt ihn vielmehr für 'nen Vagabunden,
       Fragte nach seinem Reisepaß,
       Und sagte ihm, ich weiß nicht alles was.

9. Am sechszehnten Tage der Jobsischen Hegire
   Kam er Nachmittags zwischen drei und viere
       Bei einem an der Thür sitzenden alten Mann
       Hungrig und durstig in 'nem Dorfe an.

10. Der hat ihn sehr treuherzig invitiret,
    Ihn zu seiner Gattin in's Häuslein geführet,
        Und diese machte freundlich alsbald
        Zu seiner Erquickung einige Anstalt.

11. Er bekam Milchsuppe, Brod und gekochte Eier,
    Erzählte mittlerweile seine Abentheuer,
        Und sowohl der Mann als seine Frau
        Horchten drauf, was er erzählte, genau.

12. Beide waren schon grau von Haaren,
    Hatten selbst manches Ungemach erfahren,
        Und lebten höchst einförmig und knapp
        Von dem, was ihre kleine Hufe gab.

13. Doch baten sie ihren Gast, sich zu bequemen,
Auch das Nachtquartier bei ihnen zu nehmen,
Und daß eine sammetweiche Moosstreu
Ihm in ihrer Hütte schon zu Dienste sey.

14. Dies hat er ihnen dann auch zugesaget,
Weil ihm ihr Betragen außerordentlich behaget;
Ja, es kam ihm natürlich vor, es sey dies
Ein Paar, wie weiland Philemon und
Baucis.

15. Der fromme Greis mit seinem guten Weibe
Erzählte ihrem Gaste zum Zeitvertreibe
Manches aus alter und neuerer Zeit,
Auch sprach man von des Dorfes Gelegenheit.

16. Besonders vom Schloß Schönhain, das man in
der Nähe
Zwischen dem Lindengebüsch auf'm Hügel dort sähe,
Und daß allda der vorige Schössermann
Den Bauern viel Herzeleid angethan.

17. Aber der jetztzeitige Herr Amtschösser
Sey kein solcher Schinder, noch Bauernfresser,
Sondern grade, als wenn man seines gleichen sey,
Könne jeder Bauer mit ihm sprechen frei.

18. Als Herr Jobs nach dem Gutsbesitzer gefraget,
Haben die alten Leutchen ihm zur Antwort gesaget:
Eine Dame von gar vortrefflichem Sinn
Seye davon die Besitzerin.

19. Sie erzählten zu ihrem Ruhme und Lobe
Manche preiswürdige schöne Probe,
Versicherten ihm dabei zugleich,
Man halte sie für unermeßlich reich.

20. Aber, leider! sey sie schon lange kränklich,
Und ihr Zustand werde täglich mehr bedenklich,
Und schon habe man ein Vorgeschäft gesehn,
Daß sie bald würde von hinnen gehn.

21. Herr Jobs spürte die herzlichste Theilnahme
An dem Schicksale dieser so würdigen Dame,
Und nahm sich alsbald fest für,
Morgen einen Besuch zu machen bei ihr.

22. Er vermied zwar gern große Häuser und Schlösser,
Trauete auch keinem herrschaftlichen Schösser;
Aber man hat doch nie eine Regulam,
Oder sie leidet wohl eine Ausnahm.

23. Unter solchen und dergleichen Gesprächen
Sah man endlich die Nacht hereinbrechen,
Und Hieronimus ruhte auf der Streu von Moos
So sanft, als läg er in Abrahams Schoos.

24. Als er Morgens etwas späte erwachet,
Hat er sich aus dem Moose aufgemachet,
Ergriff seinen knotigten Wanderstab,
Drückte dem Wirth die Hand dankbar und
reisete ab.

25. Er wandte sich zum Schlosse zwischen den Linden,
Um sich wegen der Dame näher zu erkünden,
Denn es ware, als zöge ihn
Ein unwiderstehlicher Trieb dahin.

Sechs und zwanzigstes Kapitel.

Wie Herr Jobs eine alte bekannte Freundin
antrifft. Eine wunderbare Geschichte.

———◦◦———

1. Es haben überall die Vornehmen und Reichen
   Ihre mancherlei eig'ne Sitten und Gebräuchen,
   So daß ein gemeiner ehrlicher Mann
   Sich drin so gar gut nicht finden kann.

2. Zum Exempel: wenn man zu ihnen will gehen,
   Muß man erst lange im Vorzimmer stehen,
   Und dann läßt Ihro Gnaden oder Excellenz
   Einen endlich gnädigst zur Audienz.

3. Ohne diese Bemerkung weiter zu treiben,
   Mag es meinethalben immer so bleiben;
   Wenigstens mach ich jetzt nicht davon
   Auf gegenwärt'gen Casum Applikation.

4. Denn als Herr Jobs in's Schloß gekommen,
   Und man sein Begehren kürzlich vernommen,
   Ließe ihn die Frau Gebieterin
   Sofort nöthigen in ihr Zimmer herin.

5. Er fand sie im Kanapee einsam sitzend,
   Nachdenkend den Kopf auf die Arme stützend,
   Gekleidet in 'nem weißen Negligee,
   Und vor ihr stund auf'm Tischchen der Thee.

6. Herr Jobs fug an, gleich im Hereintreten
   Seine Entschuldigung und Kompliment herzu-
   beten;
   Sie blickte auf, erhob ein großes Geschrei;
   Auch Herr Jobs stürzte näher zu ihr herbei.

7. Beide haben sich alsofort erkennet,
   Sich voll Erstaunen mit ihren Namen genennet;
   Denn die gute liebe Dame da
   War des Herrn Jobs alte Amalia.

8. Sie ist fast in Ohnmacht dahin gesunken,
   Herr Jobs taumelte, als wär er betrunken,
   Und sowohl ihr als ihm erschien
   Alles vor den Augen blau, gelb und grün.

9. Nach dem ersten sehr angenehmen Schrecken
   Suchte einer den andern allgemach zu wecken,
   Und eine trauliche Umarmung war
   Der Beweis ganz überwundner Gefahr.

10. Mir däucht, ich hör hier den Leser mich fragen:
    „Herr Autor, wie kann er doch so etwas sagen?
    „Er meint gar, er hätte ein Kind vor,
    „Daß Er uns da macht solchen Wind vor!

11. „Haben wir nicht im ersten Theile gelesen,
    „Daß Amalia lange nicht mehr gewesen,
    „Sie starb ja, dem vier und dreißigsten Kapitel
    nach,
    „Als sie in den Kindbetterwochen lag?“

12. Ich will mich zwar eben jetzt nicht entschuldigen,
 Bitte aber vorläufig, sich zu gebuldigen;
    Denn was ich erzählte, war ja weiter nicht,
    Als ein damals von mir geglaubtes Gerücht.

13. Zubem hat man ja am Herrn Jobs schon gesehen,
 Daß Leute sterben und wieder auferstehen,
    Und in jebem alten und neuen Roman
    Trifft man noch weit größere Wunber an.

Sieben und zwanzigstes Kapitel.

Worin unter andern die im ersten Theile ge=
storbene Amalia ihren fernern Lebenslauf
erzählet.

1. Sie sind darauf näher zusammen gerücket,
   Haben sich am Thee und Frühstücke erquicket,
   Und erfreueten beiderseits sich
   Des Wiedersehens gar inniglich.

2. Was zwischen beiden vormals war geschehen,
   Wollen wir nach christlicher Liebe übergehen;
   Aber jetzt passirte im mindesten nicht,
   Was nicht hätte können vertragen das Licht.

3. Zwar Herr Jobs hatte nichts verloren,
   War von guter Positur wie zuvoren,
     Ja sein Korpus ware vielmehr
     Seit dem Pfarrerstande ansehnlicher.

4. Aber Amaliens Reize waren verblichen,
   Seitdem ohngefähr jene 15 Jahre verstrichen,
     Und es sproßte schon hier und dar
     Auf ihrem Kopfe ein graues Haar.

5. Auch an Körperkräften und Taille
   War sie nicht die vor'ge schöne Amalie;
     Vormals war sie rund, roth und dick,
     Und nun ein leibhaftig Bild der Hektik.

6. Ihre Augen, vormals glänzend von Liebe,
   Waren nun eingefallen, dunkel und trübe,
     Und in ihrer ganzen Physionomie
     Herrschte eine stille Melancholie.

7. Nicht allein gegen Herrn Jobs war sie sehr gütig,
   Sondern auch im ganzen Wesen sanftmüthig,
     Und sie ertrug ihr körperliches Leid
     Ohne Murren und Verdrießlichkeit.

8. Sie fühlte täglich die Kräfte mehr schwinden,
   Hatte längst bereut ihre vorigen Sünden,
     Und brachte nun in völliger Gewissensruh
     Ihre noch übrigen Lebenstage zu.

9. Eigentliche sogenannte Liebessachen
   Waren also nicht weiter bei ihr zu machen;
     Auch Herr Jobs fand längst nicht mehr Geschmack
     An jedem unschicklichen Liebesschnack.

10. Er mußte jedoch die Versicherung ihr geben,
    Nicht weiter zu reisen, sondern bei ihr zu leben,
    Und dieses wünschte sie um besto mehr,
    Weil er ein geistlicher Doktor wär.

11. Auch mußte er, ohne das geringste zu verhehlen,
    Ihr seine ganze Lebensgeschichte erzählen,
    Besonders, was er von ihrer Trennung an
    In den letzten fünfzehn Jahren gethan.

12. Er that dies auch alles sehr ausführlich,
    Seine Erzählung war aufrichtig und manierlich,
    So daß Amalia sogleich drin fand,
    Er sey nun ein Mann von großem Verstand.

13. Die Erzählung selbst können wir gut missen,
    Sintemal wir seine Geschichte schon wissen,
    Und man hört ohnedem auf keinen Fall
    Eine so närr'sche Geschichte gern zweimal.

14. Sie gabe gleichfalls von ihrer Geschichte
    Folgende kurze aufrichtige Berichte,
    Seitdem sie aus dem Schauspielerstand
    Mit einem reichen Herren verschwand:

15. „Der Herr, mit welchem sie davon gegangen,
    „Habe geheißen Herr van der Tangen;
    „Er habe, als ihre Person ihm gesiel,
    „Ihr Anträge gemachet oft und viel.

16. „Aber sie habe gar nicht darnach gehöret,
    „Und Anfangs mit ihme gar nicht verkehret,
    „Weil sie entschlossen gewesen sey,
    „Ihrem Hieronimo zu bleiben getreu.

17. „Erst damals habe sie den Vorsatz gebrochen,
    „Als Herr van der Tangen ihr die Ehe versprochen;
      „Es sey auch am folgenden Tage schon
      „Erfolgt eine heimliche Kopulation.

18. „Nachdem sie nun gedachten Herrn van der Tangen
    „Einmal im ehelichen Netze habe gefangen,
      „So habe sie mit ihm in der ganzen Zeit
      „Gelebet in treulichster Einigkeit.

19. „Sie habe von ihrem Gatten, dem Herrn van der
                    Tangen,
      „Nach zwei Jahren einen kleinen Sohn empfangen,
      „Habe aber auch damals gefährlich krank
      „Gelegen fast sieben Wochen lang.

20. (Nota bene: Daher entstand das Gerüchte
      Von ihrem Tode im ersten Theil der Geschichte;
      Denn Frau Fama machet zu jeder Frist
      Immer ein Ding größer als es ist.)

21. „Was im übrigen thate anlangen
      „Die Umstände ihres Gatten, des Herrn van der
                    Tangen,
      „So sey er gewesen der einzige Zweig
      „Des alten Herrn van der Tangen und erschreck-
                    lich reich.

22. „Er sey zwar gewesen nur vom bürgerlichen Stande,
    „Aber fast der reichste Privatmann im Niederlande,
      „Weil sein seliger Vater durch Kauffarthei
      „Außerordentlich glücklich gewesen sey.

23. „Mancherlei Gründe hätten ihn bewogen,
 „Daß er aus seinem Vaterlande weggezogen,
  „Und er hätte auch bald darauf
  „Das Gut Schönhain hier erstanden durch Kauf.

24. „Ihre Bekanntschaft mit dem Herrn van der
        Tangen
 „Habe bewußtermaßen damals angefangen,
  „Als er sich eine Zeitlang in Deutschland
  „Zum Vergnügen auf der Reise befand.

25. „Ihre Ehe habe zwölf Jahre lang gewähret,
 „Darauf hätte Freund Hein dieselbe gestöret
  „Und Herrn van der Tangen zu ihr'm größ-
        ten Leid
  „Geholet aus dieser Zeitlichkeit.

26. „Auch ihr Sohn sey nach fünf Vierteljahren
 „Seinem Vater in's Elysium nachgefahren,
  „Und seitdem lebe sie höchstbetrübt
  „Kinderlos und zugleich verwittibt.

27. „Zwar besitze sie jetzt sehr große Güter,
  „Aber doch sey ihr des Lebens Rest bitter,
   „Und sie mache zur großen Reise nach jenseit
   „Sich nun täglich immer mehr bereit;

28. „Denn sie empfinde es, daß sie laborire
  „An einem innerlichen Lungengeschwüre,
   „Spüre auch, daß jede gebrauchte Arznei
   „Zu ihrer Heilung unwirksam sey.

29. „Sie suche schon längst mit tugendhaften Werken
  „Sich zu einem seligen Abschiede zu stärken,
   „Und gebe als eine bekehrte Sünderin
   „Ihrem Schicksale sich willig hin.„

30. Herr Jobs suchte nun bestmöglichstermaßen
  Alles dasjenige beisammen zu fassen,
   Was ein vernünftiger geistlicher Mann
   In solchem Fall zur Tröstung nur sagen kann.

31. Blieb folglich auf ausdrückliches Verlangen
  Nun auf dem Gute bei der Frau van der Tangen
   Und seine traurige Exulantenschaft
   Hatte für diesmal ihre Endschaft.

32. Es fand auch wirklich die Frau van der Tangen
  In des braven Herrn Jobsens Umgang manchen
   Christerbaulichen Beruhigungsgrund,
   Den sie vorher nicht so gut verstund.

Acht und zwanzigstes Kapitel.

Wie die Frau van der Tangen dem Herrn Jobs
all ihr Vermögen schenket, und wie sie stirbt, und
wie Herr Jobs ihr ein Monument errichtet, und
wie dieses Kapitel sehr traurig zu lesen ist.

───────•○•───────

1. Eines Morgens kam mit reputirlichen Schritten
Ein bejahrter Herr in den Schloßhof geritten,
Und stieg nach geendigtem successiven Trab
Etwas mühsam auf eine nahstehende Bank ab.

8 *

2. Er saß auf dem Pferde steif wie ein Schneider,
Trug am Leibe altmodische Kleider,
 Hatte graue wollene Kamaschen an,
 Und pro Forma Sporen ohne Räder dran.

3. Eine Perücke mit einem kleinen Haarbeutel
Und ein plattgespitzter Hut deckte den Scheitel,
 Und an seiner linken Hüfte, etwas hoch, hing
 Ein langer Degen, der Griff war von Messing.

4. Seine Person schien etwas Wichtiges zu bedeuten,
Das merkte man an seinem Wesen schon von weiten,
 Und er war weder zu mager noch zu fett,
 Aber übrigens voll Gravität.

5. Er wurde gleich von der Frau van der Tangen
Gar höflich bewillkommet und empfangen;
 Sie schlosse sich sofort mit ihm ein
 Und blieb bei ihm den ganzen Tag allein.

6. Herr Jobs konnte sich nicht besinnen,
Was sie beide beisammen wohl möchten beginnen,
 Und dachte allenfalls der altfränksche Knab
 Sey vielleicht ein fremder Aeskulap.

7. Aber er irrte; denn der Herr, welcher heute
Mit seinen Kamaschen und dem Spieß an der Seite
 Den ganzen Tag mit Amalien allein war,
 War ein Cäsareus publikus Notar.

8. Nachdem derselbige ware weggeritten,
Ließ Frau van der Tangen Herrn Jobs in's Zimmer
     bitten;
 Er fand sie am Pult sitzend und vor ihr
 Lag ein zusammengefaltnes Papier.

9. Herr Jobs zeigte sich etwas blöde und verlegen,
   Aber sie lächelte ihm beim Eintritt entgegen,
   Und als er sich näher bei ihr befand,
   Reichte sie ihm liebreich die hagere Hand.

10. Sie schien seit dem Geschäfte mit dem Reuter
    Höchst vergnügt und ungewöhnlich heiter,
    Und hielte, obgleich mit schwächlicher Stimm',
    Nun folgende kurze Oration zu ihm:

11. „Schon habe ich es Dir gesagt, mein Lieber!
    „Ich geh nun bald jenseits hinüber,
    „Und habe deswegen vor meinem End
    „Heute gemachet mein Testament.

12. „Schon längstens wäre ich von wegen
    „Eines Erben meiner Güter besorgt und verlegen,
    „Denn meines Wissens ist nirgend jemand
    „Mit mir durch Blutsfreundschaft verwandt.

13. „Der Gedanke quälte mich vor allen,
    „Daß mein Gut in schlechte Hände könnt fallen;
    „Ich habe darum mit Wohlbedacht
    „Dich zum Universalerben gemacht.

14. „Außer ein Paar tausend Lausedukaten
    „Ad pios Usus und andere Legaten,
    „Gehört meine ganze Habe fortan
    „Nur dir, meinem alten Freunde, an.

15. „Willst du meine gute Meinung nicht verschmähen,
    „So werde ich ruhig aus dieser Welt gehen,
    „Und du erleichterst mittlerweile mir,
    „So viel du kannst, die Reise von hier.

16. „Du wirst aber auch die Freundschaft haben,
  „Mich zu laſſen dort bei den drei Linden begraben,
   „Und du pflanzeſt zu meinem Andenken auch
   „Auf mein Grab eine Laube von Roſenſtrauch.„

17. Herrn Jobs floſſen hier häufig die Thränen;
  Er antwortete nur mit Schluckſen und halben
      Tönen;
   Acceptirte übrigens utiliter
   Die vorliegende Donation ohnſchwer.

18. Von nun an verließ er ſeine Freundin faſt nimmer,
  Denn ihr Zuſtand wurde augenſcheinlich ſchlimmer,
   Und Frau van der Tangen und Herr Hiero-
      nimus
   Lebten auf brüder- und ſchweſterlichem Fuß.

19. Er unterließ nichts an Tröſtung und Pflege,
  Suchte ihre Linderung auf alle mögliche Wege
   Hat ſogar ſelbſt faſt in jeder Nacht
   In ihrem Krankenzimmer gewacht.

20. Endlich war doch alle Hoffnung des Lebens
  Und alle Mühe und Arznei bei ihr vergebens,
   Weil Freund Hein wirklich hereinkam
   Und ihren letzten Athemzug wegnahm.

21. Herr Jobs beklagte ihren Tod aufrichtig,
  Und ſein Schmerz war weder verſtellt noch flüchtig,
   Sondern er hat länger und mehr geweint,
   Als mancher Mann um ſeine todte Frau greint.

22. Am Gartenende, dort bei den drei Linden,
  Kann der geneigte Leſer ihr Grab finden,
   Wenn er etwa von ohngefähr vorbei paſſirt,
   Oder nach Schönhain expres hinſpaziert.

23. Ueber ihrem dort nun modernden Staube
    Steht eine gar niedliche Rosenlaube,
      Und Vergißmeinnicht und weißen Jasmin
      Sieht und riecht man da des Sommers blühn.

24. Auch sieht man bei einem marmornen Aschtopfe
    Die Figur von einem weißen Todtenkopfe,
      Dabei steht ein großes lateinisches **A**,
      Und es bedeutet solcher Buchstabe A m a l i a.

25. Herr Jobs ging um dieses Monuments willen
Abends und Morgens oft dahin im Stillen,
Und da fielen ihm gemeiniglich allerlei
Erbauliche und traurige Gedanken bei.

Neun und zwanzigstes Kapitel.

Wie Herr Jobs nun ein reicher Mann war, und
wie er sich nach dem Tode der Frau van der
Tangen beging.

———•◦———

1. Besage der vorhandenen Annotationsbücher,
   Fand Herr Jobs 2800000 Reichsthaler sicher
   Zu Amsterdam, London und Hamburg blank
   Als Kapitalien stehen in der Bank.

2. Das übrige Gut an Wechseln und Obligationen
   Betrug mit obigen ohngefähr drei Millionen,
   Und der Werth von dem Gute Schönhain
   War, bei meiner Treue! auch nicht klein.

3. Er war bemüht, der Frau van der Tangen letzten
   Willen,
   Ratione der Legaten, pünktlich zu erfüllen,
   Und alles übrige in einer Summ
   War nun sein rechtmäßiges Eigenthum.

4. Er ehrte zwar dies übergroße Vermögen
   Als einen unverhofften, nicht verwerflichen Segen,
   Hielt sich aber doch weder glücklicher
   Noch größer, als er ware vorher.

5. Er befand sich vielmehr bei seinem Gelde und Gute
   Lange nicht so behaglich noch bei gutem Muthe,
   Als er im Ohnwitzer Pfarrstand
   Sich noch vor einigen Monaten befand.

6. Es ist ihm damals vor andern allen
Sein Eintritt in Schönhain eingefallen,
Und da gedachte er an das alte Paar,
Deren Gast er bei seiner Ankunft war.

7. Um sie in ihrem Alter baß zu erfreuen,
Kaufte er eine der schönsten Meiereien,
Und gab seiner Baucis und ihrem Philemon
Dieselbe für damalige Bewirthung zum Lohn.

8. Er hat auch an seine Schwester Esther geschrieben,
Damit sie es wisse, wo er sey geblieben,
Und daß sie bei ihm in seinem Schönhain
Nächstens würde willkommen seyn.

9. Auch seinen Schildburger Anverwandten
Und den daselbst wohnenden Bekannten
Machte er seinen jetzigen Wohlstand
Zu ihrer freudigen Nachricht bekannt.

10. Auch hielt er's für eine der größten Pflichten,
Dem Herrn von Ohnwitz sein Glück zu berichten,
Bekam aber gar keine Antwort;
Denn bekanntlich war der Herr von da fort.

11. Was er sonst Gutes zu Schönhain verrichtet,
Davon bin ich nicht genau unterrichtet,
Wir sind also nun darauf bedacht,
Zu sehen, was seine Schwester Esther macht.

12. Aus folgendem Briefe läßt sich ersehen,
Wie auch alle übrigen Sachen sonst stehen,
Er lief mit der Post nach Schönhain
Als Antwort von Mammesel Esther ein.

Dreißigstes Kapitel.

Ein Brief von Mammesel Esther an Herrn Herrn
Jobs, worin viele neue Mähre enthalten ist, von
dem alten Herrn von Ohnwitz, wie auch von
dessen Herrn Sohne; und so weiter.

───── ∞ ─────

1. "**Mein theuerster Bruder!** Dein gutes
Geschicke
"Gereicht mir zum größesten Vergnügen undGlücke,
"Auch noch mehrere Deiner Freunde sind hier
"Und alle freuen sich herzinnig mit mir.

2. "Denn es haben zuRudelsburg, vor einigen Wochen,
"Der alte Herr von Ohnwitz und seine Gemahlin
eingesprochen,
"Und hieselbsten eine sichere Zuflucht
"Für die Verfolgung der Feinde gesucht.

3. "Auch ist vorgestern wider alles Verhoffen
"Der junge Herr von seiner Reise eingetroffen,
"Denn ihm ward schon der traurige Zustand
"Von Ohnwitz an der Grenze bekannt.

4. "Entblößt von Geld und andern Nothbürftigkeiten
"Erwarten sie hier alle zwar bessere Zeiten;
"Aber ich denke, bei Dir zu Schönhain
"Werden sie besser als in Rudelsburg seyn.

5. „Es ist dir also, mein bester der Brüder!
   „Ihr Besuch doch angenehm und nicht zuwider?
   „Ein Brief noch von Dir, und alle wir
   „Machen uns auf die Reise zu Dir.

6. „Tausend Grüße und herzliche Empfehlungen
   „Von der gnädigen Frau und dem alten und jungen
   „Baron. Ich verbleibe, nach altem Gebrauch,
   „Deine treue Schwester bis zum letzten Hauch."

7. Dieser Brief verursachte gewaltige Regung
   Bei Herrn Jobs, und ohne lange Ueberlegung
   Packte er ein Paar tausend Thaler ein
   Nebst einer Invitation nach Schönhain.

8. Er sandte alles durch eine Staffette,

Und als wenn es irgendwo gebrennet hätte,
Jug dieselbe Tag und Nacht durch,
Bis sie ankam zu Rudelsburg.

9. Ohngefähr nach verstrichnen vierzehn Tagen
Trafe in einem gemächlichen Wagen
Die Ohnwiczer Familie zu Schönhain
Und Mamsel Esther zugleich mit ein

Ein und dreißigstes Kapitel.

Wie Herr Jobs und die herrschaftliche Ohnwiki-
sche Familia sich des Wiedersehens gefreuet han,
und wie Herr Jobs seinen lieben Gästen alles
zum besten gibt, als wäre es ihr pröperliches
Eigenthum, und wie man da alle Kriegesplage
vergessen hat, und auf einem freundschaftlichen
Fuß gelebet hat, umb daß es Ueberfluß sey, die
Freude des Hieronimus besonders zu beschreiben.

1. Wie man sich des Wiedersehens gefreuet
Und zu Schönhain ein jeder gejubeleiet,
     Und besonders die Freude des Herrn Hieronimus
     Hier zu beschreiben, wäre Ueberfluß.

2. Er gab seinen angenehmen Ohnewizer Gästen
Alles, was er hatte, dermaßen zum Besten,
     Als wäre zu Schönhain rund herum
     Alles ihr pröperliches Eigenthum.

3. Man vergaß gerne in dieser fröhlichen Lage
Die vorherige erlittene Kriegesplage,
     Und lebte auf dem Gute des Hieronimus
     Zusammen auf dem freundlichsten Fuß.

Zwei und dreißigstes Kapitel.

Fortsetzung des fünfzehnten Kapitels, und wie
Umstände die Sachen verändern, und wie die
Liebe des jungen Barons und seiner Stehre einen
guten Fortgang zu gewinnen scheinet.

1. **Wir** wollen jetzt einmal wieder zurückkehren
   Zum jungen Herrn von Ohnwitz und seiner Stehren,
      Damit der geneigte Leser seh,
      Ob die Liebe noch beim Alten besteh.

2. Seit Stehrens Rudelsburger Aufenthalte
   Entstund in dem Romane zwar etwas Halte,
      Weil auf jeden Brief, den der Baron schrieb
      Von Ohnewitz die Antwort ausblieb.

3. Er kam also auf den fatalen Gedanken,
   Stehrens Liebe möchte vielleicht etwas wanken,
   Oder, welches gar noch schlimmer sey,
   Sie möchte ihm völlig seyn ungetreu.

4. Nachdem er nun seine Reise hatte geendet,
   Und sich nach Rudelsburg aus Noth gewendet,
   Welch Glück, als er unvermuthet da
   Seine geliebte Stehra hier wieder sah!

5. Ware gleich ihre Liebe einige Zeit gehindert,
   So war sie doch um kein Quentchen schwer ge-
   mindert,
   Und so fing der abgebrochne Roman
   Zu Schönhain wieder de novo an.

6. Manches Spiel mit zärtlich gegnenden Blicken,
   Heimliches Seufzen, verstohlnes Händedrücken,
   Einsames Spazieren, abendlicher Konvent
   Bei den Linden und Amaliens Monument,

7. Wandeln Hand in Hand durch blumigte Thale,
   Sich erquicken am keuschen silbernen Mondstrahle,
   Girren und Tändeln und verliebte Sprach,
   Hatte alles seinen Fortgang vor wie nach.

8. Der alte Herr hat dies nun zwar gesehen,
   Ließ es aber diesmal tacite geschehen;
   Auch die vernünftige gnädige Frau
   Nahm dies Ding nicht mehr so genau.

9. Denn Umstände pflegen in menschlichen Sachen
   Mancherlei wichtige Veränderungen zu machen,
   Und nach dem latein'schen Sprüchwort heißt es:
   Circumstantiae variant res.

10. Auch Herr Jobs hat dazu stillgeschwiegen,
Mochte die Liebenden nicht kränken oder rügen,
Und dachte vielleicht in seinem Herzen dabei,
Daß es alles so der Wille des Himmels sey.

11. Als der junge Herr noch einmal bei den Alten
Um die Einwilligung in seine Liebe angehalten,
Nahm man ihm solches so übel nicht mehr,
Als man es hatte genommen vorher.

12. Es entstanden doch noch zuweilen abseiten
Der gnädigen Eltern einige Schwierigkeiten;
Denn ein bürgerliches Mädchen zu trau'n,
War ihrem Magen noch schwer zu verdau'n.

13. Herr Jobs ward dieses mehrmalen inne,
Und nun kam ihm von ohngefähr im Sinne,
Daß er von seinem Vater es mehrmals vernahm,
Die Jöbse wären vom altabligen Stamm;

14. Auch daß die Vorfahren mütterlicher Seite
Wären gewesen gar ansehnliche Leute,
Und davon ein schriftliches Dokument
In Schildburg bei seinem Bruder sich fänd'.

15. Er hat darum sofort an ihn geschrieben,
Auf Uebersendung der gedachten Schrift getrieben,
Und der sandte dann auch des Dokuments
Original ihm nach Schönhain eilends.

16. Es enthielt die Jobs'schen Familiennachrichten
Und manche drin vorgekommene Geschichten;
Ich liefere davon kürzlich und exakt
Im folgenden Kapitel einen Extrakt.

Drei und dreißigstes Kapitel.

Nachricht von der Jobsischen abligen Familie,
welche anfangs von Schöps hieß.

———oo———

1. **E**rſtlich iſt zu merken, daß die männlichen Jöbſe
Anfangs hießen die Herren von S ch ö p ſ e;
Draus ward hernach der Name von S ch o p s ,
Ex poſt S ch o p s und endlich gar Jobs.

2. Aber der Stammbaum der Herren von Schöpſe,
Oder der nachherigen Herren Jöbſe,
War unwiderſprechlich ſehr alt,
Und ihr Geſchlechtswappen von guter Geſtalt.

3. Denn es iſt längſt irgendwo zu leſen,
Daß in Noahs Arche ſchon ein Schöps geweſen;
Weil aber damals noch niemand war Baron,
So ſchrieb ſich derſelbe auch nicht Herr von.

4. Ja, wollte man der Geſchichte weiter nachſpüren,
So würde ſich leicht der Schöpſen Urſprung verlieren
In das allergraueſte Alterthum,
Vielleicht gar bis in's erſte Weltſekulum.

5. Aber dieses genauer auszumachen,
   Würde zu viel Untersuchung verursachen,
   Und zu einem ganz kompletten Stammbaum
   Der Schöpsenfamilie wäre kaum Raum.

6. So viel ist gewiß, daß die Vorfahren
   Dieses Geschlechts ansehnliche Personen waren,
   Und sowohl im Lehr= als im Wehrstand
   Viel wichtige Stellen begleiteten im Land.

7. Die authentisch eingezogenen Nachrichten
   Aus alten Geschichtschroniken berichten,
   Daß schon zur Zeit des Major domus Pipin
   Mancher Schöps bei Hofe erschien.

8. Auch zu Kaisers Caroli magni Zeiten
   Thaten ihn einige Schöpse im Kriege begleiten,
   Und einer, genannt German von Schöps, war
   Titularhofrath beim ersten Lothar.

9. Dessen Sohn Bruno heirathete an Ludwigs Hofe
   Eine artige kaiserliche Kammerzose,
   Und bekam im ersten Vierteljahr schon
   Von ihr einen unerwarteten Sohn.

9

10. Die Geschichte verschweiget seinen Taufnamen;
Aber zur Zeit als die Hunnen nach Deutschland
kamen,
Lebte er auf einem eigenen Gut
Und zahlte geduldig Schatzung und Tribut.

11. Er hinterließ einen Sohn, der war Fähnrich
Unterm berühmten Vogelfänger Kaiser Hen-
rich;
Ob er vielleicht weiter avancirt,
Wird in der Stammgeschichte nicht berührt.

12. Er hieß Wilhelm und blieb unter zwei Ot-
tonen
Ruhig und still auf seinem Gute wohnen;
Im übrigen weiß man von ihm gewiß:
Er erzielte mit seiner Gemahlin Margaris

13. Verschiedene Kinder, sowohl Söhne als Töchter;
Davon entsprossen viele Nebengeschlechter
Des uralten Schöpsenstamms, die nach der
Zeit
Sich durch's ganze Europa befinden zerstreut.

14. Dieser obgedachte Herr Wilhelmus
Hatte unter andern 'nen Sohn, genannt An-
selmus;
Diesem gab man, aus bringender Noth, schon
früh
Eine kluge Gattin zur Kompagnie;

15. Denn nach dem Bericht des Stammbaums be-
                fande
Er sich sehr schwach und elend am Verstande;
Dieses war dann auch wohl mehrmal
In der von Schöps'schen Familie der Fall.

16. Herr Anselm ließ, ohne sich zu scheniren,
   Von seiner Frau in Allem sich leiten und
              führen,
Und aus dieser Ehe kam ein Sohn herfür,
Den nannte man in der Taufe Casimir.

17. Dieser half dem Kaiser im Feldzug gegen die
              Vandalen
Durch Verproviantirung der Armee damalen
Mit zweihundert Stück fetten Hämmeln aus,
Er für seine Person blieb aber zu Haus;

18. Kam deswegen sehr beim Kaiser in Gnaden,
   Hat ihn gar einmal selbst zu Gaste geladen,
   Und dieser that ihm dafür die Ehr,
   Dem Schöps im Wappen zu geben ein Horn
            mehr.

19. (Denn im uralten Familienschilde
   War auf'm rothen Balken ein Schöpsgebilde
   Zierlich bis zur Hälfte aufgestellt,
   Von schwarzer Farbe im silbernen Feld.)

20. Dieſer Vorzug läßt, jedoch in allen Ehren,
Sich vielleicht aus Nebenurſachen erklären;
Denn die Geſchichte ſagt, Caſſmirs Hausfrau
Seye geweſen ſehr ſchön und ſchlau.

21. Deſſen Sohn Guido war faſt immer kränklich;
Dies machte nun das Kinderzeugen etwas be-
denklich,
 Jedoch der brave geſunde Burgpaſtor
 Sorgte mittlerweile davor.

22. Denn Guido's Gemahl Hedwig war deſto ge-
ſünder,
Und ſie brachte ein Stück oder ſieben Kinder,
 Außer dem älteſten Sohn Chriſtheld,
 Ohne ſonderliche Wehen zur Welt.

23. Chriſtheld iſt vorzüglich im Stammbaum wichtig,
Denn er wog im vier und vierzigſten Jahre richtig
 328 Pfund, und weder vor noch nachher
 Ward kein Schöps erfunden ſo ſchwer.

24. (Zwaren war's der Familie ſchier eigenthümlich,
Denn alle aus ihr, beſonders die Männer, waren
ziemlich
 Fett, und dieſe Konſtitution
 Erbte immer vom Vater auf'n Sohn.)

25. Sein Bauch glich ſchon früh einem Braukeſſel;
Er traute ſitzend in einem Polſterſeſſel
 Die durch ihre Schönheit berühmte Gordoin,
 Aus welcher Ehe ein Sohn erſchien,

26. Namens Peter, ihm faſt gleich an Dicke;
Seine Gemahlin aber hieße Friederike,
 Welche ihm einen Sohn hinterließ,
 Der ebenfalls, wie ſein Vater, Peter hieß.

27. Ich kann übrigens von diesen beiden Helden
Eben nichts rühmliches sagen oder melden,
Als daß des letztern Gemahlin 'nen Sohn gebahr,
Der Großvaters und Vaters Bilde ähnlich war.

28. Er hieß Florenz und war ein Gebieter
Ueber verschiedene sehr ansehnliche Güter,
Lebte, aß, trank, schlief als ein Dynast,
Und war andern und sich selbst zur Last.

29. Doch erweckte er seiner Hausfrau Magdalene
Nebenbei einige Töchter und Söhne;
Vor allen bemerkt die Geschichte davon
Den ältesten Sohn, genannt Gideon.

30. Der ging als Schildknapp zum Herzog Welfen,
Um dem Pabst wider die Gibelliner zu helfen,
Er machte auch jenen berühmten Ritt
Auf einem Mädchen aus Weinsberg mit.

31. Dieser Ritt war lieblich anzuschauen;
Er nahm es hernach zu seiner Hausfrauen,
Denn das Mädchen war zärtlich und fein
Und gebar ihm gar bald ein Töchterlein.

32. Er hinterließ auch noch vor seinem Absterben
Einen Sohn, genannt Reimarus, zum Erben;
Der ward getauft, nahm eine Gemahlin
Und ward versammelt zu seinen Vätern hin.

33. War aber bei Leibes Leben lustig und gutes Muthes;
Seine Gattin, eine adlige Wittwe, hieß Ger-
trudes,
Und er zeugte mit ihr auf gewöhnliche Art
Einen gesunden Sohn, genannt Gerhard.

34. Dieser saß gern bei vollen Humpen und Kannen,
Hatte im Solde viele streitbare Mannen,
Vermehrte, wo er konnte, stattlich sein Gut
Und vergoß durch Faustkriege vieles Blut.

35. Er beraubte auß = und innerhalb seiner Veste
Sowohl reisende Fremde als einkehrende Gäste,
Und wurde deswegen zugenannt:
Junker Gerhard mit der eisernen Hand.

36. Er entführte einst zu seinem Ehebette
Ein sehr hübsches Fräulein, genannt Hette,
Vergaß eine Zeitlang das Waffengeklirr
Und zeugte mit ihr den Sohn Lodomirr.

37. Gerhard war sonderlich ein Feind der Pfaffen,
Machte benachbarten Klöstern viel zu schaffen,
Fing mit Nonnen allerlei Streiche an,
Und kam darüber sogar in Bann.

38. Um nun wegen begang'ner vielen Sünden
Beim annahenden Alter Absolution zu finden,
Ergriff er in der Angst den Pilgerstab
Und wallte nach Jerusalem zum heil'gen Grab.

39. Mittlerweil er wiederkam von der Pilgerstraßen,
War, außer dem Sohn, den er hinterlassen,
Mirakulöser Weise von Frau Hetta
Noch ein vierteljähriges Söhnlein da.

40. Lodomirr war ein gar frommer Herre,
Stiftete viel Heiligenhäuser und Altäre,
Gab Mönchen und Nonnen reichlich Brod,
Und litte darob fast selber Noth.

41. Seine ablige Hausfrau, An na mit Namen,
 Ware gleichfalls eine der frömmsten Damen,
  Und hielt für ihren Leibs- und Seelenzustand
  'nen Beichtvater auf ihre eig'ne Hand.

42. Aus dieser gar frommen Ehe entsproße
 Florian, mit dem Zunamen d e r Große;
  Denn er maß richtig 14 Zoll
  Und war täglich toll und voll.

43. Dieser hatte mit seiner Gemahlin Otilie
 Eine ziemlich zahlreiche Familie,
  Und unter andern einen artigen Sohn,
  Der ward genannt d e r g a l a n t e Leon.

44. Er pflegte sich in Waffen und Turnieren
 Fleißig in damaliger Zeit zu exerciren,
  Und zerbrach dem schönen Geschlecht zur Ehr
  In Scherzritterspielen manchen Speer.

45. Dieses, so wie sein Tanzen und Coutesiren,
 Mußte die Schönen der Zeit sehr charmiren,
  Und ob er gleich weiter nichts verstand,
  Bekam er doch eines reichen Fräuleins Hand.

46. Denn in einer reizenden Schäferstunde
 Gab ihm die extraordinärschöne K u n i g u n d e
  Mit allen ihren Gütern zugleich ihr Herz.
  Der Sohn aus dieser Ehe hieß A b e l b e r t s.

47. Der hatte nach und nach vier Gemahlinnen,
 Sie schieden aber alle zeitig von hinnen;
  Von der ersten, genannt R o s é m o n,
  Blieb ein Sohn zurück, der hieß A n t o n.

48. Nach dem Absterben seiner letzten Frauen
 Ließ Adelberts ein Nönnchenkloster bauen,
  Und hat dasselbe reichlich begabt,
  Und starb drinnen als der Nonnen Abt.

49. Man sprach viel von seiner Kanonisirung,
 Aber bei der geistlichen Proceßführung
  Hinderte Advokatus Diaboli
  Durch manchen wichtigen Einwand sie.

50. Von Herrn Anton kann ich nichts sonders melden;
 Er gehörte nicht unter die Kriegshelden,
  War auch weder Abt noch Bischof,
  Weiß auch nicht, daß er übermäßig soff.

51. Er blieb immer in der abligen Hütte,
 Heirathete nach der väterlichen Sitte,
  Sorgte für seinen eigenen Mund
  Und starb nach dem bewußten alten Bund.

52. Er hinterließ einen Sohn, der hieß Steffen,
 Dieser blieb zu Mühldorf beim bekannten Treffen
  Unter Seyfried Schweppermann als
  Offizier,
  Weil er's Fieber hatte, ruhig im Quartier;

53. Verließ gleich darauf gänzlich die Fahnen,
 Kehrte zurück zum Heerde seiner Ahnen,
  Schritte demnächst fort zur Heirath,
  Und einer seiner Söhne hieß Vollrath.

54. Von diesem Vollrath sagen die Stammbaums-
autoren,
Daß er seine untergebene Bauern baß geschoren,
Und übrigens unterm Kaiser Wenceslas
Nichts thate, als daß er soff und fraß.

55. Seine Gattin, die gute Adelheide,
Hatte mit ihm in der Ehe wenig Freude;
Denn er prügelte sie oft und viel,
Und trieb mit andern Weibern sein Spiel.

56. Sein Sohn Balthsar ware zwar frümmer,
Aber bei dem allen doch ungleich dümmer;
Er theilte Mönchen und Klöstern reichlich mit
Und starb endlich im Franciskanerhabit.

57. Seine gottesfürchtige Gemahlin Susanne
Lebte gar frieblich mit dem frommen Manne,
Und aus dieser keuschen Ehe erschien
Ein wackerer Sohn, genannt Augustin.

58. Dessen Gemahlin hieß Frau Petronelle,
Den mit ihr erzielten Sohn hieß er Nölle,
Und er starb im neunzigsten Jahre als Greis,
Dies ist das einzige, was man von ihm weiß.

59. Aber sein gedachter Herr Sohn Nölle
Bekleidete eines Landvogtes Stelle,
Und zog diese Einkünfte wohlgemuth,
Ruhig wohnend auf seinem Landgut.

60. Er hatte durch Umgang mit einer Landschöne
Zwar verschiedene unächte Töchter und Söhne,
Hinterließ aber doch einen Sohn ohnehin
Von Frau Irmgard, seiner Gemahlin.

61. Der ward nach seiner Geburt genannt H e i n e ,
    War ein Liebhaber vom Wildpret und vom Weine,
    Und obgleich sonst nicht zur Arbeit geneigt,
    Hat er doch einen Sohn, P h i l i p p , gezeugt.

62. Seine Gemahlin, die Dame S o p h i e ,
    Verstand sich baß auf Oekonomie,
    Hielt alles im Hause sauber und rein,
    Trank auch wohl ein Gläschen Brandewein.

63. Herr Philipp war ein guter Haushalter,
    Ward sogar geizig in seinem Alter,
    Trieb oft mit eig'ner Hand den Pflug
    Und trank sich und aß sich kaum satt genug.

64. Seine Gattin, die geduldige Frau J ü t t e ,
    Starb an der Zehrung in ihrer Jahre Blüthe,
    Hinterließ doch, der Familie zum Glück,
    Nach ihrem Tode einen Sohn zurück.

65. Indeß heirathete der junge Wittwer Philipp
    Abermals, und zwar eine alte Wittib,
    Die hungerte er bald hin zur andern Welt
    Und erbte ihre Güter und Geld.

66. Sein Sohn hieß W e i n r e i c h mit der kupfer-
        nen N a s e ,
    Der trank viel und ehelichte seine Base
        K ä t h e , und kaum war R o b e r t , sein
            Sohn, da,
    So starb er am Zurücktritt des Podagra.

67. Gedachter Sohn Robert bekam Lust zum Kriege,
Ihat als Freiwilliger einige Feldzüge,
    Und ließ in 'nem Scharmützel ritterlich
    Den Haarzopf und 'nen halben Finger im Stich.

68. Um nun nicht noch was mehr zu verlieren,
Ihat er sich auf seine Güter retiriren,
    Heirathete im sechs und zwanzigsten Jahr,
    Und starb, als er dreißig und ein halbes alt war.

69. Seine Ehegenossin hieße Frau Ide;
Er hatte gelebt ziemlich mit ihr in Friede,
    Denn er war von tolerablem Gemüth.
    Sein hinterlaß'ner Sohn hieße S i e g f r i e d.

70. Siegfrieds Umgang mit den Bauern war ver-
        traulich,
Und mit den Bäuerinnen noch mehr erbaulich,
    Und nie waren im Revier des von Schöps-
        schen Gebiets
    So viel Hahnreihe, als zur Zeit Siegfrieds.

71. Doch suchte er auch mit seiner Hausfrauen
Sein grades abliges Geschlecht zu erbauen,
    Denn seine Gattin F r e d e g u n d gebahr
    Einen wohlgebildeten Sohn ihm dar.

72. Dieser war ein sehr gewaltiger Jäger,
Hubertus, zugenamset d e r S c h l ä g e r,
    Denn er erschlug einst einen Wildbieb,
    Welcher das verbotene Jagen trieb.

73. Seine Gattin, die schmutzige Gertrude,
War sehr filzig und karg wie ein Jude,
Sie molke die Kühe und fegte den Stall
Und ihre Hand war im Hause überall.

74. Huberts Sohn, Werner, erbte Flinte und
Büchse
Nebst den übrigen Gütern, prellte Füchse,
Und verdarb mit Hasenjagen rund herum
Der Bauern Aecker und Eigenthum.

75. Aber seine Ehefrau, die bärtige Trine,
Machte ihm zu Hause manche böse Miene,
Und fing oft mit ihm Gezänke an,
Und er blieb ihr gehorsamster Unterthan.

76. Jedoch erzeugte mit ihr Herr Werner
Erst einige Töchter, und demnächst ferner
Einen artigen Sohn, und dieser ward
In der Taufe genennet Eberhard.

77. Auch dieser blieb treu der väterlichen Sitte,
Und heirathete eine Frau, genannt Brigitte,
Bekam unter andern den Sohn Johann,
Der war ein stattlich gelehrter Mann.

78. Er ist der erste des von Schöps Geschlechts ge-
wesen,
Der da selbst konnte schreiben und lesen,
Hat auch durch dieses Stammbaums Geschrift
Sich bei der Nachwelt ein Denkmal gestift't.

79. Vormals war es wenigstens unerhöret,
   Daß man in der Familie hätte schreiben gelehret,
   Und selbst bei Dokumenten klebte man
   Statt Unterschrift blos ein Wachssiegel an.

80. Er konversirte gern mit studirten Leuten,
   Machte gar zu gewissen launigten Zeiten
   Bei seiner Hausfrau Lina daheim
   Einen nach damal'ger Art feinen Reim.   •

81. Er las Zeitungen und hatte eine große
   Kenntniß von Staatssachen, und schlosse
   Im Großvaterstuhl für sich als Politikus
   Den berühmten westphälischen Friedensschluß.

82. Nota bene! als ein vernünft'ger Gelehrter
   Haßte er den Schöpsnamen, darum kehrt' er
   Das ö im Wort Schöps, in o ohne Strich
   Und schrieb am ersten von Schops sich.

83. Er zeugte successive nicht mehr noch minder
    Als sieben und zwanzig eheliche Kinder,
        Sowohl Töchter als Söhne; davon
        Erwähn' ich nur Kunz, den ältesten Sohn.

84. Dieser ward gleichfalls gelehrt unterweiset,
    Und nachdem er viel Geld hatte verreiset,
        Brachte er mit nach Hause als Gemahlin
        Eine großvornehme Donna Italienerin.

85. Sie liebte hohe Spiele und Assembleen,
    Hatte viele Lakeien und Cicisbeen,
        Prätendirte auch im gemeinen Umgang
        Ueber alle andere Damen den Rang.

86. Zu dieser hochgedachten Donna Zeiten
    Entstunden schon allerlei Verdrüßlichkeiten,
        Denn es ging manches Familiengut
        Durch die zu große Verschwendung kaput.

87. Herr Kunz, um sich aus dem Verderben zu ziehen,
    Spielte fleißig hoch in Lotterien,
        Suchte auch hier und da überall
        In neuangelegten Bergwerken Metall.

88. Das war aber noch lange nicht das Schlimmste;
    Sondern unter allen war dies das Dümmste,
        Daß er sich mit Advokaten abgab,
        Denn diese brachten ihn noch tiefer herab.

89. Auch legte er sich mit vielen Kosten und Wachen
    Auf den Stein der Weisen und das Goldmachen,
        Und verwendete also des Vermögens Rest
        Vergeblich auf'm chimischen Alkahest.

90. Er kam also im kurzen um das Seine,
    Und ware nunmehr gar blank auf das Reine,
    Und im unersetzbaren Ruin
    Sank dies sonst reiche Geschlecht dahin.

91. Sein Sohn F r i tz erwählte das Militaire,
    Erlangte wegen seiner Bravour viel Ehre,
    Bis er zuletzt gar ein Bein und ein Ohr
    Ehrenvoll in einer Schlacht verlor.

92. Er bekam drauf den Abschied und einen Orden,
    Ist aber dabei arm und dürftig geworden,
    Und er ernährte er post kümmerlich
    Auf einem gar kleinen Gütchen sich.

93. That jedoch, obgleich mit hölzernem Beine,
    Bei der Fortpflanzung des Geschlechts noch das
    Seine,
    Und erzeugte zu seines Alters Trost
    Einen Sohn mit seiner S u s e , den nannte er
    J o st.

94. Der ist noch dem Adelstande getreu geblieben
    Und hat keine bürgerliche Nahrung getrieben,
    Denn noch im Jahr t a u f e n d s i e b e n h u n -
    d e r t a ch t
    Hatte Jost eine kleine Hufe im Pacht.

95. Er war übrigens der leibliche Vater
    Von dem berühmten Schildburger Senater,
    Hielt indeß auf gute Oekonomie
    Mehr als auf die adlige Genealogie.

96. Vergaß deswegen bei seiner Frau M a r i a n e n
Seinen vornehmen Stand und alle seine Ahnen,
Und wandelte den bisherigen Namen von
Schops
In den schlichtbürgerlichen Namen J o b s.

97. Als ein Feind aller Pracht und neuen Mode
Zeugte er nach der wohlbekannten Methode
Eines jeden andern bürgerlichen Mann's
Den gedachten Schildburgschen Senater H a n s.

98. Dieser wurde sehr gut bürgerlich erzogen,
War klein, hat aber schwer gewogen,
So wie seine meisten Ahnen, denn es war dies,
Wie schon oben bemerkt ist, ein Fideikommiß.

99. Daß Herr Hieronimus sein Sohn gewesen,
Und seine Frau mehrerer Kinder genesen,
Das alles, wie auch sein Rathsherrnstand,
Ist uns allerseit'gen Lesern bekannt.

100. Ich habe die Geschichte der Jobsschen Lebensläufen
Mit zu viel Nebensachen nicht wollen häufen,
Weil ich beim nähern Nachsehen find',
Daß schon hundert Verse drüber da sind.

10 *

Vier und dreißigstes Kapitel.

Genealogie der Frau Senatorin Jobs nach aufsteigender Linie.

———∘∘———

1. Die Ehegenossin des Schildburgschen Senaters,
   Als unsers Herrn Hieronimi würdigen Vaters,
   Der notorie mehr Kinder hatte, war
   Eine geborne Mammesel Plapelplar.

2. Ihre Stammtafel ist weniger weitläufig,
   Und die Merkwürdigkeiten drin sind nicht so häufig,
   Indessen wollen wir doch ordentlich gehn,
   Und dieselben in diesem Kapitel durchsehn.

3. Ihre Familie war zwar nicht von Adel,
   Aber doch ohne allen Vorwurf und Tadel,
   Und unter dem schwäbischen Plebejerstand
   Eine der ersten im ganzen Land.

4. Sie war ansehnlich, groß und lang von Leibe,
   Und ein Muster von 'nem schönen und guten Weibe,
   Und ihr eheleiblicher Vater war
   Der Konsistorialrath Herr Plapelplar.

5. In seinen Handlungen und Reden war er eifer-
   müthig,
   Von Temperament etwas cholerisch und vollblütig,
   Er zerklopfte oft im Affekt die Kanzelbank,
   Denn er war von Person robust und lang.

6. Er war mächtig in Lehr und reich an Worten,
   Stund erst als Pfarrer an verschiednen Orten,
   Ward im vierzigsten Jahr Konsistorial,
   Und starb im funfzigsten Knall und Fall.

7. (Von seiner Suade im Peroriren
   Scheint es als Erbtheil herzurühren,
   Daß die ehmalige Mamsel Plapelplar,
   Nachherige Frau Jobs, so wortreich war;

8. Auch daß sie an dem geistlichen Stande
   Ein so außerordentliches Vergnügen fande,
   Und den Hieronimus, den sie gebar.
   Schon früh bestimmte zum Dienst der Pfarr.)

9. Er hinterließ nicht bloß Kindertücher,
   Oder eine Sammlung alter Schriften und Bücher;
   Sondern auch viel Gut immobil und movent,
   Denn er war ziemlich reich und potent.

10. Von seinen sonstigen Lebensumständen
    Habe ich nicht viel Nachricht in Händen,
    Doch merke ich noch von ihm an, daß
    Er gerne gebratne Truthähne aß.

11. Daher entstand vermuthlich die Sitte und Regel,
    Daß man die Truthähne Konsistorialvögel
    Seitdem im schwäbischen Lande heißt,
    Und sie gern bei Pfarrschmäusen speist.

12. Doch, dem sey übrigens, wie ihm seye,
    Er verwaltete sein Amt mit aller Treue,
    Und sein eheleiblicher Vater war
    Fürstlicher Amtmann und Justitiar.

13. Der war in seinen Aemtern und Pflichten strenge,
Machte weder große Umstände noch Gepränge,
Wenn einer nicht gleich seinem Mandat
Oder der Citation pariren that.

14. Er stund wegen seinem ernsthaften Amtsgesichte
Rund herum in sehr gutem Gerüchte,
Und sein eheleiblicher Vater war
Fürstlicher geheimer Consiliar.

15. Man muß aber eben nicht meinen oder träumen,
Es hätte der Fürst wegen 's Prädikat 'nes Ge-
heimen
Rathes nichts ohne ihn gethon;
Er kannte nicht einmal seine Person.

16. Er starb als ein treuer Diener des Staates,
Ohngeachtet des Titels eines geheimen Rathes,
Und sein eheleiblicher Vater war
Bei 'ner verwittweten Fürstin Leibhusar.

17. Dieser stand bei Hofe sehr hoch in Gnaden,
War ein hübscher Husar von Bart und Waden,
Und sein eheleiblicher Vater war
In Schildburg der zweite Consular.

18. Im Stadtarchiv findet man oft seinen Namen;
Er sagte zu allen Rathsdekreten: Amen!
Und sein eheleiblicher Vater war,
Seligen Andenkens, Landkommissar.

19. Jedoch zur Zeit seines Commissariats stand es
    Eben nicht zum besten um die Wohlfahrt des
    Landes,
    Und sein eheleiblicher Vater war
    Kommerzienrath titular.

20. Der legte sein ganzes väterliches Erbe
    An Fabriken und weitläufiges Gewerbe,
    Brachte es aber durch Ehrlichkeit
    Anfangs bei aller Mühe nicht weit.

21. Er rettete sich jedoch noch bei Zeiten,
    Wie es Sitte ist bei vielen Handelsleuten,
    Denn ein starker honetter Bankrot
    Half ihm aus aller seiner Noth.

22. Man saget aber, seine Kreditoren
    Hätten dabei mehr als er verloren,
    Und sein eheleiblicher Vater war
    Adliger Verwalter und Sekretar.

23. Der konnte successive etwas Vermögen
    Extra per fas et nefas zurücke legen,
    Und sein eheleiblicher Vater war
    Der sieben freien Künste Baccalar.

24. Dieser mußte sich sehr kümmerlich ernähren,
    Hatte blutwenig oder nichts zu verzehren,
    Und sein eheleiblicher Vater war
    Ein kaiserlicher gekrönter Poete gar.

25. Zwar erfahren in allen Dichterkünsten,
    Hungerte er doch bei seinen Verdiensten,
    Und wohnte mit Frau und Kinderlein
    In einem kleinen Dachstübelein.

26. Seinem leiblichen Vater ging es noch trifter,
Er war der Weltweisheit Magifter,
    Wovon er sich höchst erbärmlich ernahr;
    Wer aber des Magifters Vater war,

27. Davon schweigen die vorhandnen Nachrichten,
Ich kann also davon weiter nichts berichten,
    Als daß er auch ein Herr Plapelplar
    Und vermuthlich ein redlicher Mann war.

Fünf und dreißigstes Kapitel.

Wie nunmehr nach wohlerwogenen Umständen
der Konsens zu der Vermählung des jungen
Herrn Barons mit seiner Stehra erfolgt ist.

———◦◦———

1. Man farbe bei wohlerwogenen Umständen
   Nun wegen der Heirath nichts weiter einzuwenden,
   Denn aus dem gelesenen Bericht war klar,
   Daß Jungfer Esther von berühmter Familie wár.

2. Um damit zum erwünschten Ende zu kommen,
   Hat Herr Jobs seiner Schwester Ausstattung
   übernommen,
   Und diese fiele weit reichlicher aus,
   Als bei manchem Fräulein aus 'nem großen Haus.

3. Der beiden Liebenden Wonne und Entzücken
   Vermag meine Feder nicht auszudrücken;
   Sie hätten, von ihrem Glücke berauscht,
   Mit keinem Monarchen der Erde getauscht.

4. Denn es ist durchaus den Verlobten so eigen,
   Zu sehen den Himmel voll Flöten und Geigen,
   Und als wäre in dieser argen Welt
   Alles für sie auf's Beste bestellt.

5. Dennoch folget nach geschloss'ner Ehe
   Auf den ersten Jubel meist Reue und Wehe,
   Und nach verschwundnem Rausch denkt man gar:
   Ich war, als ich heirathete, ein Narr.

6. Zu den Vermählungsfeierlichkeiten
   Suchte man nun alles vorzubereiten,
   Und es war wirklich vierzehn Tage hernach
   Der längst erseufzete Hochzeitstag.

Sechs und dreißigstes Kapitel.

Die Vermählung des jungen Barons und der
Esther geht wirklich hier vor sich, wie im Kupfer
artig zu sehen ist.

1. Gleichwie der Seefahrer den Tag hoch feiert,
   Wenn sein Schiff nun in den Hafen steuert,
   Nachdem er auf der langen nassen Bahn
   Erfahren manchen Sturm und Orkan;

2. Und wie der Wandrer, wenn's regnet oder schneiet,
   Oder die Sonne brennet, sich hoch erfreuet,
   Wenn er Abends hungrig und müd
   Das lockende Schild des Wirthshauses sieht:

3. Und wie nach dreijährigem Wachen und Fleiße,
Und vielem nicht fruchtlos vergoffenem Schweiße
Ein auf der hohen Schul gewefner Student
Sich freuet über feines Studiums End;

4. Und wie der thätige Kaufmann sich baß entzücket,
Wenn er beim Schluffe eines Jahres erblicket,
Daß er nach richtigem Calkul und Stat
Abermal ein Kapital in Salvo hat;

5. So pflegen auch Verlobte nach langem Schmachten
Ihren Hochzeitstag freudig zu betrachten,
Und der wird nach viel überwund'ner Hinderniß
Nun erst deftomehr schmackhaft und süß.

6. Grade fo beschaffen, wie ich fage, war es
Mit den Gefühlen unfers lieben Brautpaares,
Als jetzt des Priefters fegnende Hand
Sie auf ewig zusammen verband.

7. Von allen merkwürdigen Hochzeitsfcenen
Diefes Tags will ich nur einer erwähnen;
Man fagt, des Herrn Jobs alter Philemon
Seye gewefen der Erfinder davon.

8. Nämlich, die Schönhainer hatten feit ein Paar Wochen
Sich zu einem glänzenden Aufzuge abgefprochen,
Und diefer ging dann auch feierlich
Am befagten Hochzeitstage vor fich.

9. Drei Tage vor der Hochzeit kündete die Trommel
Im Dorfe durch ihr fchnarrendes Gerommel
Allen Einwohnern, alt und jung,
Die Lofung an zur Vergaderung.

10. Längst war sie vergessen im Hintergebäuse,
War eine ruhige Wohnung der Ratten und Mäuse,
Denn im Dorf herrschte seit undenklicher Zeit
Stolze Ruhe und Friedlichkeit.

11. Jedoch bei ihrem ungewöhnlichen Allarme
Ward alles reg gleich einem Bienenschwarme,
Und mit allerlei Unter- und Obergewehr
Zog man zum gewählten Waffenplatz her.

12. Jedem Komparenten ward da unverweilet
Seine Charge nach Verdienst und Fähigkeit
ertheilet,
Und der alte Philemon übernahm die Müh
Und übte im Marschiren und Feuern sie.

13. Er verstund gar herrlich das Manövriren;
Hatte die Schlacht bei Roßbach helfen verlieren,
Denn er war ein ganzes Jahr lang damal
Beim Kreiskontingente Korporal.

14. Man sah früh morgens in zwei Kompagnien
Die Schönhainer Mannschaft in Parade ziehen
Mit Trommel und Pfeife und wehender Fahn,
Und den alten Philemon als Oberster voran.

15. Zwei auf dem Schloßplatz aufgepflanzte kleine
Kanonen,
Geladen mit ein halb Loth schweren Patronen,
Gingen zur Losung fürchterlich los,
Daß schier erbebt hätten die Fenster am Schloß.

16. Die sämmtliche Mannschaft gab eine Salbe,
Es war aber eigentlich doch nur eine halbe;
 Denn manches Gewehr versagte den Schuß,
 Und ging auf's Kommando: Gebt Feuer! nicht luß.

17. Doch gab's beim Aufmarschiren und Kriegs-
           gewimmel
Ein allgewaltiges Lärmen und Getümmel;
 Man schrie *vivat*! als wäre man toll,
 Und jeder Jagdhund des Schlosses boll.

18. Es schien, als ob sich alle Elementen
Bewegten und in einem Krieg befänden,
 Und als ob in dem Dorfe Schönhain
 Wirklich der jüngste Tag bräch' ein.

19. Nach dreimal wiederholten Vivat und Chargiren
Ließ man's ganze Heer auf'm Schloßplatz campiren,
 Und vom Obersten bis zum Musketier
 Bekam jeder zu essen, und Branntwein und Bier.

20. Als endlich die Nacht hatte angefangen,
Ist jeder seines Weges nach Hause gegangen;
 Auch das Brautpaar entschliche schon früh,
 Ich weiß nicht: wohin? warum und wie?

21. Dieses Wohin, Warum, Wie und Weswegen
Zu wissen, d'ran ist uns nichts gelegen;
 Genug, Esther war von diesem Abend an genau
 Eine leibhaftige gnädige Frau.

Sieben und dreißigstes Kapitel.

Wie sich die junge gnädige Frau von Ohnwitz beging, und wie sie nach neun Monaten eines Söhnleins genaß.

1. Ich muß es der jungen Frau zum Ruhm nachsagen,
   Daß sie sich immer gar zärtlich betragen,
   Und es dem jungen Herren noch zur Zeit,
   Sie zur Gattin zu haben nicht gereut.

2. Gar nach schon jetzt verfloßnen vier Jahren
   Habe ich nicht das Mindeste davon erfahren,
   Daß der böse Ehegeist Asmodees
   Angestiftet hätte Streit oder Getös.

3. Sie fanden darin ihr vorzüglichſtes Entzücken,
   Sich durch getreue eheliche Liebe zu beglücken,
   Und die junge gnädige Frau hatte ſchon
   Nach neun Monaten einen kleinen Sohn.

4. Sie iſt alſo, wie man deutlich ſiehet,
   Ihrer Seits ernſtlich d'rauf aus und bemühet,
   Daß der Ohnwitzer Nam' beſteh'
   Und ſein Stamm nicht ſobald vergeh'.

5. Sie hielte nichts von fremden Säugammen,
   Wie ſonſt üblich iſt bei vornehmen Madammen,
   Sondern glaubte, ihn von eig'ner Milch
   Zu ernähren, ſey menſchlich und bill'g.

6. Sie blieb dabei nicht allein viel geſünder,
   Sondern ihre Reize wurden eher größer als
                                    minder;
   Denn eine ſo ſüße ſchuldige Mutterpflicht
   Schadet der Geſundheit und Schönheit nicht.

7. Auch die Kleinen pflegen baß zu gedeihen,
   Daß ſich Gott und Menſchen drob erfreuen,
   Auch der ſonſtige Nutzen dabei
   Iſt unwiderſprechlich noch mancherlei.

8. Sie ward auch in allen übrigen Verhalten
   Für'n Muſter einer braven Dame gehalten,
   Und jeder Schönhainer Unterthan
   Betete ſie gleichſam als ihre Göttin an.

9. Noch immer führete sie das Steuerruder
Der Oekonomie bei ihrem lieben Bruder,
   Und hielte auf dem großen Gute Schönhain
   Alles fein ordentlich, sauber und rein.

10. Ihre Schwiegereltern thut sie höchlich ehren,
    Handelt in allem nach ihrem Rath und Begehren,
    Und diese lieben sie dafür fast mehr,
    Als wenn sie ihre leibliche Tochter wär'.

Acht und dreißigstes Kapitel.

Wie Herr Jobs seine Schildburger Verwandten
reichlich bedenket, und Schwester Gertrud den
Schöffer heirathet.

━━━◦◦━━━

1. Man denke aber nicht, als ob indessen
Herr Jobs seine andre Verwandten hätte vergessen;
Er hat vielmehr sie auch kräftig itzt
Mit Gelde in Schildburg geunterstützt.

2. Zum Exempel: Er ließ große Kapitalen
Per Wechsel an seinen einen Bruder auszahlen,
Und dieser wurde schleunig also
Aus 'nem Krämer ein großer Kaufmann en gros.

3. Auch sein ält'ster Bruder ward durch ihn glücklich,
Denn sein geiziges Weib starb augenblicklich
Für übermäßigem Freudenschreck,
Als sie sah die übersandten Geldsäck.

4. Sein Herr Schwager, der schildburger Küster,
Bekam gleichfalls einen großen Tornister
Voll von Geschenken und Geld, und ward gleich
Reicher als ein Küster im römischen Reich.

5. Die and're Schwester brauchte auch dem Alten
Nun länger nicht zu dienen und hauszuhalten,
Denn Herr Jobs machte ihr, Jahr ein Jahr aus,
Eine ansehnliche Rente zu verzehren aus.

6. Seine noch übrige Schwester, die G e r t r ü b e,
Ein Frauenzimmer von sehr gutem Gemüthe,
Invitirte er zu sich nach Schönhain,
Um ihm in der Wirthschaft behülflich zu seyn.

7. Versprach auch sonst, sie heute oder morgen
Reichlich und christbrüderlich zu versorgen;
Sie gab also ihre bisherige Geschäfte dran,
Und kam verlangter maßen bald b'rauf an.

8. Nun war zwar besagte Schwester Gertrübe
Eben nicht mehr in der besten Jahrblüthe,
Aber doch für's Haus, Bette und Tisch
Noch ziemlich munter, gesund und frisch.

9. Auch nicht unangenehm im Umgange;
Drum währte es auch zu Schönhain nicht lange,
Daß der Schöffer, der sich Wittwer befand,
Anhielte um ihre Herze und Hand.

10. Was vormals mit Prokrater G e y e r geschehen,
Das konnte niemand ihr weiter ansehen,
Drum willigte Herr Hieronimus drin,
Und sie ward richtig Frau Schöfferin.

Neun und dreißigstes Kapitel.

Wie man allerseits wegeilet; die ablige Gesell=
schaft nach Ohnwitz und der Autor nach dem
Ende des Büchleins. Sehr traurig zu lesen.

———◦◦———

1. Zwar der Franken siegreiche Kriegsheere
   Verbreiteten sich weiter gleich dem fluthenden Meere,
   Und wohin sie kamen, ward Knall und Fall
   Ueberall alles egal und kahl.

2. Aber auf dem sichern Schönhainer Gute
   War man freudig und bei gutem Muthe,
   Und durchlebte ein Paar Jahre Zeit
   In ununterbrochener Einigkeit.

3. Indessen ward durch einen Separatfrieden
   Das Schicksal von Ohnwitz glücklich mit entschieden,
   Und der alte Herr und Frau von Ohnwitz
   Kehrten zurück nach ihrem vorigen Sitz.

4. Sie fanden da fast alles jämmerlich zerstöret,
   Und die Güter zum Theil vernichtet und verheeret,
   Indessen ward doch durch Herrn Jobsens Geld
   Alles bestmöglichst wieder hergestellt.

5. Aber die junge Frau nebst ihrem Barone
   Blieben beim Herrn Jobs mit ihrem Sohne,
   Weil sich dieselbe vor der Hand
   Abermals einer Niederkunft nahe befand.

6. Sie kam auch glücklich zum zweitenmal wieder
   Mit einem lieben jungen Barönlein nieder,
   Und man nannte dasselbe nach seinem Ohm
   Und Pathen, in der Taufe Hieronom

7. Nach den zurückgelegten Kindbetterwochen
   Sind auch sie nach Ohnwitz aufgebrochen,
   Aber der Abschied vom guten Schönhain
   Ging ihnen beiden durch Mark und Bein.

8. Herr Jobs hat auf herzliches Bitten
   Sie auf der Reise nach Ohnwitz beglitten,
   Und übergab zur einstweiligen Obhut
   Sein Gut dem Schwager Schöffer und der Gertrud.

9. Denn auch er konnte dem Trieb nicht widerstehen,
   Seine lieben Ohnwitzer 'mal wieder zu sehen,
   Und sein Herz blutete, als er fand
   Ihren dermaligen traurigen Zustand.

10. Er gab ihnen gern die nöthigsten Gelder
    Zur Reparirung der Häuser und verdorb'nen Felder,
    Kaufte ihnen Schaafe, Pferde und Küh
    Und unterstützte auf's mildeste sie.

11. Seitdem ihn der Krieg von da vertrieben,
    War die Pfarrstelle unbesetzet geblieben,
    Aber sie war vom Herrn von Ohnwitz jetzt
    Wieder durch 'nen trefflichen Mann besetzt.

12. Das that Herrn Jobs ungemein gaudiren,
    Denn es wollt sich ja hinfort nicht mehr gebühren,
    Daß er die Pfarrstelle wieder übernähm
    Und als Herr von Schönhain nach Ohnwitz käm.

13. Als er ein Paar Wochen noch da verweilet,
    Hat er wieder nach seinem Schönhain geeilet;
    Aber dieser sehr bittere Abschied
    Erschütterte innerlich sein Gemüth.

14. Eine Ahndung wollte schier bei ihm entstehen,
    Als würde er Ohnwitz nie wieder sehen,
    Doch er ergab sich endlich drein,
    Und kam glücklich wieder an zu Schönhain.

Vierzigstes Kapitel.

Wie Herr Hieronimus zum zweitenmal von Freund
Hein einen Besuch bekam, welcher für diesmal länger
dauert als der erste.

1. **Wir** Menschen pflegen in unsern Erdensachen
Manche kluge Pläne und Entwürfe zu machen;
Aber ein unvermutheter Querstrich
Ist uns gar oft daran hinderlich.

2. Auch Herr Jobs gedachte mit seinem Vermögen
Noch vielfältig zu stiften Nutzen und Segen,
Und auf seinem lieben Gute Schönhain
Sich eines längern Lebens zu freun.

Aber es hat ihn neulich wider alles Verhoffen
Eine grassirende böse Krankheit betroffen,
Und er selbst prophezeite im ersten Anfang
Sich davon einen tödtlichen Ausgang.

Er befahl ernstlich auf seinem Krankenlager
Drei Dinge seiner Schwester und seinem Schwager:
Erstlich, daß man ihn ja nicht eher begrüb,
Bis er wirklich faul zu werden anhüb;

Man sollte während der Zeit mit ihm experimentiren,
Ob sein Leichnam etwa sich wieder würde rühren,
Und es sollte bei demselben bei Tag und bei Nacht
Fünf Tage lang jemand halten die Wacht.

Zweitens, ihn dann ohne Leichengetümmel
Begraben unter Gottes freien Himmel,
Und neben Amaliens Leichenstein,
Bei den Linden, sollte sein Begräbniß seyn.

Drittens, sollte nach seinem erfolgten Absterben
Kein Gezänk entstehen zwischen seinen Erben,
Sondern sie sollten brüder- und schwesterlich
Darein alle egal theilen sich.

Man war bemüht, diesen seinen letzten Willen
In allen drei Stücken pünktlich zu erfüllen;
Denn er beschloß nun wirklich seinen Lebenslauf
Und stund zum zweitenmal nicht wieder auf.

Lightning Source UK Ltd.
Milton Keynes UK
UKHW012337111218

333852UK00009B/549/P